KI und Recht für Dummies

Schummelseite

DAS »KI-RECHT«

Es gibt nicht das eine KI-Gesetzbuch, sondern neben der Verordnung über Künstliche Intelligenz (KI-VO) muss im Zusammenhang mit Künstlicher Intelligenz (KI) auch das sonstige allgemeine Recht beachtet werden. Dazu gehören vor allem:

- ✔ KI-Verordnung
- ✔ Datenschutzrecht
- ✔ Urheberrecht
- ✔ Haftungsrecht
- ✔ Geheimnisschutzrecht
- ✔ IT-Sicherheitsrecht
- ✔ Arbeitsrecht und Allgemeines Gleichbehandlungsgesetz
- ✔ Persönlichkeitsrecht
- ✔ Medienstaatsvertrag
- ✔ Wettbewerbsrecht
- ✔ Vertragsrecht

KÜNSTLICHE INTELLIGENZ UND DATENSCHUTZ

Die Vorgaben der DSGVO sind immer relevant, wenn personenbezogene Daten verarbeitet werden, zum Beispiel beim Training, der Eingabe des Inputs oder Nutzung des Outputs.

- ✔ Um **personenbezogene Daten** handelt es sich immer dann, wenn eine Information einem Menschen zugeordnet werden kann – unabhängig davon, wie banal oder sensibel die Information ist.

Werden personenbezogene Daten verarbeitet, muss der Verantwortliche sicherstellen, dass dafür eine Rechtsgrundlage besteht, zum Beispiel:

- **Einwilligung** der betroffenen Person
- zur **Vertragserfüllung** mit dem Vertragspartner erforderlich
- zur Wahrung **berechtigter Interessen** erforderlich (und Interessen der betroffenen Person überwiegen dem gegenüber nicht)
- zur Erfüllung **rechtlicher Verpflichtungen** erforderlich
- zum Schutz **lebenswichtiger Interessen** erforderlich
- zur Wahrnehmung **öffentlicher Interessen** erforderlich

KI und Recht für Dummies

Schummelseite

DIE KI-VERORDNUNG

Die KI-Verordnung, die unter anderem eine vertrauenswürdige KI sowie ein hohes Schutzniveau für uns als Bürgerinnen und Bürger sicherstellen soll, ist eine europäische Risikoregulierung und basiert auf folgenden Grundprinzipien:

- **KI-Kompetenz:** Unternehmen, die KI anbieten oder betreiben, müssen für ausreichend KI-Kompetenz bei ihren Mitarbeitenden beziehungsweise Beauftragten sorgen.
- **Verbotene KI-Praktiken:** Schädliche und unverhältnismäßig risikobehaftete Praktiken werden verboten, zum Beispiel KI für ein Social Scoring oder zur Emotionserkennung am Arbeitsplatz, die weder aus medizinischen Gründen noch aus Sicherheitsinteressen relevant ist.
- **Hochrisiko-KI-Systeme:** KI-Systeme mit einem hohen Risiko für unsere Sicherheit, Freiheit und unsere Grundrechte werden engmaschig reguliert. Wer solche KI-Systeme anbietet oder betreibt, muss einen umfassenden Pflichtenkatalog erfüllen, unter anderem ein umfassendes Risikomanagementsystem vorsehen, eine menschliche Aufsicht absichern und Transparenz herstellen.
- **Transparenz:** KI-Ergebnisse, die mit der Realität (zum Beispiel direkte Kommunikation, Bilder, Videos etc.) verwechselt werden könnten, müssen gekennzeichnet werden. Auch sind Emotionserkennungssysteme und solche zur biometrischen Erkennung, wenn sie mit KI funktionieren, erkennbar zu gestalten. All das soll sicherstellen, dass wir auch künftig noch unterscheiden können, was Realität und was Fake ist.
- **Generative KI:** Die Anbieter von KI-Modellen mit allgemeinem Verwendungszweck, also zum Beispiel OpenAI mit ChatGPT, müssen das systemische Risiko ihrer Modelle im Blick behalten und ihren Nutzern diverse Informationen zur Verfügung stellen, damit mögliche Risiken erkennbar und kontrollierbar bleiben.
- **Kontrolle:** Die Einhaltung der KI-Verordnung wird durch nationale Marktüberwachungsbehörden kontrolliert (in Deutschland voraussichtlich die Bundesnetzagentur). Bei Verstößen drohen hohe Bußgelder.

Mit der KI-Verordnung hat die EU weltweit eine der ersten umfassenden Risikoregulierungssysteme für künstliche Intelligenz geschaffen. Auch wenn die KI-Verordnung in ihrer konkreten Ausgestaltung umstritten ist, ist dies ein Meilenstein. Andere Länder blicken auf genau dieses Regulierungssystem und werden es berücksichtigen, wenn sie ihre eigene KI-Regulierung erarbeiten.

KI und Recht für Dummies

Schummelseite

DIE EU-KI-VO UND KMUs

Die Umsetzung der zum Teil umfangreichen Anforderungen aus der KI-VO ist insbesondere für kleinere Unternehmen eine Herausforderung. Die KI-VO sieht zwar keine Ausnahmen für kleine und mittelständische Unternehmen (KMUs) vor, möchte aber auch kleine innovative Unternehmen durch folgende Maßnahmen unterstützen:

- ✔ weniger Bürokratieaufwand durch vereinfachte Musterformulare zur Erfüllung der technischen Dokumentation für Anbieter von Hochrisiko-KI-Systemen
- ✔ Möglichkeit der Mitarbeit in den EU-Gremien, in denen die Normungsprozesse für KI stattfinden
- ✔ kostenloser beziehungsweise stark vergünstigter Zugang zu KI-Reallaboren, um KI-Anwendungen unter möglichst realistischen Bedingungen realitätsnah zu testen – ohne umfangreiche Pflichten und Dokumentationen
- ✔ Berücksichtigung der KMU-/Start-up-Eigenschaft bei der Berücksichtigung der Bußgeldhöhe (unter anderem soll stets der niedrigere mögliche Betrag gelten)
- ✔ Das kostenlose KI-Service Desk der Bundesnetzagentur (www.bundesnetzagentur.de/DE/Fachthemen/Digitales/KI/start_ki) soll KMUs mit folgenden Bausteinen helfen:
  - Selbsteinschätzungstool (Compliance-Kompass): unterstützt bei der groben Einordnung, ob ein KI-System vom AI Act betroffen ist
  - Informationsangebot: beinhaltet kompakte Erläuterungen zu Pflichten, Definitionen, Verboten und Beispielen
  - Kontaktfunktion: Möglichkeit, sich bei offenen Fragen direkt mit einer Anfrage an die Behörde zu wenden
  - Schulungen: hilft mit Hinweisen zu kostenlosen Weiterbildungsangeboten zur KI-Regulierung

KÜNSTLICHE INTELLIGENZ UND URHEBERRECHT

Das UrhG schützt Urheberinnen, also Autoren, Filmschaffende und sonstige Kreative in ihren geistigen und persönlichen Beziehungen zum Werk sowie dessen Nutzung. Geschützt ist nur,

- ✔ was ausreichend individuell ist,
- ✔ von Menschen geschaffen wurde und
- ✔ in konkreter wahrnehmbarer Form vorliegt.

KI und Recht für Dummies

Schummelseite

URHEBERRECHT BEI TRAINING, INPUT UND OUTPUT

Bei KI und Urheberrecht sollte man zwischen dem Training, dem Input (Prompt) und dem Output unterscheiden und sich dann fragen, ob dort jeweils Rechte Dritter verletzt werden können beziehungsweise, ob ein eigener Urheberrechtschutz besteht:

- ✔ Ob beim Training mit fremden Inhalten Rechte der Urheber verletzt werden, ist noch nicht abschließend geklärt – es ist aber recht wahrscheinlich.
- ✔ Beim Input ist denkbar, dass mit Prompts, die urheberrechtlich geschützte Werke beinhalten, Rechte der Urheber verletzt werden.
- ✔ Prompts, die sich deutlich von dem abheben, wie der Durchschnittsnutzer den Prompt gestaltet hätte, können eigenen Urheberrechtsschutz genießen – der normale Prompt erreicht diese Individualität aber in der Regel nicht.
- ✔ Output kann die Urheberrechte Dritter verletzen, wenn der KI-generierte Inhalt diesen eins zu eins wiedergibt.
- ✔ Urheberrechtsschutz für KI-generierten Output besteht in der Regel nicht, es sei denn, der Output wurde im Anschluss durch einen Menschen noch wesentlich bearbeitet.

KI und Recht für Dummies

Schummelseite

UMSETZUNG IM UNTERNEHMEN – KI-GOVERNANCE

Unternehmen, die KI sinnvoll einsetzen wollen, brauchen eine effektive KI-Governance – ein System zur Integration und Steuerung von KI-Anwendungen:

- ✔ **Positionierung:** Die Führungsebene eines Unternehmens muss eine klare Vision verfolgen und die KI-Strategie für das Unternehmen festlegen.
- ✔ **Strukturen:** Es sollte stets klar sein, wer auf organisatorischer Ebene was zu tun hat (»Wer macht was?«). Das betrifft die Unternehmensstrukturen, die Zuständigkeiten und Rollen, Entscheidungsbefugnisse und Berichtswege im Unternehmen.
- ✔ **Prozesse:** In der Praxis muss es klare Abläufe geben, zum Beispiel für den Einkauf oder die Implementierung von KI, und diese Abläufe müssen zu den Vorgaben passen.
- ✔ **Kosten und Ressourcen:** Wie viel Geld und Ressourcen Unternehmen in die Hand nehmen müssen, um »KI-ready« zu sein, hängt maßgeblich davon ab, wie groß die strategische Bedeutung des KI-Einsatzes für das Unternehmen ist, welche Risiken mit dem konkreten KI-Einsatz verbunden sind, in welcher Branche das Unternehmen tätig ist und wie gut die bestehende IT- und Compliance-Infrastruktur ist.
- ✔ **Rechtliches Framework:** Wer rechtliche Vorgaben einhält, schützt sein Unternehmen vor Schäden, Kosten und Reputationsverlust. Dafür muss ein gutes, aber auch effektives Regelwerk geschaffen werden – und auch das nützt nur, wenn die Mitarbeitenden entsprechend geschult werden.

KI und Recht für Dummies

Schummelseite

INHALT VON KI-RICHTLINIEN

Mit KI-Richtlinien können Sie das Risiko der Haftung für Ihr Unternehmen reduzieren. Vor allem aber dienen KI-Richtlinien dazu, Ihren Mitarbeitenden zu erklären, was sie bei der Nutzung von KI-Tools dürfen – und was nicht. Daher sollten sie verständlich geschrieben sein und individuell zu Ihrem Unternehmen und der konkreten KI-Nutzung passen. Folgende Inhalte sollten darin geregelt werden:

- ✔ Zweck der Richtlinie
- ✔ persönlicher und sachlicher Anwendungsbereich
- ✔ Begriffsbestimmungen und Definitionen
- ✔ Verantwortlichkeiten und Rollen
- ✔ Ethikgrundsätze
- ✔ gegebenenfalls Liste verbotener und/oder erlaubter Tools
- ✔ technische Schutzmechanismen
- ✔ Vorgaben für Einsatzfelder von KI
- ✔ Vorgaben für die Nutzung von KI-Systemen
  - Eingabe personenbezogener Daten
  - Eingabe von Geschäftsgeheimnissen und vertraulichen Informationen
  - Eingabe und Nutzung urheberrechtlich geschützter Inhalte
  - Prüfung KI-generierter Inhalte

KI und Recht für Dummies

Kristina Schreiber
Marlene Schreiber

KI und Recht

für dummies®

WILEY
WILEY-VCH GmbH

KI und Recht für Dummies

Bibliografische Information der Deutschen Nationalbibliothek

Die Deutsche Nationalbibliothek verzeichnet diese Publikation in der Deutschen Nationalbibliografie; detaillierte bibliografische Daten sind im Internet über `http://dnb.d-nb.de` abrufbar.

Print ISBN: 978-3-527-72341-6
ePub ISBN: 978-3-527-85275-8

Coverillustration: fotomek - stock.adobe.com
Korrektur: Frauke Wilkens, München
Satz: Straive, Chennai, India
Druck und Bindung:

Über die Autorinnen

Dr. **Kristina Schreiber** ist Rechtsanwältin und Partnerin bei Loschelder Rechtsanwälte in Köln, Fachanwältin für Verwaltungsrecht und CIPP/E. Seit über 15 Jahren forscht und berät sie in allen Regulierungsfragen der Digitalisierung, zunächst im Telekommunikationsrecht und dem »Internet of Things«, in allen Fragen des Datenschutz- und IT-Rechts und nunmehr intensiv auch in der Regulierung der künstlichen Intelligenz und ihrem rechtssicheren Einsatz in Unternehmen und öffentlichen Einrichtungen.

Kristina Schreiber studierte Rechtswissenschaften an der Rheinischen Friedrich-Wilhelms-Universität Bonn. Von 2002 bis 2010 war sie zunächst studentische, dann wissenschaftliche Mitarbeiterin am Zentrum für Europäische Integrationsforschung (ZEI). Sie promovierte dort zur Dr. jur. zu einem netzwirtschaftsübergreifenden Thema mit Bezügen zum Telekommunikations- und Energierecht. Ihren juristischen Vorbereitungsdienst leistete sie in Köln. 2010 wurde sie als Rechtsanwältin zugelassen und ist seitdem in der Sozietät Loschelder tätig, seit 2016 als Partnerin. Ihre Expertise wird in allgemeinen Marktrankings anerkannt, so listete unter anderem die WirtschaftsWoche Kristina Schreiber wiederholt unter den renommiertesten Anwälten für Datenschutzrecht in Deutschland (u. a. »Top Anwältin 2025 im Datenschutzrecht«) und der Kanzleimonitor als eine der meistempfohlenen Anwälte im IT- und Datenschutzrecht.

Kristina Schreiber publiziert regelmäßig zu diesen Themen, ist Mitherausgeberin der EuDIR – Zeitschrift für Europäisches Daten- und Informationsrecht, hält Vorträge zu aktuellen Rechtsfragen aus ihren Spezialgebieten, schult Entwickler und Anwender zum rechtssicheren Einsatz von KI-Anwendungen, ist Lehrbeauftragte an der Fernuniversität Hagen und bloggt unter `www.digitalisierungsrecht.eu`.

Marlene Schreiber ist Rechtsanwältin, Fachanwältin für IT-Recht und Partnerin bei HÄRTING Rechtsanwälte in Berlin. Sie berät seit über 13 Jahren zu allen rechtlichen Fragen der Digitalisierung – von IT- und Datenschutzrecht über Plattform-, E-Commerce- und Softwarefragen sowie der Entwicklung und Gestaltung digitaler Geschäftsmodelle bis hin zur rechtssicheren Einführung und dem Einsatz neuer Technologien, insbesondere künstlicher Intelligenz, im Unternehmen.

Marlene Schreiber studierte Rechtswissenschaften an der Universität Potsdam und absolvierte ihr Referendariat in Berlin. 2012 begann sie ihre Tätigkeit als Rechtsanwältin bei der auf das IT- und IP-Recht spezialisierten Kanzlei HÄRTING Rechtsanwälte und wurde dort 2020 Partnerin. Marlene Schreiber wird regelmäßig im Best Lawyers Ranking als führende Rechtsanwältin für das IT-Recht, das Datenschutzrecht und das Technologieinformationsrecht gelistet und wurde 2023 vom Handelsblatt/Best Lawyers als »Anwältin des Jahres« im IT-Recht und im aktuellen WirtschaftsWoche-Ranking als »Top Anwältin 2025 im IT-Recht« ausgezeichnet.

Marlene Schreiber veröffentlicht regelmäßig Beiträge und hält Vorträge, Workshops und Webinare zu rechtlichen Themen im Zusammenhang mit künstlicher Intelligenz und digitalen Geschäftsmodellen. Sie engagiert sich aktiv bei der Weiterentwicklung des IT-Rechts, unter anderem als Co-Sprecherin des Arbeitskreises IT-Recht im Berliner Anwaltsverein und als Gebietsleiterin der Arbeitsgemeinschaft IT-Recht im Deutschen Anwaltsverein sowie international als Vice Chair des Technology Law Committee der International Bar Association. Darüber hinaus ist sie Mitherausgeberin der Fachzeitschrift ZdiW – Zeitschrift für das Recht der digitalen Wirtschaft, unterstützt Unternehmen bei der Schulung von AI Officern und ist Co-Veranstalterin der jährlich stattfindenden interdisziplinären Konferenzen »IT Juristinnentag – das Barcamp zu Digitalisierung und Recht« sowie »Der KI-Tag«.

Auf einen Blick

Inhaltsverzeichnis

Einführung

Künstliche Intelligenz – oder kurz KI – verändert unsere Welt in einem rasanten Tempo und hat dabei schon in fast jedem Alltagsbereich Einzug gefunden. Durch KI entstehen Chancen und Innovationspotenziale – es sind damit aber auch Risiken und Rechtsunsicherheiten verbunden.

Der Einsatz von KI-Systemen im Unternehmen ist kein Zukunftsszenario oder Nischenthema mehr. KI wird in Unternehmen immer häufiger eingesetzt:

- ✔ Unternehmen implementieren Copilot von Microsoft 365, ChatGPT von OpenAI oder vergleichbare Tools, um ihre Mitarbeitenden effektiver arbeiten zu lassen.
- ✔ KI optimiert personalisierte Werbung, für die das Nutzerverhalten analysiert und dann potenziell interessante Angebote in Echtzeit ausgespielt werden.
- ✔ Im Kundenservice automatisieren KI-gestützte Chatbots einfache Tätigkeiten schon beinahe vollständig oder leisten umfassende Beratung von potenziellen Kunden auf der Website des Onlineshops.
- ✔ KI-basierte Software sammelt Daten in Produktionsstätten, analysieren diese und optimiert selbstständig Herstellungsprozesse.

Der AI Index 2025 der Standford University gibt an, dass 2024 bereits bei 78 Prozent der Befragten in den jeweiligen Unternehmen KI zum Einsatz kam – Tendenz steigend. Zum Vergleich: 2023 waren es noch nur rund 55 Prozent.

Über dieses Buch

Um die Vorteile von KI für Ihr Unternehmen zu nutzen, ohne unnötige Risiken einzugehen, müssen Sie die Rechtsvorgaben kennen. Nur so vermeiden Sie Haftungs- und Bußgeldrisiken und sichern ab, dass Sie die Innovationspotenziale von KI auch voll ausschöpfen können.

Aber wie ist denn nun der Einsatz von KI gesetzlich geregelt? Genau das bringen wir Ihnen in diesem Buch näher. Wir beleuchten umfassend die rechtlichen Rahmenbedingungen für die Entwicklung und Nutzung von KI und gehen Fragen nach wie:

- ✔ Was darf KI?
- ✔ Wer ist verantwortlich, wenn etwas schiefläuft?
- ✔ Was gilt es zu beachten, wenn Sie (personenbezogene) Daten in eine KI eingeben?

- Wie gestalten Sie Verträge für die Beschaffung und Vermarktung von KI?
- Und was braucht ein Unternehmen an Governance und Richtlinien, um den rechtskonformen Einsatz von KI umfassend abzusichern.

Schon vorab lässt sich sagen: So wenig, wie es »die KI« gibt, gibt es auch ein »KI-Gesetzbuch«. KI hat viele Facetten, von Sprachassistenten über Bilderkennung bis hin zu medizinischer Diagnostik. Und auch das KI-Recht ist umfangreich, beginnt mit der KI-Verordnung und reicht über das Datenschutz- und Urheberrecht bis zum klassischen Zivilrecht.

Das Recht ist technologieneutral gestaltet. Und dennoch gibt es viele Besonderheiten und typische Herausforderungen beim Einsatz von KI. Die KI-Verordnung der EU bringt eine fundamentale Risikoregulierung (keine Sorge, was das ist, erklären wir Ihnen später ausführlich). Was Sie in Sachen Datenschutz-, Urheberrecht oder Vertragsgestaltung beachten müssen, gibt sie Ihnen nicht vor. Dafür müssen Sie in andere Rechtsakte schauen, die wir Ihnen ebenfalls in den folgenden Kapiteln im Einzelnen erklären.

Kurzum: Bei KI und Recht blicken Sie zunächst einmal in einen »Rechtsdschungel«. Mit diesem Buch aber navigieren wir Sie so durch das Paragraphendickicht, dass Sie den Wald nicht vor lauter Bäumen aus dem Blick verlieren. Damit können Sie dann mit (hoffentlich) kühlem Kopf die KI-Entwicklung und KI-Nutzung in Ihrem Unternehmen rechtssicher gestalten.

Unser Ziel mit diesem Buch ist es, Ihnen das Thema KI und Recht verständlich, praxisnah und unterhaltsam zu vermitteln – ganz im Stil der *... für Dummies*-Reihe. Dabei werden wir Ihnen einen Überblick geben, welche Rahmenbedingungen gelten und was das für Sie bedeutet. Um die abstrakte Thematik handfester und praxisnaher zu gestalten, arbeiten wir uns immer anhand von konkreten Beispielen durch die verschiedenen Rechtsgebiete.

Bereit? Dann lassen Sie uns gemeinsam in die Welt von Recht und KI starten.

Da dieses Buch von KI und Recht handelt, werden wir an einigen Stellen nicht darum herumkommen, uns juristische Definitionen genauer anzuschauen und in die Systematik und Anforderungen der verschiedenen Rechtsgebiete einzutauchen. Keine Sorge: Wir reduzieren die Fachtermini auf ein Minimum und erklären Ihnen diese immer mit Praxisbeispielen. Sie brauchen für dieses Buch weder rechtliche Vorkenntnisse, noch wollen wir Sie zu Juristinnen und Juristen machen. Aber Sie werden das Buch nach der Lektüre (hoffentlich) mit einem rechtlichen Grundverständnis und der Gewissheit zuklappen, dass KI auch aus rechtlicher Sicht »machbar« ist.

Auch die Technik kommt in diesem Buch nicht zu kurz: Um uns gemeinsam die Rechtsanforderungen zu erarbeiten, müssen wir uns die Arbeitsweise von KI näher anschauen. Das ist bisweilen herausfordernd. Auch hier werden wir Sie mitnehmen, egal mit welchen Vorkenntnissen Sie in dieses Buch eintauchen. Oft geht es dabei um Hintergründe, die für Sie nur bei einem vertieften Interesse relevant sind. Dann finden Sie diese Ausführungen in Passagen, die Sie auch getrost auslassen können, denn Sie werden dann zwar die ein oder andere Vertiefung auslassen, aber den Zusammenhang dennoch verstehen.

Das vorliegende Buch soll Ihnen – wie bei der *... für Dummies*-Reihe üblich – als Grundlagenbuch dienen. Der Fokus dieses Buches liegt darauf, Ihnen einen Überblick und einen ersten rechtlichen Einblick darüber zu geben, wie KI rechtlich geregelt ist und in welchen Rechtsgebieten KI besondere Aufmerksamkeit genießt. Sie lernen, was Sie für einen rechtssicheren Einsatz im Blick haben müssen. Erfahrene *... für Dummies*-Leser wissen, es kann durchaus auch anspruchsvoll werden. Dafür werden Sie mit allen notwendigen Instrumenten ausgestattet, um KI auch in Ihrem Unternehmen zum Erfolg zu führen!

In diesem Sinne – viel Spaß und Neugier beim Lesen!

Törichte Annahmen über den Leser

Jede und jeder von Ihnen ist in diesem Buch herzlich willkommen. Wir freuen uns über Ihr Interesse! Vorkenntnisse benötigen Sie nicht. Nicht über künstliche Intelligenz und erst recht nicht im Recht. Wir nehmen Sie an die Hand und begleiten Sie auf Ihrem Weg zum rechtssicheren KI-Einsatz.

Dieses Buch ist daher für alle geeignet, die sich für den rechtssicheren Einsatz künstlicher Intelligenz im beruflichen Umfeld interessieren. Sie werden auf den folgenden Seiten viel finden, was Sie in der Praxis für die kommerziell erfolgreiche Nutzung von KI benötigen, vom Arbeitsrecht über das Urheberrecht bis hin zur Vertragsgestaltung. Egal, ob Sie Gründer, gestandener Gesellschafter eines etablierten Unternehmens, Juristin, Entwicklerin oder Marketingfreak sind – wann immer Sie Ihre KI-Anwendungsfälle sicher gestalten möchten, sind Sie hier genau richtig!

Konventionen in diesem Buch

Wir freuen uns, dass Sie dieses Buch zur Hand genommen haben – egal ob weiblich, männlich oder divers. Damit sich alle unsere Leserinnen und Leser angesprochen fühlen und dennoch im Lesefluss nicht gestört werden, haben wir uns gegen ein Gendern mit *, : oder der stetigen Wiederholung aller möglichen Formen entschieden. Stattdessen kommen in unserem Buch Entwicklerinnen genauso vor wie Geschäftsführer oder Mitarbeitende. Denn die Welt der künstlichen Intelligenz ist – zum Glück – nicht nur interdisziplinär, sondern auch bunt und divers. Bitte fühlen Sie sich immer direkt angesprochen, selbst dann, wenn die konkrete Form einmal nicht passt – es sind ausdrücklich immer alle mitgemeint.

Was Sie nicht lesen müssen

Dieses Buch besteht aus mehreren Teilen und Kapiteln. Die Kapitel stehen zwar oftmals im Zusammenhang miteinander, Sie können sie jedoch auch einzeln lesen. Immer dann, wenn

Sie für eine Vertiefung einen anderen Abschnitt benötigen, verweisen wir Sie ganz konkret dorthin. Sie können also in jedem Kapitel in dieses Buch einsteigen. Wenn Sie die Rechtsvorgaben für KI insgesamt verstehen möchten, sollten Sie sich aber mit allen Kapiteln beschäftigen.

Wie dieses Buch aufgebaut ist

Das Buch besteht aus vier Teilen, die wiederum in zahlreiche Kapitel unterteilt sind. Sie können alle Teile und sogar fast alle Kapitel separat lesen. An manchen Stellen kann es jedoch sein, dass Sie einmal zurückblättern müssen, um das Thema insgesamt zu verstehen. Dann verweisen wir Sie auch ganz konkret in die weiteren relevanten Kapitel.

Teil I: Ihr Einstieg ins »KI-Recht«

KI ist keine Zukunftsversion mehr, sondern vielmehr fester Bestandteil unseres Alltags geworden. KI-Systeme übernehmen immer mehr Aufgaben – ob Sprachassistent, Bilderkennung oder Textgenerierung. Dabei stellt sich zwangsläufig die Frage: Wie passt das eigentlich mit geltendem Recht zusammen?

Teil I dieses Buches führt in das »KI-Recht« ein – wir schauen uns also das Zusammenspiel von KI und Recht an.

In Kapitel 1 zeigen wir Ihnen einen ersten Überblick über die wichtigsten rechtlichen Rahmenbedingungen. Im ersten Schritt gehen wir dabei auf die KI-Verordnung ein und erörtern, warum es trotzdem noch kein eigenständiges »KI-Gesetzbuch« gibt, das alles regelt. Sie erfahren, in welche Rechtsbereiche Sie darüber hinaus noch schauen müssen, um KI rechtssicher und erfolgreich zu nutzen.

In Kapitel 2 gehen wir dann der Frage nach, was »KI« überhaupt ist. Sie lernen verschiedene Arten, Definitionen und Facetten der KI – von GenAI bis zu LLMs – kennen und verstehen, warum diese Unterscheidungen nicht nur technisch, sondern auch rechtlich bedeutsam sind.

Teil II: »How to comply with AI?« – der Deep Dive ins Recht

In Teil II dieses Buches tauchen Sie dann so richtig in die rechtlichen Rahmenbedingungen ein. Nach grundlegender Einführung in die Welt der KI und deren allgemeiner rechtlicher Einordnung vertiefen wir hier die zentralen Rechtsgebiete. Sie verstehen den Anwendungsbereich, die einzelnen Anforderungen und bekommen Checklisten, worauf Sie für Ihre KI achten müssen. Diese Kapitel geben Ihnen einen praxisnahen Überblick über die wichtigsten Grundlagen und aktuellen Entwicklungen.

In Kapitel 3 bis 6 geht es um die Anforderungen des Datenschutzes und des Urheberrechts, wir klären Haftungsfragen und beleuchten sonstige relevante Rechtsgebiete.

Kapitel 7 und 8 widmen sich dann ganz der KI-Verordnung. Was regelt sie, wann müssen Sie die KI-Verordnung beachten und was bedeuten die Vorgaben genau für Ihre KI?

Wenn Sie KI in Ihrem Unternehmen nutzen, werden Sie nicht umhinkommen, Verträge über die Beschaffung oder auch Vermarktung von KI zu schließen. Worauf Sie dabei achten müssen, erläutern wir Ihnen in Kapitel 9.

Teil III: KI-Governance – KI rechtssicher im Unternehmen umsetzen

Sie sehen: KI führt zu umfassenden Rechtsanforderungen, die im Unternehmen umgesetzt werden müssen, und zwar nicht nur von der IT-Abteilung. KI berührt fast alle Bereiche im Unternehmen, vom Einkauf über Compliance, IT und Datenschutz bis hin zum Vertrieb, Personal und Marketing. Damit alle wissen, was zu tun ist, bedarf es einer umfassenden Struktur und klarer Verantwortungen. Wie es gelingt, dafür eine passende KI-Governance mit den richtigen KI-Richtlinien zu implementieren, vertiefen wir in Teil III.

In diesem Teil finden Sie ganz konkrete Tipps, wie Sie die Umsetzung der rechtlichen Anforderungen an KI auch in Ihrem Unternehmen Wirklichkeit werden lassen. Kapitel 10 beschäftigt sich mit der passenden KI-Governance und in Kapitel 11 lernen Sie, wie Sie eine KI-Richtlinie für Ihr Unternehmen schreiben. Hier finden Sie auch ein Muster für eine KI-Richtlinie, auf dem Sie Ihre eigene KI-Richtlinie aufsetzen können.

Teil IV: Der Top-Ten-Teil

Den Abschluss bildet der Top-Ten-Teil. In diesem Teil erhalten Sie – ganz im Stil der *... für Dummies*-Reihe – wertvolle Tipps und Übersichten zum Thema KI. Wir zeigen Ihnen zehn typische KI-Anwendungen im Unternehmen, die womöglich auch für Sie interessant sind. Damit Sie dabei auch erfolgreich sind, folgen zehn No-Gos bei der KI-Nutzung im Unternehmen und die Top Ten der Q&A zu praktischen Fragen der KI-VO. Am Ende klären wir die zehn wichtigsten Fragen dazu, was KI-Kompetenz bedeutet und wie Sie diese in Ihrem Unternehmen umsetzen können.

Symbole, die in diesem Buch verwendet werden

Wie in allen *... für Dummies*-Büchern enthält auch dieses Symbole, damit Sie sich schnell im Text orientieren können:

Bei diesem Symbol ist besondere Aufmerksamkeit geboten!

Wenn dieses Symbol verwendet wird, weisen wir Sie auf besondere Risiken hin – lesen Sie die entsprechenden Texte daher besonders aufmerksam!

An dieser Stelle finden Sie konkrete Beispiele.

Dieses Symbol kennzeichnet einen Tipp.

Wichtige Begriffe werden hier noch einmal kurz und bündig erklärt.

Bei diesem Symbol werden Sie noch mal an bereits Erklärtes erinnert und gegebenenfalls verwiesen.

Dieses Symbol wird verwendet, wenn wir in einen kleinen Exkurs machen – zum Beispiel um zu erklären, wie etwas funktioniert oder um aus einem Urteil zu berichten.

Unter diesem Symbol finden Sie hilfreiche Orientierung und unterstützende Wegweiser.

Wie es weitergeht

Jetzt haben Sie es schon vom Inhaltsverzeichnis über die Einleitung bis hierher geschafft. Wir freuen uns, wenn wir Ihr Interesse geweckt haben und wenn Sie nun Lust und Zeit haben weiterzulesen. Zudem hoffen wir, dass Ihnen dieses Buch als Wegbegleiter in Zukunft beiseitesteht, wenn Fragen zu KI und Recht aufkommen.

Falls Sie uns Feedback zu dem Buch zukommen lassen wollen, melden Sie sich gern. Wir sind für jeden Verbesserungsvorschlag dankbar. Aber jetzt wünschen wir Ihnen erst einmal viel Freude und neue Erkenntnisse beim Lesen. Wir sind sicher: Wenn Sie KI rechtskonform einsetzen, werden Sie Risiken vermeiden und die Chancen von KI nutzen können!

Teil I
Ihr Einstieg ins »KI-Recht«

IN DIESEM TEIL …

»Aller Anfang ist schwer«, denken Sie vielleicht – gerade wenn es um juristische Themen geht. Vielleicht ist es Ihnen bisher sogar ganz gut gelungen, einen großen Bogen ums Recht zu machen. Dabei ist das gar nicht nötig!

Was uns schwerfällt, ist meist das, was wir (noch) nicht verstehen. Und genau da setzen wir an: Recht muss nicht kompliziert sein – zumindest nicht in diesem Buch.

In Teil I machen wir Ihnen den Einstieg leicht:

Kapitel 1 zeigt Ihnen, welche Fragen rund um »KI und Recht« wirklich wichtig sind – und warum.

In Kapitel 2 räumen wir mit Buzzwords auf und schaffen ein gemeinsames Verständnis dafür, was künstliche Intelligenz überhaupt ist – und wo das Recht dabei ins Spiel kommt.

IN DIESEM KAPITEL

Warum KI (auch) ein Rechtsthema ist

Welches Recht für KI gilt

Warum eine KI-Verordnung nicht ausreicht

Warum Sie sich mit dem Recht auseinandersetzen sollten

Kapitel 1
When KI meets Recht

Künstliche Intelligenz unterstützt vermutlich auch Sie bereits in Ihrem Alltag – privat, um die Geburtstagsrede für Oma Erika zu verfassen, oder beruflich, um sich bei der Erstellung einer Präsentation unterstützen zu lassen. Unzählige KI-Anwendungen sind frei verfügbar, die Ergebnisse werden immer besser und damit die Anwendungsfälle immer umfassender. Das Innovationspotenzial durch KI ist enorm. Aber mit der zunehmenden Verbreitung wachsen auch die Risiken von KI. Dies sind zum einen die Folgen unkontrollierbarer Entwicklungen – Sie haben bestimmt schon einmal von der »KI als Black Box« gehört. So richtig verstehen wir nicht, auf welchem Weg KI-Anwendungen zu ihren Ergebnissen kommen und warum sie sich wie weiterentwickeln. Damit eng verbunden sind zudem Risiken für unsere Demokratie, unsere Gesellschaft, unsere Menschenrechte und unsere Grundrechte. Solche Risiken entstehen durch den möglichen gezielten Missbrauch von KI-Anwendungen, etwa durch Cyberkriminelle oder für die Meinungsmache. Sie entstehen aber auch ungewollt, etwa weil KI nicht ausreichend trainiert wurde, um Diskriminierungen zu vermeiden.

Wenn Sie KI erfolgreich in Ihrem Arbeitsalltag nutzen beziehungsweise sicher in Ihrem Unternehmen einsetzen möchten, sollten Sie in der Lage sein, die mit KI verbundenen Chancen und Innovationspotenziale zu heben und gleichzeitig die damit verbundenen Risiken zu vermeiden.

Ein wesentlicher Baustein, um dies zu erreichen, ist das Recht: Die Rechtsvorgaben für KI schützen und leiten Sie, damit Risiken vermieden werden – zu Ihren Gunsten, aber auch zugunsten Dritter, zum Beispiel Ihrer Kunden. Gleichzeitig kann uns das Recht Hilfestellungen zu praktischen Umsetzungsfragen geben (zum Beispiel der Priorisierung von Themen oder der Strukturierung von Prozessen) und der Einsatz rechtssicherer und damit vertrauenswürdiger KI hilfreiche Wettbewerbsvorteile verschaffen.

Das Recht ist daher ein elementarer Aspekt im sinnvollen und wirksamen Umgang mit KI. Dieses Buch führt Sie durch alle wesentlichen Rechtsfragen bei der Entwicklung und Nutzung von KI und unterstützt Sie dabei, die Anforderungen an Sie und Ihr Unternehmen praxisnah und effektiv umzusetzen.

Das »KI-Recht«

Wenn Sie KI-Anwendungen entwickeln oder nutzen, müssen Sie verschiedenste Rechtsvorgaben beachten. *Das* KI-Recht oder gar »Das KI-Gesetzbuch« gibt es nicht. Es steckt auch nicht in der KI-Verordnung (über die Sie in Kapitel 7 und 8 mehr erfahren). Sie finden rechtliche Vorgaben für KI auch in einer Vielzahl weiterer nationaler und EU-Gesetze, zum Beispiel der Datenschutz-Grundverordnung, dem Zivilrecht und sogar dem Betriebsverfassungsgesetz.

Die *KI-Verordnung* – kurz *KI-VO* – ist im August 2024 auf EU-Ebene in Kraft getreten. Als EU-Verordnung gilt sie auch unmittelbar für Ihren Umgang mit KI, wie ein nationales Gesetz. Sie ist der weltweit erste umfassende Rechtsrahmen für den Einsatz von KI. Und dennoch reguliert die KI-Verordnung den Einsatz von KI nicht erschöpfend.

Die KI-Verordnung (KI-VO) ist eine Risikoregulierung. Sie ist ein Produktsicherheitsrecht, das die spezifischen Risiken künstlicher Intelligenz minimieren will.

Unter *Risiko* versteht die KI-VO die Kombination eines Schadenseintrittts bei Angebot und Nutzung von KI sowie der Schwere des möglichen Schadens. Je höher der potenzielle Schaden und je wahrscheinlicher sein Eintritt, desto höher das Risiko – und desto strenger die Regulierung.

Die KI-VO reguliert die Sicherheit von KI-Systemen. Alle Maßnahmen der KI-VO sollen dafür sorgen, dass das Risiko der KI für Sie und die Gesellschaft insgesamt kontrollierbar bleibt. Zum Beispiel müssen Sie unter der KI-VO manche KI-Ergebnisse kennzeichnen und besonders dokumentieren.

Bereiche wie Datenschutz, Urheberrecht, Haftungsregelungen oder auch strafrechtliche Aspekte im Zusammenhang mit dem Einsatz von künstlicher Intelligenz werden durch die KI-VO nicht geregelt. Das muss sie auch nicht, denn dafür gibt es bereits rechtliche Vorgaben. Allerdings führt dies dazu, dass Sie beim Einsatz und der Entwicklung von KI-Anwendungen eine Vielzahl anderer allgemeiner Rechtsvorschriften beachten müssen – darunter beispielsweise

- ✔ die Datenschutz-Grundverordnung (DSGVO),
- ✔ das Betriebsverfassungsgesetz (BetrVG),
- ✔ das Bürgerliche Gesetzbuch (BGB),
- ✔ das Gesetz gegen den unlauteren Wettbewerb (UWG) oder
- ✔ das Urhebergesetz (UrhG).

Das hört sich erst mal komplex und aufwendig an. Und es hilft alles nichts: Wenn Sie KI entwickeln oder nutzen wollen, müssen Sie Ihren Weg durch den Dschungel der verschiedenen rechtlichen Anforderungen finden. Aber verzweifeln Sie nicht, denn so schwierig oder umfangreich, wie es auf den ersten Blick vielleicht aussehen mag, ist es meistens gar nicht. Die folgenden Kapitel helfen Ihnen dabei, die rechtlichen Themen strukturiert, praxisnah und effektiv anzugehen.

Für Ihre Rechtsprüfung sollten Sie folgende Schritte absolvieren:

1. **Welche Daten und Informationen werden für die KI in ihren verschiedenen Entwicklungsstufen verwendet und zu welchem Zweck?**

   Eine KI ist immer nur so gut wie die Daten, mit denen sie trainiert wurde. Rechtlich müssen Sie dabei absichern, dass Sie diese Daten auch verwenden dürfen. Dasselbe gilt für den Input und den Output – welche Daten dürfen in ein KI-Tool eingegeben werden und wer darf was mit dem Output anstellen? Für all diese Fragen ist insbesondere das Datenschutz- und Urheberrecht wichtig, zu dem Sie weitere Informationen in den Kapiteln 3 und 4 finden. Und denken Sie auch an den Geheimnisschutz, um Ihr Unternehmens-Know-how zu schützen. Was dahinter steckt, lesen Sie in Kapitel 6.

2. **Welches Risiko geht mit dem Zweck oder auch mit Ihrer KI insgesamt einher? Welcher Schaden kann eintreten und wer muss dafür geradestehen?**

   Recht ist kein Selbstzweck. Sie müssen daher auch für Ihre KI-Anwendung immer die möglichen Folgen im Blick haben. Was das in Sachen Haftung bedeuten kann, lesen Sie in Kapitel 5.

3. **Gibt es einen Betriebsrat, den Sie beteiligen müssen? Und dürfen Sie die Nutzung von KI eigentlich anordnen?**

   Welchen Spielraum Sie als Arbeitgeber haben und welche Rechte als Arbeitnehmer, lesen Sie in Kapitel 6.

4. **Um welches KI-Modell, welches KI-System geht es?**

   Nur wenn Sie wissen, um welches Tool genau es geht, können Sie auch die rechtlichen Anforderungen konkretisieren. Wie Sie dies herausfinden und was das für die Entwicklung und Nutzung der KI rechtlich bedeutet, erfahren Sie in Kapitel 7.

5. **Welche Rolle nehmen Sie ein? Nutzen Sie die KI privat oder geschäftlich? Sind Sie Anbieterin oder Betreiberin?**

   Von der Beantwortung dieser Frage hängt ab, welche rechtlichen Vorgaben die KI-VO konkret mit sich bringt. Wie diese Prüfung die rechtlichen Anforderungen an Ihre KI-Anwendung verändert, können Sie in Kapitel 8 vertiefen.

6. **Für welchen Zweck wollen Sie die KI entwickeln oder einsetzen, ist es ein spezifischer oder ein allgemeiner Zweck?**

   Vom Zweck der KI ist abhängig, welches Risiko sie rechtlich mit sich bringt und ob Sie zum Beispiel Ihre KI öffentlich registrieren müssen. Alle wichtigen Hintergrundinformationen dazu finden Sie in Kapitel 8. Zu den unterschiedlichen Anforderungen der KI-VO an KI mit spezifischen oder allgemeinen Zwecken finden Sie in Kapitel 7 weitere Hintergründe.

7. **Welche Verträge schließen Sie, um die KI entwickeln, anbieten oder nutzen zu können?**

   Mit Verträgen schaffen Sie das rechtliche Fundament und die Grundlage, damit Sie Ihr Geschäftsmodell auch langfristig erfolgreich auf die KI-Anwendung stützen können. Zu den Verträgen finden Sie alle wichtigen Informationen in Kapitel 9.

8. **Wie stellen Sie sicher, dass Ihr Unternehmen KI »compliant« einsetzt? Wer ist dafür zuständig, für den sicheren Einsatz von KI zu sorgen?**

   Die rechtlichen Anforderungen werden Sie in Ihrem Unternehmen nur erfolgreich umsetzen können, wenn die Prozesse und Zuständigkeiten klar geregelt sind und wenn die, die es angeht, wissen, was zu tun ist (und was besser nicht getan werden sollte). Wie Sie dies angehen und umsetzen können, erfahren Sie in den Kapiteln 10 und 11.

Wenn Sie Antworten auf diese Fragen gefunden haben, werden Sie auch die rechtlichen Rahmenbedingungen einschätzen können. Sie können dann bestimmen, welche Rechtsanforderungen Sie genauer in den Blick nehmen müssen:

✔ **KI-VO**

Die KI-VO müssen Sie für jedes beruflich angebotene oder genutzte KI-System berücksichtigen. Sie müssen für ausreichend Kompetenz im Unternehmen sorgen, wenn Sie KI beruflich verwenden – egal wie hoch das Risiko der KI ist. Und wenn Sie eine KI mit besonderem Risiko anbieten oder nutzen, bringt die KI-VO weitere Pflichten mit sich. Mehr dazu erfahren Sie in Kapitel 8.

✔ **Zivil- und IT-Recht für die Vertragsgestaltung**

Wenn Sie KI anbieten oder erwerben, dann achten Sie unbedingt auf die dazugehörigen Verträge, für die das allgemeine Zivil- und IT-Recht gilt. Aber es gibt auch einige Besonderheiten für KI-Produkte, zum Beispiel was die Gewährleistung angeht. Schauen Sie deshalb sehr genau hin, was Sie in Ihrem KI-Angebot versprechen können und was Ihnen beim KI-Erwerb vom Anbieter zugesichert wird. Alles Wichtige zu KI-Verträgen lesen Sie in Kapitel 9.

✔ **Haftungsrecht**

Wenn Sie KI nutzen, können Fehler geschehen. Wenn Sie die KI einsetzen, dann haften Sie für deren Fehler. Haftungserleichterungen können Sie insbesondere durch transparente Beschreibungen erreichen; was kann die KI leisten (und was nicht). Außerdem sollen Sie genau darauf achten, wie detailliert KI-Ergebnisse überprüft werden müssen, um eine angemessene Sicherheit zu erreichen. Die Details dazu lesen Sie in Kapitel 5.

✔ **Datenschutz- und Persönlichkeitsrecht**

Sobald Sie in einer KI – zum Training, bei der Nutzung oder im Input – personenbezogene Daten verarbeiten, müssen Sie das Datenschutzrecht beachten. Wenn es sich um detailliertere Verarbeitungsvorgänge handelt, kann zusätzlich das Persönlichkeitsrecht der betroffenen Personen eine Rolle spielen. Das bedeutet für Sie insbesondere, dass Sie für jede dieser Verarbeitungen eine Erlaubnisgrundlage benötigen und die Datenschutzgrundsätze der DSGVO einhalten müssen. Wenn Sie KI in einer Cloud nutzen, wie das bei Standardangeboten häufig der Fall ist, benötigen Sie dafür in der Regel einen Auftragsverarbeitungsvertrag mit dem Anbieter. Mehr zu diesem Thema finden Sie in Kapitel 3.

✔ **Geschäftsgeheimnisschutz**

Sobald Sie vertrauliche Daten im Training, bei der Feinjustierung oder im Input verwenden, müssen Sie auf den Erhalt des Geheimnisschutzes achten. Dies gilt auf zwei Ebenen:

1. Sie müssen verhindern, dass Informationen durch die Eingabe in KI-Anwendungen bekannt werden, zum Beispiel gegenüber dem KI-Tool-Anbieter. Das gilt sowohl für Informationen, die für Sie wichtig (und schutzwürdig) sind, als auch für Informationen, zu denen Sie eine Vertraulichkeitsvereinbarung (ein sogenanntes NDA – *Non-Disclosure Agreement*) abgeschlossen haben.

2. Sie müssen die Anforderungen des Geschäftsgeheimnisschutzgesetzes einhalten. Nur wenn Sie Informationen auch tatsächlich technisch-organisatorisch schützen, können diese nach dem Geschäftsgeheimnisschutzgesetz als Geschäftsgeheimnis gelten (und sind besonders geschützt). Diesen Schutz dürfen Sie nicht durch unachtsame Eingabe in KI-Anwendungen aufs Spiel setzen.

Details dazu finden Sie in Kapitel 6.

✔ **Urheberrecht**

Urheberrechtlich geschützte Werke dürfen nur mit besonderen Rechten durch KI weiterverarbeitet werden. Die KI-Ergebnisse sind hingegen oft nicht urheberrechtlich schutzfähig, weil sie das Werk einer Maschine sind und keine persönliche geistige Schöpfung. Nur in Einzelfällen ist das anders. Wenn Sie KI mit schutzfähigen oder geschützten Werken nutzen, müssen Sie das Urheberrecht prüfen. Wie genau Sie dabei vorgehen können, erklären wir Ihnen in Kapitel 4.

✔ **Wettbewerbsrecht**

Ihre Wettbewerber schlafen nicht. Wenn die Pflichten zum Einsatz von KI aus der KI-VO und dem Datenschutz als *Marktverhaltensregeln* eingestuft werden, können Sie bei Verstößen abgemahnt werden, aber auch selbst Ihre Wettbewerber abmahnen, wenn Marktbegleiter diese Pflichten nicht einhalten. In Kapitel 6 finden Sie dazu weitere Hintergründe.

✔ **Allgemeines Gleichbehandlungsgesetz und Arbeitsrecht**

In Ihrem Unternehmen können Sie im Rahmen Ihres Direktionsrechts den Einsatz von KI vorgeben oder verbieten. Sie können also von einer Mitarbeiterin auch verlangen, KI zu nutzen, solange dies ihren Arbeitsplatz nicht völlig umgestaltet. Dafür müssen Sie aber auch Fortbildungen anbieten und, wenn vorhanden, gegebenenfalls den Betriebsrat einbinden. Oft wird dieser sogar ein Mitbestimmungsrecht haben – nicht weil es um KI geht, sondern wenn über persönliche Logins für die Arbeitnehmerinnen zum Beispiel eine Verhaltens- und Leistungskontrolle möglich wird. Wenn Sie KI etwa für die Bewerberauswahl einsetzen, müssen Sie ganz besonders darauf achten, dass Sie dabei nicht diskriminieren. Würde etwa eine – schlecht trainierte – KI die Bewerbungen von Männern aussortieren, weil eine Stelle bislang nur von Frauen besetzt war, könnte das Schadensersatzansprüche der erfolglosen Bewerber nach dem Allgemeinen Gleichbehandlungsgesetz auslösen. Zu den arbeitsrechtlichen Anforderungen finden Sie weitergehende Erläuterungen in Kapitel 6.

✔ **Medienstaatsvertrag**

Wenn Sie in sozialen Netzwerken KI-generierte Beiträge posten, müssen diese schon heute gekennzeichnet werden. Warum und wie erfahren Sie in Kapitel 6.

All das, was Sie in diesem Buch lesen, gilt nur bei Ihrem KI-Einsatz mit EU-Bezug. Wenn Sie in den USA KI entwickeln und dort einsetzen, in den USA niedergelassen sind und auch keine Daten von EU-Bürgern benötigen, dann gilt das EU-Recht für Sie nicht. Vermutlich würden Sie dann aber auch nicht in dieses Buch schauen.

Wenn Sie hingegen eine in Israel, Indien oder China entwickelte KI hier in der EU einsetzen, dann gilt dafür das gesamte EU-Recht, auch wenn die KI nicht hier entwickelt wurde. Dasselbe gilt, wenn die KI-Anwendung zwar außerhalb der EU betrieben wird, sich aber an EU-Bürger richtet.

Risiken – was soll schon passieren …?

Nun mögen Sie sich denken »Was soll schon passieren, KI nutzen doch derzeit alle«. Nur: Bloß weil es »alle« machen, ist es noch lange nicht erlaubt. Setzen Sie sich daher möglichst früh mit den Risiken auseinander, die Ihre konkrete(n) KI-Anwendung(en) mit sich bringen. Zum Beispiel durch die Lektüre dieses Buches!

Verstehen Sie uns bitte nicht falsch: Wir wollen Ihnen weder den Spaß an KI nehmen noch unnötige Ängste schüren. Im Gegenteil: Mit gesundem Menschenverstand und einem Grundverständnis der technischen Parameter (dazu Kapitel 2) sowie der rechtlichen Rahmenbedingungen (dazu die Kapitel 3 bis 11) sind Sie bestens ausgestattet, um KI in Ihrem Unternehmen sinnvoll und zulässig einzusetzen!

Bei KI-Anwendungen gilt: Verfallen Sie weder dem Hype noch in Hektik. Stecken Sie nicht den Kopf in den Sand (und nutzen KI vor lauter Angst einfach nicht, das wäre schade!), laufen Sie aber auch nicht einfach blind drauf los.

Machen Sie sich einen risikobasierten Ansatz zu eigen:

- ✔ Verstehen Sie, womit Sie es zu tun haben,
- ✔ ermitteln Sie die Risiken, die damit verbunden sind,
- ✔ kennen Sie die Regeln, die Sie einhalten müssen, und
- ✔ ergreifen Sie risikogerechte Maßnahmen, um das bestehende Risiko zu minimieren.

Grundsätzlich gilt: Ein Unternehmen beziehungsweise dessen Geschäftsführung ist für die Nutzung seiner KI-Anwendungen selbst verantwortlich: Unternehmen haften für die Konversationen ihrer KI-Chatbots genauso wie für KI-generierte Texte, Bilder und Videos, die sie zum Beispiel in Marketingunterlagen verwenden. Weitere Informationen dazu finden Sie in Kapitel 5.

Geschäftsführer und Aufsichtsräte haben dafür Sorge zu tragen, dass KI rechtskonform eingesetzt wird – welche Voraussetzungen dafür erfüllt sein müssen, erfahren Sie in den Kapiteln 3 bis 8 –, und müssen dafür die entsprechenden Governance-Voraussetzungen schaffen. Wie das gelingen kann, erfahren Sie in Kapitel 10.

Wer KI entwickelt, anbietet oder nutzt, ohne sich mit den rechtlichen Anforderungen auseinandergesetzt zu haben, geht unnötig Risiken ein. Das kann der Reputation schaden, teuer werden oder sogar das gesamte Geschäftsmodell zerstören.

Als Unternehmensführung haften Sie zudem gegebenenfalls sogar persönlich, wenn Sie sich mit den bestehenden Risiken und rechtlichen Anforderungen nicht ausreichend auseinandergesetzt und angemessene Maßnahmen ergriffen haben (mehr dazu erfahren Sie in Kapitel 10).

Auch wenn Sie die Komplexität des Rechts auf den ersten Blick einschüchtert – sobald Sie anfangen sich mit den rechtlichen Themen zu beschäftigen, werden Sie merken: Es ist machbar! Rechtliche Vorgaben sind nicht (nur) dazu da, Ihnen das Leben schwer zu machen. Sie sollen und können Ihnen auch hilfreiche Orientierung und Umsetzungshilfen geben!

IN DIESEM KAPITEL

Was ist »künstliche Intelligenz«?

Regelbasierte Systeme

Maschinelles Lernen

Deep Learning

Generative KI und LLMs

Rechtliche Anknüpfungspunkte

Kapitel 2
Die vielen Gesichter der »künstlichen Intelligenz«

Künstliche Intelligenz (KI) ist kein Nischenthema mehr – sie beeinflusst längst viele Bereiche unseres privaten und beruflichen Lebens. Auch Unternehmen setzen KI-Technologien mehr und mehr ein: Laut einer Stanford-Umfrage nutzten 2024 bereits 78 Prozent der befragten Organisationen KI-Anwendungen – im Vorjahr waren es noch 55 Prozent. Und die Zahlen steigen exponentiell. Auch wenn der Anteil KI einsetzender Unternehmen in Deutschland im internationalen Vergleich noch hinterherhinkt – laut einer repräsentativen Umfrage des deutschen Digitalverbands Bitkom e.V. wird auch hier KI branchenübergreifend als entscheidender Erfolgsfaktor für die Zukunft eingeschätzt. Knapp die Hälfte der hiesigen Industrieunternehmen fürchten, dass die deutsche Industrie die KI-Revolution verschlafen könnte. Das sollten wir nicht geschehen lassen! Begeben wir uns weiter gemeinsam auf KI-Reise!

Wenn Sie sich genauer zum Thema KI informieren möchten: Es gibt eine ganze Reihe von *… für Dummies*-Bücher dazu, darunter für ein grundlegendes Verständnis das Buch *Künstliche Intelligenz für Dummies*.

Je umfangreicher Sie KI im Unternehmen nutzen und je bedeutsamer der Einsatz für Ihr Unternehmen oder Ihr Geschäftsmodell ist, desto wichtiger ist die rechtliche Bewertung, um Risiken zu minimieren und zukunftsfähig zu bleiben.

Die stark steigende Relevanz von KI hat auch direkte Folgen für die juristische Praxis. Wer Haftung prüfen, Verträge gestalten oder regulatorische Vorgaben bewerten will, muss verstehen, ob und wie KI eingesetzt wird. Nur so lassen sich Risiken, Verantwortlichkeiten und Zuständigkeiten realistisch einschätzen.

In den folgenden Kapiteln unterstützen wir Sie dabei, diese anspruchsvolle Aufgabe auch in Ihrem Unternehmen zu meistern.

Aber bevor wir uns mit den rechtlichen Fragen rund um KI beschäftigen, sollten wir uns gemeinsam folgende Frage stellen: Was ist das eigentlich – diese »künstliche Intelligenz«?

Künstliche Intelligenz – Wer bist du und wenn ja, wie viele?

Wenn Sie aus dem technischen Bereich kommen oder Entwickler sind, werden Sie nun vermutlich die Hände über dem Kopf zusammenschlagen: Juristen, die erklären wollen, was künstliche Intelligenz ist – das kann ja was werden! Aber keine Sorge: Wir wollen in diesem Kapitel keinen fachfremden Ausflug in die technischen Untiefen dieser Technologie machen. Das Ziel ist vielmehr, ein gemeinsames Grundverständnis darüber zu schaffen, was wir meinen, wenn wir in diesem Buch von KI sprechen.

Denn um rechtliche Fragen beantworten zu können, müssen wir gemeinsam verstehen, was wir da bewerten wollen. Hier zeigt sich zum ersten Mal, wie interdisziplinär das Thema KI ist: Um zu rechtlich zulässigen, pragmatischen und zukunftsfähigen Lösungen zu kommen, müssen die verschiedenen Fachrichtungen eines Unternehmens in den Austausch gehen. Lassen Sie uns im Folgenden ein gemeinsames Grundverständnis über diese Technologie, seine Anwendungsbereiche und rechtlichen Rahmenbedingungen schaffen.

Ohne ein technisches Grundverständnis lassen sich rechtliche Pflichten im KI-Kontext nicht fundiert beurteilen – und ohne ein rechtliches Grundverständnis lassen sich die Pflichten technisch (und organisatorische) nicht wirksam umsetzen.

Egal aus welcher Fachrichtung Sie sich dem Thema nähern: Sie müssen verstehen, was KI ist beziehungsweise wie sie grundsätzlich funktioniert – das erfahren Sie in diesem Kapitel. Haben Sie diese Grundlage geschaffen, lernen Sie ab Kapitel 3, was aus rechtlicher Sicht zu beachten ist.

Der Begriff »künstliche Intelligenz«, woher er kommt und was er heute bedeutet

»Künstliche Intelligenz« bezeichnet ursprünglich ein Forschungsfeld, das in den 1950er-Jahren entstanden ist. Der Begriff wurde 1956 auf der Dartmouth Conference (USA) geprägt – unter anderem von John McCarthy und Marvin Minsky, zwei Pionieren der Informatik. Dort wurden unter anderem Themen wie automatische Computer, neuronale Netzwerke, Selbstverbesserung und Abstraktion diskutiert.

KI ist zum Buzzword geworden und alle, mit denen man spricht, meinen zu wissen, was »KI« ist. Nicht selten aber ist die individuelle Vorstellung eher von Science-Fiction geprägt als von der (technischen) Realität.

- ✔ **Schwache KI:** Im Alltag sprechen viele von KI, wenn sie eigentlich spezialisierte Anwendungen meinen – sogenannte *schwache KI.* Diese Systeme erledigen klar abgrenzbare Aufgaben, zum Beispiel Texte zusammenfassen, Bilder analysieren oder Sprachbefehle umsetzen.
- ✔ **Starke KI:** Die Vorstellung von einer *starken KI,* die menschenähnlich denkt oder gar fühlt, bleibt bis heute hypothetisch. KI hat (noch) kein Bewusstsein. Sie »versteht«, »fühlt« und »denkt« nicht, sondern sie erkennt Muster – basierend auf Daten, Algorithmen und Wahrscheinlichkeiten.

BEISPIEL

KI-basierte Sprachassistenten, Chatbots und Bilderkennungssysteme sind heute Standard – humanoide Roboter mit Bewusstsein dagegen weiterhin Science-Fiction.

Die Geschichte der KI ist von Fortschritten und Rückschlägen geprägt: Euphorie in den 1960ern, Ernüchterung in den 1980ern (»KI-Winter«), gefolgt von neuen Impulsen durch maschinelles Lernen ab den 2000ern. Aktuell erleben wir durch große Sprachmodelle und lernfähige Systeme erneut eine Hochphase, die zu teilweise überzogenen Erwartungen auch an die Möglichkeiten des KI-Einsatzes in Unternehmen führt. Doch unrealistische Erwartungen führen unweigerlich zu Enttäuschungen. Das sollten Sie auch in Ihrem Unternehmenskontext berücksichtigen: Ein visionärer Blick in die Zukunft ist für ein innovatives Arbeitsumfeld unerlässlich. Unternehmen brauchen Menschen, die sich für KI und deren mögliche Einsatzfelder begeistern und damit auch eher zögerliche Kollegen mitnehmen. Bei aller Zukunftsbegeisterung darf der Blick für die Gegenwart aber nicht verloren gehen. Sie sollten sich daher immer fragen, was Sie mit dem Einsatz von KI konkret erreichen wollen und ob das mit den vorhandenen technischen Möglichkeiten tatsächlich (schon) geht. Denn: wer nicht wagt, der nicht gewinnt – aber wer Versprechungen macht, die er nicht halten kann, gewinnt auch nicht.

KI kann bereits vieles – aber eben nicht alles. Ein realistischer Blick schützt vor überzogenen Erwartungen und unnötiger Angst.

Technische Grundlagen: Regelbasierte Systeme, maschinelles Lernen, Deep Learning und generative KI

KI ist nicht gleich KI – was auf der Benutzeroberfläche ähnlich wirkt, kann im Inneren sehr unterschiedlich funktionieren. Technisch unterscheiden sich KI-Systeme grundlegend danach, wie sie zu ihren Entscheidungen kommen. Für juristische Bewertungen ist das nicht nur interessant, sondern oft entscheidend. Nur wer weiß, was KI tut (und was nicht), kann bewerten, was sie darf. Im Folgenden lernen Sie die grundlegenden KI-Systeme kennen.

Hierarchisch sind die im weiteren Verlauf näher erklärten Systeme wie in Abbildung 2.1 gezeigt aufgebaut.

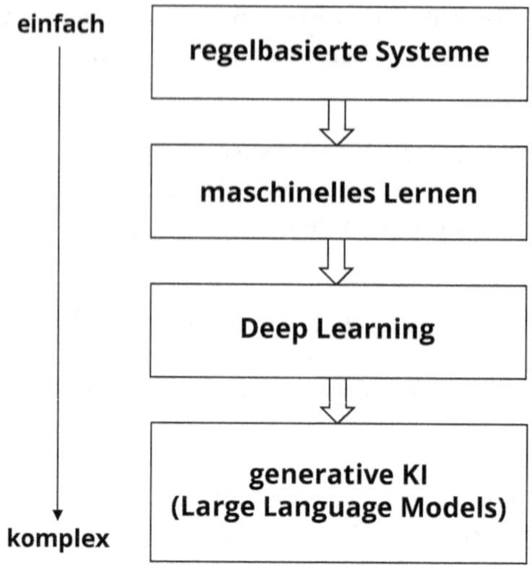

Abbildung 2.1: Hierarchische Darstellung von KI-Systemen

Regelbasierte Systeme: Wenn A, dann B

Regelbasierte Systeme setzen auf eine klar definierte Wenn-dann-Logik. Sie funktionieren wie digitale Entscheidungsbäume: »Wenn die Eingabe X ist, tue Y.« Diese Regeln werden manuell von Fachleuten formuliert – etwa in sogenannten Expertensystemen, die Fachwissen in formalisierte Regeln übersetzen.

Der große Vorteil regelbasierter Systeme ist ihre Vorhersehbarkeit und ihre Transparenz. Jede Regel ist nachvollziehbar, jede Entscheidung überprüfbar. Das ist aus rechtlicher Sicht ein Pluspunkt – vor allem, wenn Entscheidungen begründet oder nachträglich überprüft werden müssen. Regelbasierte Systeme sind allerdings nicht lernfähig. Jede neue Regel muss (gegebenenfalls manuell) hinzugefügt werden – das wird schnell unübersichtlich und fehleranfällig.

Je komplexer das Problem, desto unpraktikabler wird das Regelwerk. Bei vielen Ausnahmen oder unstrukturierten Daten stoßen diese Systeme schnell an ihre Grenzen.

Regelbasierte Systeme können durchaus »intelligent« wirken und sind nicht selten aufwendig programmiert. Sie basieren aber auf einem (oder vielen) Regelwerk(en) und sind nicht lernfähig. Daher sprechen wir bei regelbasierten Systemen – auch bei sehr komplexen Programmierungen und Fähigkeiten – nicht von künstlicher Intelligenz.

Maschinelles Lernen: Muster statt Vorschriften

Beim maschinellen Lernen (ML) wird nicht programmiert, was ein System tun, sondern woraus es lernen soll. Das System wird mit vielen Beispielen (sogenannte *Trainingsdaten*) gefüttert und entwickelt daraus selbst ein Modell zur Lösung.

BEISPIEL

Ein ML-System bekommt 100.000 abgeschlossene, manuell erfolgte Kreditentscheidungen samt Merkmalen (Alter, Einkommen, Rückzahlung) und lernt daraus, zukünftige Kreditanträge selbst zu bewerten – auch bei Konstellationen, die es in dieser konkreten Form in den zugrunde liegenden Entscheidungen noch nicht gegeben hat.

Beim maschinellen Lernen entstehen die Regeln nicht durch menschliche Logik, sondern durch statistische Muster:

- ✔ **Überwachtes Lernen:** Das System kennt die richtige Antwort (zum Beispiel »Spam« versus »kein Spam«) und lernt, diese vorherzusagen.
- ✔ **Unüberwachtes Lernen:** Das System erkennt Muster ohne vorherige Kategorisierung (zum Beispiel Kundensegmentierung).

Beim maschinellen Lernen ist der Trainingsdatensatz das Fundament. Das bedeutet aber auch: schlechte Daten = schlechte Entscheidungen oder mit anderen Worten: »Garbage in, Garbage out«.

Die Ergebnisse dieser Systeme sind oft nicht oder zumindest nicht vollständig nachvollziehbar. Statt klarer »Wenn-dann-Logik« basiert das System seine Entscheidung auf der Grundlage abertausender Parameter – das macht einzelne Ergebnisse schwer erklärbar und in der Regel nicht exakt wiederholbar, was auch als *Black-Box-Problem* bezeichnet wird.

Das *Black-Box-Problem* erschwert die rechtliche Prüfung – gerade in diskriminierungssensiblen Bereichen wie HR oder Finanzen, aber auch wenn es um die Verarbeitung personenbezogener Daten geht.

Ein zentrales Risiko ist zudem die (versteckte) Diskriminierung. Wenn Trainingsdaten systematische Verzerrungen enthalten (zum Beispiel unterrepräsentierte Gruppen), reproduziert das System diese – selbst wenn niemand es so programmiert hat.

BEISPIEL

Der KI-Chatbot Tay von Microsoft aus dem Jahr 2016 zeigt, wie wichtig die systematische Prüfung von Trainingsdaten (oder Lernumgebungen) auf Verzerrungen ist, da KI-Systeme ansonsten unbeabsichtigt Vorurteile und Diskriminierung verstärken können:

Tay sollte durch Interaktionen mit Nutzern »dazulernen« und so ein natürlich wirkendes Sprachmodell entwickeln. Microsoft musste Tay jedoch nach kürzester Zeit wieder vom Markt nehmen. Denn innerhalb weniger Stunden übernahm Tay rassistische, sexistische und beleidigende Sprache – weil User mit solchen Inhalten interagierten und Tay ungeschützt daraus lernte.

Tay wurde zwar nicht klassisch »trainiert« wie heutige LLMs, lernte aber in Echtzeit aus verzerrten, feindseligen Nutzereingaben – also einem verzerrten Dateninput. Die Folge war eine diskriminierende Ausgabe (Bias), die aus dem Systemverhalten selbst resultierte – nicht aus bewusster Programmierung.

Um Diskriminierung oder verfälschte Ergebnisse zu vermeiden, müssen Bias-Kontrollen, Datenanalyse und »Fairness-Checks« Teil des Pflichtenprogramms sein – insbesondere bei KI, die mit einem hohen Risiko verbunden sind.

Mittlerweile gibt es eine ganze Reihe spezialisierter Open-Source- oder kommerzielle Tools, mit denen sich Bias in KI-Systemen frühzeitig erkennen und gezielt beheben lassen.

Mit Open-Source-Bibliotheken wie IBM AI Fairness 360 (AIF360), Fairlearn und dem Google What-If Tool können bereits während der Entwicklung systematische Benachteiligungen sichtbar gemacht werden, zum Beispiel wenn von Kredit- oder HR-Modellen bestimmte Gruppen systematisch benachteiligt werden.

Mit kommerziellen Plattformen wie IBM Watson OpenScale, AWS SageMaker Clarify, Fiddler AI oder Arthur AI können Fairness-Prüfungen direkt in den laufenden Betrieb eingebaut werden – sie schlagen bei Schwellenwertüberschreitungen Alarm und liefern auditierbare Nachweise, die sich auch im Rahmen der Dokumentationspflichten aus KI-Verordnung oder Datenschutz-Grundverordnung als wertvoll erweisen.

Trotz dieser Herausforderungen sind ML-Systeme beeindruckend flexibel und leistungsstark – sie lernen mit neuen Daten weiter, passen sich an veränderte Bedingungen an und bieten somit viele Anwendungsfälle. Aus rechtlicher Sicht sind ML-Systeme in der Regel als Künstliche Intelligenz anzusehen.

Deep Learning: Wenn Maschinen wirklich tief »denken«

Deep Learning (DL) ist eine spezielle Form des maschinellen Lernens – und in vielen Anwendungen das »Powerhouse« moderner KI. Die Grundlage bilden künstliche neuronale Netze, die in mehreren Schichten komplexe Datenverarbeitung betreiben und an unser menschliches Gehirn erinnern.

BEISPIEL

Sie betreiben einen Onlineshop mit über 10.000 Produkten. Die Suchanfragen Ihrer Kunden und Kundinnen für dieselben Produkte können sehr unterschiedlich sein, selbst wenn sie dasselbe meinen: »schwarze Lederschuhe für den Winter«, »feste Winterschuhe in Schwarz«, »schwarze Boots«, »warme Herrenlederschuhe« und so weiter.

Ein starres Suchsystem würde hier schnell an seine Grenzen stoßen, wenn es nur nach exakten Worttreffern sucht. Ein Deep-Learning-Modell hingegen hat Millionen Suchanfragen analysiert, erkennt die Bedeutung hinter den einzelnen Suchwörtern und liefert passende Ergebnisse, auch wenn die Begriffe nicht exakt übereinstimmen.

Das funktioniert, weil das neuronale Netz – ähnlich wie unser Gehirn – lernt, Zusammenhänge zwischen Wörtern, Bildern und Kontexten zu erkennen. Dadurch versteht das System allmählich, was jemand meint, nicht nur, was jemand sagt.

Auch bei DL-Systemen wird Transparenz und Nachvollziehbarkeit zur Herausforderung. Modelle enthalten Milliarden Parameter – das erschwert die juristische Prüfung.

DL-Modelle sind zudem extrem ressourcenintensiv – nicht nur beim Training, sondern auch bei der Nutzung.

So hat die Washington Post mit Forscherinnen der University of California berechnet, dass allein das Generieren einer E-Mail mit 100 Wörtern circa 0,14 Kilowattstunden Strom benötigen kann.

Dasselbe gilt für den höflichen Umgang mit KI – so kostet das »Bitte« und »Danke« der ChatGPT-Nutzer laut Sam Altman, dem CEO von OpenAI, das Unternehmen »zig Millionen Dollar«. Denn jedes Wort im Prompt muss verarbeitet werden, jede Verarbeitung benötigt Rechenleistung und jede Rechenleistung verbraucht Energie.

Generative KI (»GenAI«) und große Sprachmodelle (LLMs): Von der Analyse zur Content Creation

Der Allgemeinheit bekannt geworden sind generative KI beziehungsweise LLMs ab 2022 – mit Bildgeneratoren wie DALL·E oder textbasierten Systemen wie ChatGPT. Letzteres ist ein sogenanntes *großes Sprachmodell* (*Large Language Model*, LLM) – eine spezielle Form generativer KI, die auf Sprache fokussiert ist.

Generative KI und insbesondere LLMs wie ChatGPT sind weder Suchmaschinen noch Lexika, sondern Systeme, die in der Lage sind, wahrscheinliche Wortfolgen vorherzusagen. Sie geben also nicht zwingend Fakten wieder.

LLMs beruhen auf Deep-Learning-Architekturen und werden mit riesigen Textmengen trainiert: Bücher, Foren, Internetseiten, Wikipedia und so weiter. Ihre Trainingsaufgabe klingt einfach: Sag mir, welches Wort wahrscheinlich als Nächstes kommt. Durch diese »Next Word Prediction« lernen die Modelle sprachliche Zusammenhänge. Sie erkennen Grammatik, Stil, Rhetorik – und können nicht nur Inhalte analysieren, sondern auch neue Inhalte generieren.

BEISPIEL

Ein LLM kann auf die Eingabe »Bitte fass mir das Mietrecht in drei Sätzen zusammen.« einen sprachlich sauberen, juristisch klingenden Text liefern – ohne tatsächlich fundiertes Wissen über Mietrecht zu haben.

Aber: Das Modell versteht nicht, was es sagt. Es kombiniert Wörter, weil sie statistisch zueinander passen – nicht, weil sie inhaltlich »richtig« sind.

Generative KI, insbesondere ein Sprachmodell, kann »halluzinieren», das heißt, es erfindet Quellen, Zitate oder sogar ganze Gesetzesparagrafen, wenn diese statistisch plausibel erscheinen.

Daher gilt: Prüfen Sie von generativer KI erzeugte Inhalte. Dazu und warum das wichtig ist, erfahren Sie mehr in Kapitel 5.

Weitere Informationen zu LLMs und inwiefern auf diese insbesondere der Datenschutz anwendbar ist, können Sie in Kapitel 3 nachlesen.

Rechtliche Aspekte im Umgang mit KI

Keine Technologie ist ohne Risiken und so verhält es sich auch beim Einsatz von KI. Das Recht soll dazu dienen, diesen Risiken mit angemessenen Maßnahmen zu begegnen, sodass wir die Vorteile dieser Technologie nutzen können, ohne dass Mensch, Gesellschaft, Eigentum oder andere wichtige Werte zu Schaden kommen. Wenn Sie gelegentlich ein mulmiges Gefühl beschleicht, sind Sie damit nicht allein: trotz der steigenden KI-Nutzung und der Einschätzung als Schlüsseltechnologie, gaben laut einer Bitkom-Studie aus dem Jahr 2024 rund 68% der befragten Unternehmen an, von den rechtlichen Unsicherheiten und Hürden verunsichert zu sein, was ihren eigenen KI-Einsatz angeht. Aber keine Sorge: Um diese Verunsicherung zu beseitigen, lesen Sie ja dieses Buch! Nur Mut!

Welche rechtlichen Fragen beziehungsweise verschiedenen Rechtsgebiete im Zusammenhang mit KI zu berücksichtigen sind, haben Sie bereits in Kapitel 1 erfahren und wir werden diese in den folgenden Kapiteln jeweils vertiefen.

Unabhängig davon, in welchem Rechtsgebiet Sie sich bewegen beziehungsweise welches Gesetz die konkreten Vorgaben macht – bei der juristischen Bewertung sollten Sie sich stets an den prozessbasierten Anforderungen orientieren. Fragen Sie sich:

- ✔ Was kann das System (und was nicht)?
- ✔ Zu welchen konkreten Zwecken wird es eingesetzt?
- ✔ Welche tatsächlichen Risiken sind mit dem Einsatz verbunden?

In Tabelle 2.1 haben wir die juristisch relevanten Unterschiede von regelbasierten Systemen und KI-Systemen einmal zusammengefasst.

System	Vorteile	Nachteile
regelbasiert	– nachvollziehbar – erklärbar	– nicht lernfähig
Machine Learning	– lernfähig	– schwer erklär- und nachvollziehbar – Bias-anfällig
Deep Learning	– lernfähig – sehr leistungsfähig	– Black-Box-Problem – hohe Ressourcenanforderungen
generative KI/ LLMs	– Erzeugung komplexer Inhalte (Text, Code, Bilder) – Generalisierungsfähigkeit durch große Trainingsmengen	– geringe Transparenz (Gefahr von Halluzinationen, Quellenunklarheit) – Risiko der Fehlnutzung (durch Desinformation, Deepfakes etc.)

Tabelle 2.1: Juristisch relevante Unterschiede von KI-Systemen

Einerseits ist das technische Grundverständnis von KI für die rechtliche Beurteilung unerlässlich. Andererseits stimmt die technische Definition von künstlicher Intelligenz nicht zwingend mit der rechtlichen Definition überein – das Gesetz definiert den Begriff der künstlichen Intelligenz nämlich nicht, sondern nur, was es unter »KI-Systemen« versteht. Dazu erfahren Sie mehr in Kapitel 7.

Teil II
»How to comply with AI?« – der Deep Dive ins Recht

IN DIESEM TEIL …

Jetzt wird's ernst – aber keine Sorge: Wir lassen uns beim Deep Dive in den Paragrafendschungel den Humor nicht verderben! In Teil II erfahren Sie, welche rechtlichen Grundlagen Sie kennen sollten, um KI verantwortungsvoll, rechtssicher und effektiv einzusetzen. Es geht um Pflichten, Risiken und rechtliche Stolpersteine – aber auch um Spielräume, Chancen und pragmatische Lösungen.

Beim Kennenlernen der rechtlichen Spielregeln für den Einsatz von KI erfahren Sie, wann und wie das Datenschutzrecht gilt (siehe Kapitel 3), wie sich das Urheberrecht auf das Training, den Input und den Output von KI-generierten Inhalten auswirkt (siehe Kapitel 4) und wer haftet, wenn die KI Blödsinn verzapft (siehe Kapitel 5). Außerdem zeigen wir, welche weiteren Rechtsgebiete relevant sind (siehe Kapitel 6).

Die EU-Kommission war fleißig und hat uns mit dem AI Act einiges an Lesestoff beschert – Sie erhalten in Kapitel 7 zunächst einen Überblick über diese KI-Verordnung und erfahren in Kapitel 8, mit welchen drei Fragen Sie jede Risikoklassifizierung meistern.

Last, but not least: Verträge! Verträge! Verträge! Was Sie beim Abschluss von Verträgen mit KI-Anbietern beachten sollten und wie Sie Verträge über KI mit Ihren eigenen Kunden gestalten, lernen Sie in Kapitel 9.

Kurz gesagt: Teil II ist Ihr rechtlicher Werkzeugkasten für den KI-Einsatz! Bereit? Dann los.

IN DIESEM KAPITEL

- Datenschutzkonforme Verwendung von personenbezogenen Daten in KI-Anwendungen
- Anforderungen des Datenschutzrechts an die Entwicklung und Nutzung von KI
- Die Akteure des Datenschutzes
- Die Erlaubnistatbestände – wann wer was darf
- Drittstaatentransfer – wenn Daten auf Reisen gehen
- Angemessene Datensicherheit

Kapitel 3
Datenschutzrecht

KI-Anwendungen basieren auf Daten. Wenn Sie eine KI entwickeln, benötigen Sie Trainingsdaten. Nutzen Sie eine KI, geben Sie beim Prompten Daten ein und auch der Output, den Sie erzeugen, enthält wieder eigene Daten. Kurzum: Ohne Daten keine KI – je mehr, desto besser.

In einer Vielzahl von Fällen werden Sie durch, in oder mit der KI dabei auch personenbezogene Daten verarbeiten. Immer wenn das der Fall ist, müssen Sie das Datenschutzrecht mit in den Blick nehmen und für eine rechtmäßige Entwicklung und den rechtmäßigen Einsatz von KI einhalten.

BEISPIEL

Ein LLM wird von einem in der EU niedergelassenen Unternehmen mit Bildern trainiert, auf denen auch Personen zu sehen sind. Durch das Training werden mit den Bildern personenbezogene Daten der abgebildeten Menschen verarbeitet, das ist datenschutzrelevant.

Ein Onlineshop für Campingbedarf will seine Werbung individualisiert so ausspielen, dass sie genau den Personen angezeigt wird, die gerade Interesse an dem angezeigten Produkt haben. Für dieses Tracking will der Betreiber des Shops künftig eine KI einsetzen, um noch zielgenauer die Nutzer zu identifizieren, denen die entsprechende Werbung angezeigt wird. Dafür muss die KI die Nutzungsdaten (zum Beispiel IP-Adressen, Scrollverhalten, Verweildauer auf bestimmten Seiten, Cookiedaten, Standortdaten, gemerkte Produkte und so weiter) auswerten, also personenbezogene Daten verarbeiten. Auch das ist nur zulässig, wenn das Datenschutzrecht eingehalten wird.

Eine Recruitingagentur setzt eine neue KI auf ihrer Karriereplattform ein, um die Bewerber optimiert auszuwählen und den passenden Stellen zuzuordnen. Dafür spielt sie alle eingehenden Bewerbungen in das entsprechend vortrainierte KI-Modell, wodurch sie die personenbezogenen Daten der Bewerber entsprechend verarbeitet und dazu das Datenschutzrecht einhalten muss.

Diese Beispiele zeigen Ihnen, in wie vielen Einsatzbereichen von KI-Anwendungen personenbezogene Daten verarbeitet werden und damit das Datenschutzrecht ins Spiel kommt.

Es gibt kein KI-Datenschutzrecht. Das EU-Datenschutzrecht mit der EU-Datenschutz-Grundverordnung (DSGVO) und ihre nationalen Ergänzungen, in Deutschland vor allem das Bundesdatenschutzgesetz (BDSG), sind technologieneutral. Sie gelten für alle Softwareanwendungen und sogar die analoge Datenverarbeitung »im Hängeregister«. Für KI-Anwendungen stellen sich aber neben den üblichen Themen auch ganz spezielle datenschutzrechtliche Fragen, die Sie gleich kennenlernen werden.

Das Datenschutzrecht zielt traditionell zunächst darauf ab, die informationelle Selbstbestimmtheit zu bewahren.

Wagen Sie einen Blick in die DSGVO, um zu verstehen, was erlaubt, was angemessen, verhältnismäßig und erforderlich ist. Sie finden dort eine Reihe von Zielen, die das EU-Datenschutzrecht verfolgt. Diese Ziele sollten Sie im Blick behalten, wenn Sie Ihre KI-Anwendung datenschutzkonform entwickeln und nutzen möchten:

- ✔ informationelle Selbstbestimmung
- ✔ allgemeines Persönlichkeitsrecht
- ✔ Schutz der Privatsphäre
- ✔ Rechte und Freiheiten der betroffenen Personen
- ✔ Grundrechtecharta der EU: Recht auf Datenschutz
- ✔ Vertraulichkeit und Integrität der informationstechnischen Systeme
- ✔ freier Verkehr mit personenbezogenen Daten, also ein »Daten-Binnenmarkt«
- ✔ Verbraucherschutz
- ✔ faire Wettbewerbschancen für alle

Wann das EU-Datenschutzrecht gilt

KI-Anwendungen sind auf große Datenmengen angewiesen, um einwandfrei zu funktionieren. KI wird mit Daten trainiert. Die derzeit wohl am weitesten verbreiteten LLMs arbeiten als »große Sprachmodelle« auch in der Anwendung mit umfangreichen Daten. Bei der Entwicklung und dem Einsatz von KI sind damit immer wieder »Daten« im Spiel. Aber sind all diese Daten auch vom EU-Datenschutzrecht geschützt? Nein!

Für Ihren Umgang mit KI müssen Sie das Datenschutzrecht nur im Blick behalten und einhalten, wenn das EU-Datenschutzrecht überhaupt anwendbar ist. Festgelegt ist das in den Artikeln 2 und 3 der DSGVO. Sie müssen bei der Entwicklung und Nutzung einer KI-Anwendung den Datenschutz dann beachten und nachweislich einhalten, wenn

1. Sie personenbezogene Daten verarbeiten,
2. Sie nicht nur privat im ausschließlich persönlichen oder familiären Umfeld agieren,
3. ein räumlicher EU-Bezug vorliegt,
   a. weil das verarbeitende Unternehmen in der EU niedergelassen ist,
   b. weil die Datenverarbeitung in der EU stattfindet oder
   c. weil Daten von Personen in der EU verarbeitet werden, um Personen hier Waren oder Dienstleistungen anzubieten oder ihr Verhalten in der EU zu beobachten.

Das EU-Datenschutzrecht gilt nur, wenn Sie in oder mit einer KI-Anwendung personenbezogene Daten mit EU-Bezug verarbeiten und dies außerhalb Ihres rein privaten und familiären Bereichs geschieht.

Personenbezogene Daten

Wann genau es sich bei Informationen um *personenbezogene Daten* handelt, ist in der DSGVO geregelt und durch verschiedene Entscheidungen des Gerichtshofes der Europäischen Union (EuGH) weiter präzisiert.

Personenbezogene Daten sind nach der Legaldefinition in Art. 4 Nr. 1 DSGVO »alle Informationen, die sich auf eine identifizierte oder identifizierbare natürliche Person … beziehen; als identifizierbar wird eine natürliche Person angesehen, die direkt oder indirekt, insbesondere mittels Zuordnung zu einer Kennung wie einem Namen, zu einer Kennnummer, zu Standortdaten, zu einer Onlinekennung oder zu einem oder mehreren besonderen Merkmalen, die Ausdruck der physischen, physiologischen, genetischen, psychischen, wirtschaftlichen, kulturellen oder sozialen Identität dieser natürlichen Person sind, identifiziert werden kann«.

Den Begriff der »personenbezogenen Daten« müssen Sie weit auslegen. Das hat auch der EuGH mehrfach bestätigt. Ziel ist ja, den Schutz der DSGVO auf möglichst viele Felder zu erstrecken.

Immer wenn eine Information einem Menschen zugeordnet werden kann, handelt es sich um ein personenbezogenes Datum – unabhängig davon, wie banal oder sensibel die Information ist.

Zu den persönlichen Daten gehören offensichtlich personenbezogene Daten wie Name, Adresse, Geburtsdatum, Telefonnummer und E-Mail-Adresse, aber auch weniger offensichtlich identifizierbare Informationen wie Standortdaten. Wollen Sie beispielsweise in einem Onlineshop bestellen und geben hierfür Ihre Adresse und Zahlungsinformationen an, werden hier Ihre personenbezogenen Daten verarbeitet.

Auch reine IDs in der Onlinewelt, über die ein Profil von Ihnen gebildet werden kann, können selbst dann personenbezogene Daten sein, wenn Ihr eigentlicher Name dort nicht vermerkt ist.

Selbst die IP-Adresse, die für das Ausspielen von Onlineinhalten quasi als Adresse genutzt wird, ist laut EuGH ein personenbezogenes Datum. Und das, obwohl Sie gar nicht wissen, welche Person sich dahinter verbirgt? Ja, wenn und weil es möglich ist, dass ein Rechtsanspruch auf Mitteilung der dahinterstehenden Person bestehen könnte. Und das ist bei der IP-Adresse in Deutschland oft der Fall, da etwa bei Urheberrechtsverletzungen im Netz ein Anspruch gegen den Telekommunikationsanbieter bestehen kann, zu erfahren, welcher Person eine IP-Adresse zu einem bestimmten Zeitpunkt zugeordnet war, um so den Verletzer identifizieren zu können.

Abgekürzt können Sie als Merksatz festhalten:

In dubio pro Personenbezug.

Schauen Sie sich nur einmal das Beispiel individualisierter Werbung an. Bei fast jedem Ausflug ins Internet und dem Surfen auf verschiedenen Webseiten wird Ihnen Werbung angezeigt. Surfen Sie im Internet, hinterlassen Sie Spuren:

- ✔ Websites, die Sie besuchen,
- ✔ Produkte, die Sie ansehen,
- ✔ wann und wo Sie Seiten wieder verlassen,
- ✔ Inhalte, die Sie auf Social-Media-Plattformen »liken« oder
- ✔ was Sie in Suchmaschinen und Kartendiensten eingeben.

Diese Daten werden von Unternehmen genutzt, um Ihnen maßgeschneiderte Werbung anzuzeigen. Gerade die großen Akteure der »GAFAM«, also von Google, Amazon, Facebook (jetzt Meta), Apple und Microsoft, verfügen aus diesen Analysen über umfassende Profile von Ihnen. Diese Profile werden nicht unter Ihrem Klarnamen geführt, sondern unter der ID, die mit den von Ihnen genutzten Endgeräten verknüpft ist, also Ihrem Handy, Tablet und Laptop. Werbetreibende zahlen dafür, unter Nutzung dieser Profile personalisierte beziehungsweise individualisierte Werbung an Sie auszuspielen.

Das System ist komplex und technisch faszinierend zugleich: Beinahe in Echtzeit werden Werbeplätze online versteigert. Wenn Sie eine Website betreten, wird über Ihre ID Ihr Profil identifiziert – bei den Autorinnen dieses Buches wäre es: weiblich, berufstätig und technikaffin, zwischen 30 und 50 Jahren, lebend im urbanen Umfeld mit Kindern. Uns würde daher in dem Moment, in dem wir eine Website mit Feldern für personalisierte Werbung besuchen, wohl weniger eine Werbung für Jagdausrüstung oder Treppenlifte ausgespielt als eine Werbung für Upskilling im Techbereich, die gesunde, schnelle Kindermahlzeit oder die neuesten Sneakers. Diese individualisierte Werbung kann durch Einsatz von Gradient Boosting und KI nochmals deutlich gezielter und besser ausgesteuert werden. Welche Werbung würde Ihnen so personalisiert angezeigt?

Individualisierte Werbung: Der Gradient-Boosting-Algorithmus

Wie funktioniert individualisierte Werbung genau? Unternehmen nutzen spezielle Algorithmen, um aus Ihren Daten ein Profil zu erstellen. Sie analysieren Ihre Vorlieben und Gewohnheiten, um Ihnen Werbung anzuzeigen, die genau auf Sie zugeschnitten ist. Ein Modell zur Analyse solcher Daten ist der *Gradient-Boosting-Algorithmus.*

Gradient Boosting ist eine Methode aus dem Bereich des maschinellen Lernens, die verwendet wird, um aus Daten Muster zu erkennen. Gradient Boosting arbeitet dabei mit vielen kleinen Entscheidungsbäumen (das sind quasi kleine Modelle, die Daten analysieren). Stellen Sie sich vor, Sie gehen online bei Ihrem Lieblingsmodelabel shoppen. Das Unternehmen, dessen Website Sie besuchen, erhält so eine große Menge Daten – zum Beispiel welche Produkte Sie auf der Website angesehen haben, wie lange Sie auf bestimmten Seiten geblieben sind oder welche Kategorien Sie besonders interessiert haben. Gradient Boosting kann diese Daten nutzen, um Vorhersagen darüber zu treffen, welche Produkte Sie wahrscheinlich am meisten interessieren. Es erstellt also eine Art »virtuelles Bild« von Ihnen als Konsument.

Unternehmen nutzen diese Technologie, um ihre Werbung genau auf Sie abzustimmen und damit die Wahrscheinlichkeit zu erhöhen, dass Sie auf ihre Anzeigen klicken und etwas kaufen. Dafür erstellen sie Profile von Ihrer (Online-)Person. Das sind personenbezogene Daten, für die das EU-Datenschutzrecht bei räumlichem EU-Bezug gilt.

Im Unterschied zur klassischen Werbeprofilbildung, die häufig auf statischen Kategorien wie Alter, Geschlecht oder Wohnort basiert, erlaubt Gradient Boosting also eine dynamischere und datengetriebene Auswertung komplexer Verhaltensmuster. Statt lediglich festzustellen, dass Sie beispielsweise »weiblich und zwischen 40 und 50« sind, kann das Modell lernen, welche ganz individuellen Interaktionen auf eine konkrete Kaufwahrscheinlichkeit hindeuten.

EU-Bezug

Der räumliche »EU-Bezug« ist denkbar weit, die DSGVO hat also einen sehr großen Anwendungsbereich:

BEISPIEL

Angenommen, Sie leben in Deutschland und kaufen auf einer amerikanischen Website ein, die Produkte nach Europa verschickt. Obwohl dieses Unternehmen seinen Sitz in den USA hat, muss es sich an die DSGVO halten, wenn es Daten von Ihnen als EU-Bürger verarbeitet – zum Beispiel zum Versand der Waren Ihre Adresse.

Weiter angenommen, das Unternehmen will KI nutzen, um individualisiert und zielgerichtet potenzielle Kunden in der EU anzusprechen: Schon wenn das US-Unternehmen durch Tracking- und Analysetechniken das Verhalten von in der EU lebenden Personen im Netz auswertet, muss es die DSGVO anwenden.

Für Ihre Entwicklung und Nutzung von KI-Anwendungen bedeutet das: In und mit den meisten KI-Anwendungen werden personenbezogene Daten entweder beim Training, jedenfalls aber bei der Nutzung, etwa beim Prompten und in den Outputs, verarbeitet. Das Datenschutzrecht ist für die Entwicklung und Anwendung von KI in der EU hoch relevant.

Denken Sie, sobald personenbezogene Daten ins Spiel kommen, an die DSGVO.

1, 2, viele: Die DSGVO ist nicht genug

Aber gilt im Zusammenhang mit personenbezogenen Daten nur die DSGVO? Nein. So leicht ist es leider nicht.

Die DSGVO ist eine EU-Verordnung. Die EU hat die Möglichkeit, über Verordnungen wie die DSGVO hinaus auf verschiedene Rechtsakte zurückzugreifen – einige dieser Rechtsakte sind verbindlich, andere nicht.

Die wichtigsten Rechtsakte, die die EU erlassen kann, sind:

- **Verordnungen:** Das sind verbindliche Rechtsakte, die in allen EU-Ländern unmittelbar gelten.
- **Richtlinien:** Sie sind zwar auch verbindliche Rechtsakte, jedoch ist in ihnen »lediglich« ein Ziel festgelegt und die Länder müssen diese Ziele in nationale Gesetzgebung umsetzen.

Der Vollständigkeit halber: Die EU kann auch

- **Beschlüsse** (verbindlich und unmittelbar geltend, aber nur für ihre direkten Adressaten),
- **Empfehlungen** (unverbindlich) und
- **Stellungnahmen** (unverbindlich, zu einem bestimmten Sachverhalt)

erlassen.

Gibt es eine EU-Verordnung, darf der nationale Gesetzgeber diese grundsätzlich nicht wiederholen oder ausgestalten. Sie gilt als allein anwendbares Recht. Eigentlich. Denn bei der DSGVO ist das ein wenig anders. Die DSGVO enthält an verschiedenen Stellen sogenannte »Öffnungsklauseln«. Darin ist vorgesehen, dass die Mitgliedstaaten zu bestimmten Themen weitere – zum Teil strengere oder konkretisierende – Regelungen erlassen. Teils müssen, teils dürfen diese Öffnungsklauseln durch nationales Recht ausgefüllt werden.

In Deutschland ergänzt das BDSG die Regelungen der DSGVO.

Das *BDSG* (*Bundesdatenschutzgesetz*) regelt spezifische Aspekte des Datenschutzes, die auf nationaler Ebene berücksichtigt werden müssen, etwa für die Verarbeitung von Gesundheitsdaten zu Forschungszwecken, im Bereich der Beschäftigtendatenverarbeitung oder der Pflicht zur Benennung eines Datenschutzbeauftragten.

Daneben gibt es eine Reihe weiterer spezieller Regelungen zum Datenschutz in Deutschland, etwa ein gesondertes Kirchendatenschutzrecht, Landesdatenschutzgesetze vor allem für die Landesbehörden in allen Bundesländern, Regelungen zum Sozialdatenschutz in den Sozialgesetzbüchern, das Gesundheitsdatennutzungsgesetz und viele mehr.

Die KI-VO regelt selbst sehr klar, dass die DSGVO und alles weitere anwendbare Datenschutzrecht für die Verarbeitung personenbezogener Daten in Modellen, Systemen und Anwendungen, die von der KI-VO reguliert werden, gelten. Beide Rechtsakte kommen nebeneinander zur Anwendung. Sie müssen also für einen rechtskonformen Einsatz von KI sowohl die KI-VO als auch die DSGVO und alle weiteren relevanten Datenschutzvorgaben beachten und einhalten.

Für KI-Anwendungen ist vor allem die DSGVO relevant.

Datenschutz beim Training, Prompting und Output

Für die datenschutzrechtliche Bewertung bei KI ist es wichtig, dass Sie zwischen der Entwicklung und der Anwendung unterscheiden.

- ✔ **Entwicklung:** Das Datenschutzrecht wird zunächst bei der Entwicklung relevant, konkret beim Training von KI-Modellen. KI-Modelle werden mit (großen) Datenmengen trainiert. Darin sind in etlichen Fällen auch personenbezogene Daten enthalten. Wenn das der Fall ist, müssen Sie für die Nutzung der Trainingsdaten die DSGVO einhalten.

- ✔ **Anwendung:** Bei der Anwendung von KI-Systemen kommen personenbezogene Daten bei den Prompts zum Tragen, also bei dem, was Sie als Nutzer eingeben. Es kann auch sein, dass KI-basierte Entscheidungen unmittelbar personenbezogene Daten verarbeiten, etwa wenn in unserem Beispiel KI-basiert einem Nutzer ein bestimmtes Profil zugeschrieben wird, um ihm individualisierte Werbung auszuspielen.

In einem ersten Gerichtsurteil in Deutschland mit KI-Bezug hat das Landgericht Hamburg (Urteil vom 27. September 2024, Az. 310 O 227/23) eine Unterscheidung zwischen Erstellung von Trainingsdatensätzen und dem eigentlichen Training herausgearbeitet, wenn auch in Bezug auf eine urheberrechtliche Frage. Beide Vorgänge müssen datenschutzrechtlich bewertet werden, und zwar getrennt voneinander. Denken Sie daher daran, dass die Erhebung und Aufbereitung von Trainingsdatensätzen der erste Schritt ist, die Durchführung des Trainings der zweite Schritt. Beide Vorgänge sind Datenverarbeitungen, die Sie gesondert am Maßstab der DSGVO überprüfen müssen.

Als *Datenverarbeitung* bezeichnet die DSGVO nach der Legaldefinition in ihrem Art. 4 Nr. 2 »jeden mit oder ohne Hilfe automatisierter Verfahren ausgeführten Vorgang oder jede solche Vorgangsreihe im Zusammenhang mit personenbezogenen Daten wie das Erheben, das Erfassen, die Organisation, das Ordnen, die Speicherung, die Anpassung oder Veränderung, das Auslesen, das Abfragen, die Verwendung, die Offenlegung durch Übermittlung, Verbreitung oder eine andere Form der Bereitstellung, den Abgleich oder die Verknüpfung, die Einschränkung, das Löschen oder die Vernichtung«.

Kurz gesagt: Verarbeitung umfasst jeden Vorgang, der mit personenbezogenen Daten durchgeführt wird.

Eine Verarbeitung von personenbezogenen Daten im Zusammenhang mit KI kann beispielsweise in folgenden Fällen vorliegen:

- **Erfassen von Trainingsdaten:** KI-Anwendungen müssen trainiert werden. Vor der Trainingsphase müssen Trainingsdaten gesammelt, generiert, strukturiert und kategorisiert werden. Das kann entweder durch eigene Erhebung personenbezogener Daten, wie das Aufnehmen von Bildern, oder durch das Herunterladen öffentlich verfügbarer Daten, insbesondere aus dem Internet, geschehen.

- **Trainingsphase:** Wird ein KI-System entwickelt oder hergestellt, werden in der Trainingsphase auch personenbezogene Daten verarbeitet. Auch im Finetuningprozess, wenn das KI-Modell verbessert oder spezifiziert wird, werden oft personenbezogene Daten verarbeitet, um die Qualität der Ergebnisse zu verbessern.

- **Nutzung von KI-Systemen:** Werden in ein KI-System personenbezogene Daten eingegeben, gehört auch das zur Datenverarbeitung. Auch für diesen Verarbeitungsschritt muss also eine Rechtsgrundlage vorliegen.

- **Weiterverwendung von Ergebnissen eines KI-Systems:** Werden KI-Anwendungen eingesetzt, können die Ergebnisse unmittelbar personenbezogene Daten enthalten oder dazu verwendet werden, um personenbezogene Daten zu verarbeiten, zum Beispiel weil individualisierte Werbung ausgespielt wird, ein Nutzungsprofil im Gradient Boosting optimiert wird oder die KI-Anwendung bestimmt, welche Mitarbeitenden künftig welche besonderen Schulungen erhalten.

Ausstieg aus dem Datenschutzrecht durch Anonymisierung

Vermeiden können Sie die Bürden des Datenschutzrechts, wenn

- **Sie vollständig außerhalb der EU agieren** – wenig realistisch, wenn Sie Ihre geschäftlichen Tätigkeiten in der EU ausüben. Oder aber
- **Sie nur mit anonymisierten personenbezogenen Daten arbeiten** – und dies ist in der Praxis oft eine gute Lösung –, auf anonyme Daten ist das Datenschutzrecht nämlich nicht anwendbar.

Wenn Sie überlegen, mit anonymen statt personenbezogenen Daten in einer KI zu arbeiten, dann müssen Sie darauf achten, dass die Daten am Ende auch wirklich im Rechtssinne anonym sind.

Doch was heißt das konkret?

Rechtskonforme Anonymisierung

Es stellt sich also die Frage, wann Daten im Rechtssinne anonym sind.

Anonyme Daten sind Informationen, »die sich nicht auf eine identifizierte oder identifizierbare natürliche Person beziehen, oder personenbezogene Daten, die in einer Weise anonymisiert worden sind, dass die betroffene Person nicht oder nicht mehr identifiziert werden kann« (Erwägungsgrund 26 Satz 5 DSGVO).

Durch eine *Anonymisierung* entfällt der Personenbezug und das Datenschutzrecht ist nicht anwendbar. Das erleichtert die Verarbeitung der dann anonymen Daten.

Doch weißt heißt »anonym«?

- **Absolute Anonymisierung:** Was eine absolute Anonymisierung ist, ist klar: Nach einer absoluten Anonymisierung kann niemand die verbliebenen Informationen mehr einer natürlichen Person zuordnen.
- **Relative Anonymisierung:** Um aus dem Anwendungsbereich des Datenschutzes zu fallen, lassen EuGH und DSGVO aber eine relative Anonymisierung genügen: Informationen fallen schon dann nicht mehr als personenbezogene Daten unter das Datenschutzrecht, wenn in dem konkreten Kontext nicht davon auszugehen ist, dass die datenverarbeitende Stelle die natürliche Person identifizieren kann. Es geht dabei nicht darum, ob irgendjemand über Informationen zur Identifizierung verfügt, sondern ganz konkret, ob die Stellen, die die Daten verarbeiten, über Mittel verfügen, die für die Identifizierung wahrscheinlich genutzt werden.

Hilfestellungen für die ordnungsgemäße Anonymisierung finden Sie zum Beispiel in den Handreichungen der Stiftung Datenschutz unter `https://stiftungdatenschutz.org/praxisthemen/anonymisierung`.

Auch die Anonymisierung ist eine datenschutzrelevante Handlung und braucht daher eine Rechtsgrundlage (dazu erfahren Sie mehr weiter hinten in diesem Kapitel im Abschnitt »Erlaubnistatbestände für die Datenverarbeitung nach DSGVO«).

Pseudonym ist nicht anonym

Aber Achtung: Verwechseln Sie die Anonymisierung nicht mit der Pseudonymisierung. Auf pseudonyme Daten ist das Datenschutzrecht voll anwendbar.

Von einer *Pseudonymisierung* können Sie gemäß Art. 4 Nr. 5 DSGVO ausgehen, wenn Sie Daten nur noch über ein Pseudonym einer natürlichen Person zuordnen können und Sie die Verknüpfung von diesem Pseudonym mit der Person kennen, andere aber nicht. Sie können die Daten dann noch einer Person zuordnen, aber nur mithilfe zusätzlicher Informationen, etwa einer Zuordnungsliste.

Stellen Sie sich vor, Ihr Name und Ihr Nutzerverhalten auf Social Media werden in einem System gespeichert. Durch die Pseudonymisierung dieser Daten wird diese direkte Verbindung zwischen Ihren persönlichen Informationen und Ihnen abgeschwächt, indem Ihr Name durch ein Pseudonym ersetzt wird. Das heißt, Ihre echten Identifikationsmerkmale (Name) werden durch einen Code oder eine Kennnummer ersetzt. Es ist für das Unternehmen zwar schwieriger, jedoch nicht unmöglich, Sie als Person zu identifizieren.

BEISPIEL

Nehmen Sie an, ein Unternehmen sammelt Daten über Ihre Kaufgewohnheiten. Statt Ihren Namen zu speichern, wird Ihnen die Kennung »Kunde12345« zugewiesen. Diese Kennung kann theoretisch wieder mit Ihnen verknüpft werden, aber nur, wenn bestimmte zusätzliche Informationen verwendet werden, die gut geschützt sein sollten.

Die Pseudonymisierung dient dem Schutz der Daten. Ist eine Pseudonymisierung möglich, dann ist die Verarbeitung nicht pseudonymer Daten nicht erforderlich und damit meistens auch nicht erlaubt. Auch bei KI-Systemen wird diese Technik oft eingesetzt, insbesondere um sensible Daten verarbeiten zu dürfen.

Um den Unterschied noch mal klarzumachen:

- **Pseudonymisierung:** Ihre Daten werden durch ein Pseudonym ersetzt (zum Beispiel durch einen Code), man kann Sie aber mit Zusatzinformationen theoretisch identifizieren.
- **Anonymisierung:** Ihre Daten werden so verändert, dass Sie mit den Daten nicht mehr in Verbindung zu bringen und zu identifizieren sind.

Wann genau Daten für wen anonym oder pseudonym sind, ist gar nicht so leicht zu beantworten. Einen wichtigen Praxisfall hat gerade der EuGH entschieden: Wenn bestimmte Daten für Sie zwar pseudonym sind, weil Sie über die Zuordnungsliste verfügen, sind diese Daten dann auch für einen Dritten nur »pseudonym«, obwohl der Dritte die Zuordnungsliste nicht hat?

Der EuG hat das verneint: Der Dritte kann die Daten keiner natürlichen Person zuordnen, weshalb die Daten für ihn anonym sind. Für die Praxis ist das total wesentlich: Der Dritte kann die Daten ohne Beachtung des Datenschutzrechts verarbeiten. Die EuGH-Entscheidung dazu wird mit Spannung erwartet, sie ist für September 2025 angekündigt.

Für KI-Anwendungen ist dieser Schritt oft hilfreich: Wenn Sie Daten aus Ihrem Unternehmen pseudonymisieren und dann nur die »gekappten« Datensätze an einen Dritten geben, zum Beispiel eine KI-Anwendung, dann kann das häufig mit reduziertem Datenschutzrecht erfolgen. Immer dann, wenn die übermittelten Daten für den Dritten, etwa den Anbieter der KI, nicht mehr einzelnen Personen zugeordnet werden können, sind die Daten anonym für den Dritten und stehen damit außerhalb des Datenschutzrechts. Wenn Sie diesen Weg gehen möchten, müssen Sie in der Umsetzung darauf achten, dass der Dritte unter keinen Umständen Zugriff auf die Zuordnungsliste erhält. Das sollte nicht nur technisch abgesichert sein (etwa durch getrennte Datenhaltung), sondern auch vertraglich ausgeschlossen werden.

Large Language Models und der Datenschutz

Wann der Datenschutz bei Large Language Models (LLMs) wie zum Beispiel GPT-4o anwendbar ist, wird intensiv diskutiert. KI-Systeme wie ChatGPT haben LLMs in ihrem System integriert. Viele KI-Anwendungen basieren auf LLMs. Auf dem Markt sind inzwischen unzählige LLMs verschiedener Hersteller verfügbar.

LLMs bringen große Fortschritte in der Verarbeitung natürlicher Sprache mit sich. Gleichzeitig werfen diese weitverbreiteten Sprachmodelle spezielle datenschutzrechtliche Fragen auf, da diese Modelle häufig mit enormen Mengen an Daten trainiert werden, darunter auch personenbezogene Informationen.

Wenn Sie die zentralen Grundlagen, Grenzen und Risiken der Inhaltsgenerierung durch LLMs noch einmal wiederholen wollen, blättern Sie zurück zu Kapitel 2.

Damit Sie verstehen und einordnen können, wann und inwieweit der Datenschutz für LLMs relevant wird, sollten Sie sich vorab Grundzüge der Arbeitsweise und der technischen Grundlagen von LLMs anschauen.

LLMs, also *Large Language Models* (sogenannte *große Sprachmodelle*), sind vor allem durch ChatGPT von OpenAI bekannt geworden. LLMs sind die Grundlage für ChatGPT oder auch für LaMDA von Google, NeMo von Nvidia und Llama von Meta. Ein LLM verarbeitet sprachliche Inputs, indem es statistische Wahrscheinlichkeiten auf der Grundlage historischer Daten entwickelt. Kurzum: Ein LLM sagt voraus, welches Wort am wahrscheinlichsten auf das vorherige folgt. Es ist also letztlich eine Textvorhersage.

Ein LLM ist ein Deep-Learning-Algorithmus, der unglaublich große Datensätze verwendet, um daraus zu lernen, LLMs kommen oft in der Welt des *Natural Language Processing* (NLP) zum Einsatz, also überall da, wo natürliche Sprache verwendet wird – zum Beispiel in Chatbots oder Suchmaschinen, aber auch beim Coding oder individueller Werbeansprache und – leider – zunehmend auch für immer echter wirkende Phishing-Mails.

Phishing-Mails sind die Grundlage für das *Phishing*, den Diebstahl persönlicher Daten mithilfe gefälschter Nachrichten, die etwa zur Eingabe der Kontodaten auffordern. Dahinter steckt ein Betrugsversuch. Es wird durch den Einsatz von KI immer schwieriger zu erkennen, ob E-Mails echt oder gefälscht sind. Früher etwa gab es bei Phishing-Mails fast immer offensichtliche Fehler, zum Beispiel stand da »Duetche Pist« statt »Deutsche Post« als Absender. Das ist inzwischen viel korrekter geworden. Dank KI!

Ein LLM kommt selten allein: Meist sind diese LLMs in ganze KI-Systeme integriert – beispielsweise ist das Sprachmodell GPT-4o in ChatGPT integriert.

Ein Blick hinter die Kulissen – wie das LLM lernt und arbeitet

Ein LLM lernt in der Trainingsphase, indem es

- große Mengen an Textdaten analysiert,
- Muster erkennt und
- Zusammenhänge zwischen Wörtern und Sätzen statistisch erfasst.

Möglich ist es auch, LLMs gezielt mit spezifischen Informationen nachzutrainieren, also etwa das vortrainierte Modell mit bestimmten Zusatzinformationen zu versorgen, die maßgeblich für die statistische Wortfolge sein sollen. Dies ermöglicht es, etwa ein allgemeines GPT zu einem Datenschutzexperten weiterzuentwickeln.

In der darauf folgenden Anwendungsphase des so trainierten Modells nutzt das LLM die entwickelten Algorithmen und Gewichte, um auf neue Eingaben zu reagieren, indem es relevante und kohärente Antworten generiert. Das ist ein statistischer Vorgang, mit dessen Hilfe ein Output erzeugt wird.

Phase 1: Das Training

Die Trainingsphase eines Large Language Models (LLM) umfasst mehrere wesentliche Schritte:

- **Datensammlung:** Zunächst werden große Datensätze gesammelt und gegebenenfalls aufbereitet, um dem Modell eine breite Datenbasis zu bieten. Während des Vortrainings lernt das Modell, indem es etwa Vorhersagen für maskierte oder fehlende Wörter trifft, um allgemeine Sprachmuster zu erkennen.

- **Finetuning:** Nach dem allgemeinen Training erfolgt oft ein Finetuning, um das Modell auf spezifische Aufgaben anzupassen.
- **Evaluation:** Schließlich wird das Modell evaluiert, um sicherzustellen, dass es gut generalisiert und bereit für den praktischen Einsatz ist.

Wie ein LLM arbeitet

Bevor ein LLM mit der Informationsverarbeitung beginnt, wird der Text, der eingegeben wird, in Tokens zerlegt. *Tokens* sind kleine Text- beziehungsweise Wortbausteine, die kleiner sind als einzelne Wörter, jedoch meist größer als einzelne Wörter. Zum Beispiel wird der Satz »Ist ein LLM personenbezogen?« in zwölf kleine Teile zerlegt, wie [I][st][e][in][LL][M][person][en][be][z][ogen][?].

Durch das Training lernt das LLM, wie diese Tokens zusammenhängen und wie sie in Beziehung gesetzt werden können – beispielsweise welche Tokens oft zusammen vorkommen und welche Reihenfolge wahrscheinlich ist. Zudem werden die Tokens in numerische Werte »umgewandelt« (beispielsweise 40, 301, 304), mit denen ausschließlich im LLM gearbeitet wird.

Die Art und Weise, wie diese Tokens miteinander in Beziehung stehen, nennt man *Embeddings*. Diese Beziehungen werden durch viele Milliarden von »Parametern« bestimmt, die das Modell beim Lernen entwickelt. Die Originaltexte werden nicht einfach abgespeichert, sondern das LLM erzeugt auf Basis der gelernten Muster neue Texte, es kann die Texte nicht genau wiedergeben. Das heißt, alles, was das LLM produziert, ist »ausgedacht« – es wiederholt nichts, sondern erstellt Neues aus dem, was es gelernt hat.

Der Input als Text selbst ist daher bei Informationsverarbeitung durch die LLM nicht mehr vorhanden, sondern nur noch als Fragmente in Form solcher numerischer Tokens. Wenn das LLM eine Antwort gibt, erzeugt es wieder eine Folge von Tokens, die in Wörter und Sätze umgewandelt werden. Je nach Kontext wählt es verschiedene Tokens aus – zum Beispiel kann es aus den Tokens »gel« und »ogen« das Wort »gelogen« bilden oder »gel« und »b« für »gelb«.

In einem LLM wird der Name »Mio Müller« nicht direkt gespeichert. Stattdessen wird der Name in kleine Teile zerlegt, die Tokens genannt werden, wie »M«, »io«, »Mü« und »ller«. Diese einzelnen Teile haben für sich genommen noch keine Bedeutung, aber das Modell lernt durch Training, dass bestimmte Tokens wie »Mü« und »ller« oft zusammen vorkommen, um »Müller« zu bilden.

Phase 2: Das trainierte LLM

Ist ein LLM entwickelt und trainiert, steht es nun als Software zur Verfügung, so wie auch andere Software, etwa die über chatopenai.de verfügbaren Anwendungen.

Phase 3: Anwendung und Einsatz von LLMs

LLMs sind in KI-Systemen wie ChatGPT von OpenAI, Mixtral von Mistral, Llama von Meta oder Claude und vielen anderen eingebunden, um die gewünschten Funktionen zu ermöglichen. Oft arbeiten verschiedenste LLMs zusammen, um das beste Ergebnis zu erreichen. Beim Einsatz läuft es dann so ab:

1. **Benutzereingabe (Input):** Eingabe einer Frage oder eines Textes.
2. **Tokenisierung:** Der Text oder die Frage wird in kleine Stücke (sogenannte Tokens) zerlegt.
3. **LLM-Verarbeitung:** Diese Tokens werden durch das LLM geschickt. Das Modell hat durch das Training gelernt, wie diese Token zusammenhängen, und kann daher einen Text – also den Antworttext (Output) generieren. Das LLM wählt die wahrscheinlichste Antwort aus und »baut« sie zusammen.
4. **Ausgabe (Output):** Die fertige Antwort wird auf der Benutzeroberfläche angezeigt.

Verarbeitung personenbezogener Daten in und durch LLMs

LLMs werden also mit Daten aus einer Vielzahl von Quellen trainiert, darunter Texte aus dem Internet, Dokumentationen, Postings aus sozialen Medien oder wissenschaftliche Artikel. In vielen dieser Daten finden sich personenbezogene Daten, zum Beispiel Namen, E-Mail-Adressen oder andere identifizierbare Informationen. Zudem können die Quellen auch urheberrechtlich geschützt sein, was zu weiteren Anforderungen bei ihrer Verarbeitung führt (siehe Kapitel 4).

Sind in den Quellen personenbezogene Daten enthalten, müssen Sie klären, ob die Sammlung und Verarbeitung dieser Daten mit dem geltenden Datenschutzrecht, insbesondere der DSGVO, zu vereinbaren ist.

Wenn Sie außerhalb des rein persönlichen Umfeldes personenbezogene Daten mit räumlichem EU-Bezug verarbeiten, zum Beispiel zum Training von LLMs, müssen Sie als Verwender (und damit als Verantwortlicher im Sinne der DSGVO) dafür sorgen, dass die Verwendung erlaubt ist und auch alle weiteren Anforderungen des Datenschutzrechts eingehalten sind.

Und was gilt nun für LLMs?

Die Antwort auf diese Frage zeigt deutlich, warum Sie zu Beginn so klar zwischen dem Training und dem Einsatz von LLMs unterschieden haben.

Phase 1: Das Training

Wenn Sie personenbezogene Daten mit räumlichem EU-Bezug zu Trainingszwecken nutzen, gilt das Datenschutzrecht. Sie brauchen unter anderem eine datenschutzrechtliche Erlaubnis für das Training und müssen auch die weiteren Datenschutzgrundsätze einhalten.

Phase 2: Das trainierte LLM

Im LLM selbst liegen die Informationen nicht mehr als Klardaten vor, sondern tokenisiert, »zerlegt«. Entstanden ist ein komplexes neuronales Netz, das als KI-Modell auf seinen Einsatz wartet, meist über eine Einbettung in einem KI-System. Inwiefern ist das relevant? Die Datenschutzaufsichtsbehörde in Hamburg, der Hamburgische Beauftragte für Datenschutz und Informationsfreiheit (HmbBfDI), kommt deshalb in einem Diskussionspapier vom Juli 2024 zu dem Schluss, dass LLMs keine personenbezogenen Daten verarbeiten: Die für das Training des LLMs verwendeten personenbezogenen Daten sind nicht mehr als solche vorhanden, sie haben lediglich zur Entwicklung der entsprechenden Gewichte und Tokens geführt. Der Europäische Datenschutzausschuss sieht das deutlich differenzierter: Wenn Sie personenbezogene Daten ohne Aufwand mit einfachen Prompts wieder lesbar und nutzbar machen können, dann liegen auch im trainierten LLM personenbezogene Daten vor. Sie müssen sich hier Ihr LLM also genau ansehen.

Sie sehen, die Frage nach personenbezogenen Daten im trainierten LLM ist hochkomplex und nicht eindeutig zu beantworten. Relevant ist diese Frage für Sie in der Praxis auch nur, wenn Sie ein KI-Modell oder ein auf ein LLM basierendes KI-System entwickeln und dieses bereitstellen. Wenn Sie ein LLM aktiv einsetzen, müssen Sie sich auf die Themen in Phase 3 fokussieren.

Phase 3: Anwendung und Einsatz von LLMs

Bei der Nutzung eines LLMs können nicht nur im eigenen *Prompt*, den der Nutzer eingibt, sondern auch im *Output* Angaben über natürliche Personen enthalten sein, insbesondere wenn Nutzer das System explizit danach fragen. Für die datenschutzrechtliche Bewertung sind daher zwei Dinge relevant:

- die Eingabe und deren Anwendung sowie
- die Verwendung der Ergebnisse, der Outputs.

Was bedeutet das jetzt für Sie?

- **Beim Training von LLMs werden personenbezogene Daten verwendet.** Deshalb müssen Sie das gesamte Datenschutzrecht beachten, insbesondere benötigen Sie eine Erlaubnisgrundlage für die Erhebung der Daten und dann eine weitere für den Trainingseinsatz selbst, Sie müssen die Datensicherheit gewährleisten und die Betroffenen informieren.

✔ **Im LLM selbst sind nach gut vertretbarer Ansicht keine personenbezogenen Daten gespeichert.** Der Anbieter des LLMs muss dann nach dieser Position weder eine Erlaubnisgrundlage vorweisen noch die Betroffenen informieren. Und ein Datenschutzverstoß beim Training des LLMs wirkt sich nicht auf die Rechtmäßigkeit seines Einsatzes aus, weil das LLM selber ja keine personenbezogenen Daten speichert. Einem Unternehmen, das Daten mit KI-Systemen verarbeitet, wird ein etwaiger Datenschutzverstoß beim Training des integrierten LLMs dann auch nicht zugerechnet. Allein der Entwickler des LLMs ist für das rechtmäßige Training seines Modells verantwortlich. Dies entlastet alle Nutzer von ChatGPT und Co enorm, die immer wieder datenschutzrechtlichen Bedenken hinsichtlich ihres Trainings ausgesetzt sind.

✔ **Datenschutzrechtliche Vorgaben müssen Sie beim Input, Output und beim Nachtrainieren des LLMs selbst beachten.**

Tabelle 3.1 zeigt Ihnen, wann und wo bei KI-Modellen, -Systemen und -Anwendungen der Datenschutz relevant wird.

Lebenszyklus KI	Datenschutzrelevanz
Trainingsdaten	KI-Anwendungen müssen trainiert werden. Dabei werden personenbezogene Daten verarbeitet und zwar in zwei Bereichen: – Erhebung der Trainingsdaten und – Verwendung der Daten zum Training. Sie benötigen eine Erlaubnisgrundlage für die Erhebung der Daten und eine weitere für den Trainingseinsatz selbst. Sie müssen Datensicherheit gewährleisten und die Betroffenen informieren.
LLM/KI-Modell	Im LLM selbst liegen die Informationen nicht mehr als Klardaten vor, sondern tokenisiert, »zerlegt«. Wer ein LLM speichert und hostet, verarbeitet daher nach Ansicht einiger auch keine personenbezogenen Daten im Sinne von Art. 4 Nr. 2 DSGVO. Erlaubnisgrundlage und Betroffeneninformationen sind nicht erforderlich. Andere sehen auch hier eine Verarbeitung personenbezogener Daten, da Informationen zu einzelnen Personen extrahierbar und rekonstruierbar seien.
Customizing (Nachtraining, Feinjustierung)	Auch im Finetuningprozess, wenn das KI-Modell verbessert oder spezifiziert wird, werden oft personenbezogene Daten verarbeitet, wenn diese dazu genutzt werden, um die Qualität der Ergebnisse zu verbessern.
Eingaben (Prompting)	Die Nutzung von KI-Anwendungen erfolgt durch Input des Anwenders, der eventuell personenbezogene Daten in die KI eingibt.
Ergebnisse (Output)	Ergebnisse können – unmittelbar personenbezogene Daten enthalten oder – dazu verwendet werden, um personenbezogene Daten zu verarbeiten (zum Beispiel Ausspielen individualisierter Werbung).

Tabelle 3.1: Personenbezogene Daten in LLMs

Akteure des Datenschutzes

Ist die Frage der Anwendbarkeit des Datenschutzrechts geklärt, stellt sich die Folgefrage, wer von Ihnen (und wenn ja, wie viele) genau was einhalten muss, um einen Verstoß gegen das Datenschutzrecht zu vermeiden.

Die DSGVO kennt drei Hauptakteure, zu denen Sie sich je nach Ihrem Umgang mit der KI einordnen und zuordnen können:

1. betroffene Personen,
2. (gemeinsam oder einzeln) Verantwortliche und
3. Auftragsverarbeiter.

Betroffene Personen

Die betroffenen Personen werden durch die DSGVO geschützt, sie sind »Nutznießer« der Regelungen.

Betroffene Personen sind Personen, deren personenbezogene Daten verarbeitet werden und die dadurch identifizierbar sind (vergleiche Art. 4 Nr. 1 DSGVO).

BEISPIEL

Wenn Sie zum Beispiel ein Social-Media-Profil haben oder eine App nutzen, die Ihr Verhalten verfolgt, sind Sie die betroffene Person. Werden durch KI-Systeme Ihr Onlineverhalten, Ihre Vorlieben oder Kaufgewohnheiten analysiert, um Vorhersagen zu treffen oder personalisierte Werbung anzuzeigen, sind Sie die betroffene Person. Zum Beispiel: Eine KI-basierte Plattform könnte Ihre Vorlieben bei der Musikwahl analysieren, um Ihnen passende Songs vorzuschlagen.

Verantwortliche

Adressaten und damit Verpflichtete der DSGVO sind die Verantwortlichen. Das sind die Unternehmen, die die personenbezogenen Daten der betroffenen Personen verarbeiten und dabei selbst über die Zwecke und Mittel der Datenverarbeitung entscheiden.

Der *Verantwortliche* im Sinne der DSGVO ist die Partei – oft ein Unternehmen oder eine Organisation –, die entscheidet, warum die personenbezogenen Daten benötigt werden (zum Beispiel für die Verbesserung eines KI-Modells) und wie sie verwendet werden sollen. In Art. 4 Nr. 7 DSGVO findet sich die Legaldefinition, nach der der Verantwortliche »die natürliche oder juristische Person, Behörde, Einrichtung oder andere Stelle [ist], die allein oder gemeinsam mit anderen über die Zwecke und Mittel der Verarbeitung von personenbezogenen Daten entscheidet«.

Entscheiden mehrere gemeinsam über die Zwecke und Mittel der Verarbeitung, sind sie gemeinsam Verantwortliche und nach Art. 26 Abs. 1 S. 1 DSGVO verpflichtet, die jeweiligen Rechte und Pflichten in einer transparenten Vereinbarung festzulegen.

Verantwortliche entscheiden also über das »Wie« und »Warum« der Datenverarbeitung – sie »haben den Hut auf«.

Bei KI-Modellen, -Systemen und -Anwendungen wechselt die Rolle des Verantwortlichen oft in den verschiedenen Phasen.

- ✔ In Phase 1, der Erhebung und Nutzung von Trainingsdaten, ist in der Regel der Entwickler der Verantwortliche.
- ✔ In Phase 2 ist der Anbieter des LLMs auch der Verantwortliche.
- ✔ In Phase 3 ist der Nutzer des LLMs der Verantwortliche. Der Anbieter des LLMs wird dann oft zum Dienstleister, also Auftragsverarbeiter.

Bei der Anwendung von KI-Systemen sind Sie beziehungsweise Ihr Unternehmen als Anwender für die Verarbeitung personenbezogener Daten verantwortlich und damit auch der DSGVO verpflichtet und zwar:

- ✔ für den Input und das Nachtrainieren,
- ✔ für den Output, also die Ergebnisse, und
- ✔ für die Weiterverwendung.

Auftragsverarbeiter

Die DSGVO adressiert auch Dienstleister, die den Verantwortlichen unterstützen. Das ist ein Auftragsverarbeiter.

Der *Auftragsverarbeiter* ist ein Akteur, der im Auftrag des Verantwortlichen die Daten verarbeitet. Er hat keine Entscheidungsgewalt über den Zweck der Datenverarbeitung, sondern führt nur aus, was der Verantwortliche festlegt. Auftragsverarbeiter sind nach der Legaldefinition in Art. 4 Nr. 8 DSGVO diejenigen, die personenbezogene Daten im Auftrag des Verantwortlichen verarbeiten.

Auftragsverarbeiter sind verlängerter Arm, weisungsgebundene Dienstleister der Verantwortlichen. Als Auftragsverarbeiter dürfen Sie nur die Daten in dem Rahmen verarbeiten, die Ihnen von dem Verantwortlichen vorgegeben werden.

Der Zweck wird allein vom Verantwortlichen bestimmt. Bei der Wahl des Mittels darf der Auftragsverarbeiter mitentscheiden.

Beispiele für Auftragsverarbeiter sind

- eine Cloud-Plattform, die Ihnen als Entwickler eines KI-Modells lediglich die Serverkapazitäten zur Verfügung stellt,
- die Auslagerung einer E-Mail-Verwaltung,
- die Verarbeitung von personenbezogenen Daten durch ein Callcenter ohne wesentliche Entscheidungsspielräume oder
- eine IT-Fernwartung.

BEISPIEL

Ein KI-typisches Beispiel für einen Auftragsverarbeiter ist der Anbieter von KI as a Service (KIaaS): Anbieter wie OpenAI, Microsoft oder Claude betreiben die KI-Systeme auf von ihnen betriebenen Cloud-Infrastrukturen und gewähren Ihnen als Anwender Zugang dazu. Wenn Sie nun bestimmen, welche personenbezogenen Daten zu welchen Zwecken durch den entsprechenden Input und die Entscheidung über die Verwendung des Outputs verarbeitet werden und sich der KIaaS-Anbieter darauf einlässt, nur nach Ihren Weisungen tätig zu werden, dann ist der KIaaS-Anbieter Auftragsverarbeiter.

Die Auftragsverarbeitung führt zu einer datenschutzrechtlichen Privilegierung: Werden die Anforderungen und Voraussetzungen der DSGVO eingehalten, braucht der Auftragsverarbeiter keine eigene Erlaubnisgrundlage. Er partizipiert an der Erlaubnisgrundlage des Auftraggebers für die Verarbeitung der personenbezogenen Daten, der der Verantwortliche ist. Voraussetzung ist aber, dass ein den Anforderungen des Art. 28 DSGVO entsprechender Auftragsverarbeitungsvertrag abgeschlossen wird und der Auftragsverarbeiter hinreichend kontrolliert wird.

In der Praxis gibt es verschiedene Modelle:

- Anbieter von KI-Modellen und KI-Systemen als Auftragsverarbeiter unterwerfen sich den Weisungen der Anwender und bieten dafür entsprechende Verträge an. Das gilt meist aber nur für die Bezahlversionen der verbreiteten LLMs und GPTs.
- Die Anbieter von KI-Modellen und KI-Systemen behalten sich die umfangreiche Verwendung der von den Anbietern eingegebenen Daten und Informationen zu eigenen Zwecken vor, etwa für neue Trainings. Dann bestimmen die Anbieter selbst die Zwecke und es wird eine eigene Rechtsgrundlage benötigt. Das ist oft bei kostenfreien Angeboten der Fall.

Auf dem Markt finden Sie ganz unterschiedliche Angebote, die von den Anbietern wie Microsoft, OpenAI oder Google dynamisch entwickelt und erneuert werden. Ein Grundprinzip hat sich aber verfestigt: Für kostenlose Angebote zahlen Sie regelmäßig mit den eingegebenen Daten. Das bedeutet, dass sich die

Anbieter bei den kostenlosen Angeboten vorbehalten, mit den von Ihnen gepromptete Daten zu eigenen Zwecken weiterzuarbeiten. Anbieter haben datenschutzrechtlich dann eine Doppelrolle, denn sie sind bei der Verarbeitung zu eigenen Zwecken Verantwortliche für die Verarbeitung und im Übrigen – je nach Ausgestaltung im Detail – Auftragsverarbeiter. Für eine datenschutzkonforme Lösung müssen Sie daher regelmäßig auf personenbezogene Daten beim Prompten verzichten oder Unternehmenslösungen gegen Bezahlung einkaufen, bei denen die Anbieter meistens auch einen Auftragsverarbeitungsvertrag anbieten. Achten Sie im Zweifel darauf, dass Sie diesen auch zusätzlich abschließen! Das ist in der Regel über das Benutzerkonto möglich oder sollte beim Anbieter angefragt werden.

Da Sie als Anwender von KI-Modellen die im Prompt eingegebenen Daten in der Regel in eigener Verantwortung verarbeiten, müssen Sie dafür Sorge tragen, dass die Übermittlung der eingegebenen personenbezogenen Daten erlaubt ist. Das gilt auch, wenn Sie diese an einen Anbieter übermitteln, der die Daten zu anderen Zwecken auch als Verantwortlicher weiterverwenden will. Verarbeitet er die Daten hingegen nur in Ihrem Auftrag (das heißt vor allem: nicht (auch) zu eigenen Zwecken), ist er Auftragsverarbeiter. Dann müssen Sie neben der Rechtmäßigkeit Ihrer eigenen Datenverarbeitung auch für die ordnungsgemäße Einbindung als Auftragsverarbeiter sorgen – neben der sorgfältigen Auswahl des Anbieters, geschieht dies in der Regel über einen Auftragsverarbeitungsvertrag.

Tabelle 3.2 zeigt die Rollen mit ihren datenschutzrechtlichen Pflichten im Überblick.

Was bedeutet das jetzt für Sie?

- ✔ **Klären Sie, welche datenschutzrechtliche Rolle Sie und welche Ihr Vertragspartner einnehmen.** Dabei kommt es nicht auf die Bezeichnung an, sondern auf die tatsächlichen Entscheidungsbefugnisse.
- ✔ **Schließen Sie die notwendigen Verträge und setzen Sie diese ordnungsgemäß um.** Sowohl für Verträge über die gemeinsame Verantwortung als auch für Auftragsverarbeitungsverträge gibt es diverse Vorlagen. Sie müssen den Anforderungen von Art. 26 DSGVO (Vertrag über die gemeinsame Verarbeitung) beziehungsweise Art. 28 DSGVO (Auftragsverarbeitungsvereinbarung) genügen. Für Auftragsverarbeitungsverträge gibt es sogar ein Muster mit Standardvertragsklauseln der EU-Kommission, das rechtssicher, allerdings auch sehr komplex ist (2021/915/EU).
- ✔ **Setzen Sie die Pflichten zur Beachtung des Datenschutzrechts um.** Sie sind je nach Rolle unterschiedlich, wie Sie gerade gesehen haben.

	Definition	Akteure nach KI-VO	Pflichten
Verantwortlicher	die natürliche oder juristische Person, Behörde, Einrichtung oder andere Stelle, die allein oder gemeinsam mit anderen über die Zwecke und Mittel der Verarbeitung von personenbezogenen Daten entscheidet, Art. 4 Nr. 7 DSGVO	– Anbieter – Betreiber – (Händler/Einführer nur bei Einbindung in Datenverarbeitung)	– Informationspflichten (Art. 12 ff. DSGVO) – gegebenenfalls Pflicht zur Bestellung eines Datenschutzbeauftragten (Art. 37 ff. DSGVO) – Meldepflichten (Art. 33 f. DSGVO)
gemeinsam Verantwortliche	Legen zwei oder mehr Verantwortliche gemeinsam die Zwecke der und die Mittel zur Verarbeitung fest, so sind sie gemeinsam Verantwortliche.	– Anbieter – Betreiber – (Händler/Einführer nur bei Einbindung in Datenverarbeitung)	– Vertrag über gemeinsame Verantwortlichkeit abschließen (Art. 26 DSGVO)
Auftragsverarbeiter	die natürliche oder juristische Person, Behörde, Einrichtung oder andere Stelle, die personenbezogene Daten im Auftrag des Verantwortlichen verarbeitet, Art. 4 Nr. 8 DSGVO	– Anbieter – (Betreiber in der Regel nur gegenüber eigenen Kunden) – (Händler/Einführer nur bei Einbindung in Datenverarbeitung)	– AV-Vertrag abschließen (Art. 28 DSGVO), regelmäßig prüfen etc. – Weiterverwendung von Daten zu eigenen Zwecken ausschließen, zum Beispiel Trainingsoption für Anbieter deaktivieren
Hersteller/Entwickler	keine eigene Datenverarbeitung	– Anbieter – (Händler/Einführer nur bei Einbindung in Datenverarbeitung)	– keine originäre Pflicht nach DSGVO, aber KI potenziell mangelhaft, wenn nicht DSGVO-konform zu nutzen

Tabelle 3.2: Datenschutzrechtliche Rollen und Pflichten

Verbot mit Erlaubnisvorbehalt

Im Datenschutzrecht gilt ein Verbot mit Erlaubnisvorbehalt – was nicht ausdrücklich erlaubt ist, ist also verboten. Das bedeutet für Sie, dass Sie in und mit einem KI-Modell, -System oder einer KI-Anwendung keine personenbezogenen Daten verarbeiten dürfen, wenn Sie dafür keine Erlaubnis vorweisen können.

Das juristische Prinzip *Verbot mit Erlaubnisvorbehalt* bedeutet, dass eine bestimmte Handlung grundsätzlich verboten ist. Sie kann jedoch unter bestimmten Bedingungen erlaubt werden, wenn beispielsweise ein Erlaubnistatbestand erfüllt ist oder eine Genehmigung vorliegt.

Durch die DSGVO wird die Verarbeitung von personenbezogenen Daten also erst einmal verboten. Unter bestimmten Bedingungen ist jedoch die Verarbeitung ausnahmsweise erlaubt, nämlich immer dann, wenn eine Rechtfertigung, auch als *Erlaubnis* bezeichnet, greift, in der genau geregelt ist, unter welchen Voraussetzungen personenbezogene Daten verarbeitet werden dürfen.

Erlaubnistatbestände sind die »rechtlichen Gründe«, die es erlauben, personenbezogene Daten zu verarbeiten, ohne gegen die DSGVO zu verstoßen.

Welche Erlaubnisse es gibt, steht insbesondere in Art. 6 und Art. 9 DSGVO. Daneben gibt es einzelne Sondererlaubnisse, zum Beispiel für die Verarbeitung von Gesundheitsdaten oder auch in der KI-VO selbst für zwei bestimmte Fälle, nämlich die Verarbeitung hochsensibler Daten und die KI-Reallabore.

Verarbeitung hochsensibler Daten

Art. 10 Abs. 5 KI-VO enthält eine gesonderte Erlaubnis für die Verarbeitung besonders sensibler Daten in Hochrisiko-KI-Systemen, die damit neben Art. 9 DSGVO tritt. Im Kern geht es darum, dass Sie diese sensiblen Daten dann verarbeiten dürfen, wenn Sie damit Halluzinationen und Bias in Hochrisiko-KI vermindern können.

KI-Reallabore

Sie wollen eine neue KI auf Herz und Nieren testen? Dafür bieten Ihnen KI-Reallabore nach der KI-Verordnung ein Testumfeld unter realen Bedingungen. Art. 59 KI-VO regelt, wann die Weiterverarbeitung personenbezogener Daten zur Entwicklung bestimmter KI-Systeme im öffentlichen Interesse im KI-Reallabor zulässig ist, und insbesondere, wann dieser Zweck mit dem Ersterhebungszweck im Sinne der DSGVO kompatibel ist.

Sie benötigen für jeden Verarbeitungszweck eine eigene Erlaubnisgrundlage. Die DSGVO nennt sechs Hauptgründe, in denen die Datenverarbeitung »normaler« personenbezogener Daten erlaubt ist:

- ✔ Einwilligung
- ✔ erforderlich zur Vertragserfüllung
- ✔ erforderlich zur Erfüllung rechtlicher Pflichten
- ✔ erforderlich zum Schutz lebenswichtiger Interessen
- ✔ erforderlich zur Wahrnehmung einer Aufgabe im öffentlichen Interesse
- ✔ Erforderlich zur Wahrung berechtigter Interessen

Sondervorgaben greifen für die sogenannten *besonderen Kategorien* personenbezogener Daten. Das sind die besonders sensiblen Daten, die nur verarbeitet werden dürfen, wenn zusätzlich eine Sondererlaubnis vorliegt.

Besondere Kategorien, also die besonders geschützten personenbezogenen Daten, die Sie nicht »einfach so« verarbeiten dürfen, sind Daten, aus denen

- ✔ die rassische und ethnische Herkunft,
- ✔ politische Meinungen,
- ✔ religiöse oder weltanschauliche Überzeugungen oder
- ✔ die Gewerkschaftszugehörigkeit hervorgehen.

Zudem ist untersagt:

- ✔ die Verarbeitung von genetischen Daten,
- ✔ biometrischen Daten zur eindeutigen Identifizierung einer natürlichen Person,
- ✔ Gesundheitsdaten oder
- ✔ Daten zum Sexualleben oder der sexuellen Orientierung einer natürlichen Person.

Der EuGH legt diese Begrifflichkeiten zum Schutz der betroffenen Personen weit aus. Diese besonderen Kategorien dürfen nur unter erhöhtem Schutz verarbeitet werden und es greifen weniger Erlaubnisgründe.

Diese Daten dürfen nur verarbeitet werden, wenn zusätzlich zu einem allgemeinen Erlaubnistatbestand eine Sondererlaubnis gegeben ist.

Erlaubnistatbestände für die Datenverarbeitung nach DSGVO

Die wichtigsten Erlaubnistatbestände erklären wir Ihnen jetzt genauer.

Beim Einsatz von KI in der Praxis sind die Einwilligung, die Vertragserfüllung und berechtigte Interessen besonders wichtige Erlaubnistatbestände. Andere Erlaubnistatbestände kommen im Zusammenhang mit KI eher selten zur Anwendung

Einwilligung der betroffenen Person

Die Einwilligung ist wahrscheinlich der bekannteste Erlaubnistatbestand. Sie kommt dann zum Zuge, wenn die betroffenen Personen der Verarbeitung ihrer Daten ausdrücklich zugestimmt haben.

BEISPIEL

Die meisten Formen individueller Werbung sind nur mit Einwilligung erlaubt. Sie kennen sicherlich diese nervigen Kästen, die aufpoppen, wenn Sie Webseiten öffnen, und bei denen Sie Ihre Zustimmung zur Verarbeitung Ihrer Daten für die unterschiedlichsten Zwecke erklären sollen. Das sind Consent-Management-Tools zum Einholen der Einwilligung, früher bekannt als »Cookie-Banner«.

Eine Einwilligung muss

- **freiwillig sein.**

  Die betroffenen Personen müssen eine echte Wahl haben und es darf daher keine Vorauswahl getroffen werden. Dies bedeutet etwa, dass Zustimmungskästchen nicht vorangekreuzt sein dürfen und das Ankreuzen auch in der Regel keine Bedingung für etwa einen Vertragsschluss oder eine Gewinnspielteilnahme sein darf, von engen Ausnahmen einmal abgesehen.

- **informiert erfolgen.**

  Betroffene müssen ausreichend transparent informiert werden, da betroffene Personen nur dann freiwillig – und damit wirksam – einwilligen können, wenn sie verstehen, was mit ihren Daten passiert.

  Damit die Einwilligung in informierter Weise erfolgen kann, muss die betroffene Person genau wissen, wofür sie die Einwilligung abgibt, damit sie entscheiden kann, ob sie überhaupt die Einwilligung abgeben möchte. Dafür muss die betroffene Person wissen, welche Daten für welchen Zweck von wem verarbeitet werden, was die Art der Datenverarbeitung ist und wer die Empfänger sind.

  Die DSGVO stellt eine Reihe an Anforderungen, um dies sicherzustellen.

- **jederzeit für die Zukunft widerrufbar sein.**

  Dieser Widerruf muss auch möglich sein, sonst ist eine Einwilligung schon deshalb unwirksam. Erreicht Sie ein solcher Widerruf, müssen Sie die Datenverarbeitung unverzüglich stoppen und meistens auch die Daten unverzüglich löschen, sofern keine andere Erlaubnisgrundlage für die Datenverarbeitung vorliegt.

  Das kann bei KI-Systemen herausfordernd sein, insbesondere wenn die Daten bereits für das Training genutzt werden und eine Separierung unverhältnismäßig aufwendig wäre (vorausgesetzt, Sie folgen der Ansicht, dass nach dem Training überhaupt noch personenbezogene Daten im KI-Modell vorhanden sind).

Was das Gesetz sagt

Gemäß Art. 4 Nr. 11 DSGVO wird eine Einwilligung definiert als »jede freiwillig für den bestimmten Fall, in informierter Weise und unmissverständlich abgegebene Willensbekundung in Form einer Erklärung oder einer sonstigen eindeutigen bestätigenden Handlung, mit der die betroffene Person zu verstehen gibt, dass sie mit der Verarbeitung der sie betreffenden personenbezogenen Daten einverstanden ist«.

Es kann zur Herausforderung werden, für den Einsatz von KI-Systemen Einwilligungen einzuholen.

Wägen Sie deshalb ab, ob die Einwilligung in Ihrem Fall eine Option darstellt. Gerade bei der Erhebung und Verwendung von Trainingsdaten stößt die Einwilligung in der Praxis an ihre Grenzen.

Die Einwilligung ist keine praxistaugliche Rechtsgrundlage, wenn

- Daten massenhaft verarbeitet werden,
- kein individueller Kontakt zu den Betroffenen möglich ist, (die zudem oft unbekannt sind) und
- ein jederzeitiger Widerruf für die Zukunft praktisch kaum umsetzbar ist.

Denn es gibt Alternativen, wie das folgende Beispiel zeigt:

BEISPIEL

Sie planen ein Werbevideo in mehreren Sprachen zu veröffentlichen und möchten daher die deutsche Version durch eine KI in diverse Sprachen übersetzen lassen. Dafür müssen Sie die Einwilligung der Darsteller einholen. Alternativ könnten Sie die Zustimmung zur Übersetzung durch KI in andere Sprachen schon im Model-Release-Vertrag aufnehmen.

Vertragserfüllung

Ein weiterer Grund für die Datenverarbeitung ist die Erfüllung eines Vertrags.

BEISPIEL

Haben Sie mit Ihren Kunden einen Vertrag abgeschlossen, dürfen Sie für die Erfüllung dieses Vertrags die Kundendaten auch verarbeiten, zum Beispiel für die Zusendung von Waren.

Für die Erlaubnisgrundlage der Vertragserfüllung muss

- **die betroffene Person Vertragspartner sein.**

  Sie dürfen zur Vertragserfüllung nur die Daten Ihres Vertragspartners verarbeiten, nicht die seiner Mitarbeiter oder von Bekannten.

- **die Verarbeitung objektiv erforderlich sein.**

  Sie können nicht willkürlich jede denkbare Datenverarbeitung in einen Vertrag aufnehmen, um eine datenschutzrechtliche Erlaubnis zu bekommen. Die Zwecke der Verarbeitung müssen im Vertrag eindeutig definiert und für die Betroffenen nachvollziehbar sein. Ein vertragliches Verhältnis rechtfertigt in der Regel nicht die Verarbeitung personenbezogener Daten für KI-Trainingszwecke, da diese wohl nur in Ausnahmefällen zur Erfüllung des Vertrags erforderlich sind.

BEISPIEL

Von einer Ausnahme können Sie ausgehen, wenn das KI-Training ausdrücklich Bestandteil des Vertrags ist, wie beispielsweise bei der Erstellung eines KI-Sprachgenerators, der mit der Stimme der betroffenen Person trainiert wird.

Für den Einsatz von KI kommt die Vertragserfüllung als Erlaubnistatbestand vor allem in späteren Sequenzen in Betracht, beim Prompting und der Verwendung der Ergebnisse, wenn Sie etwa mit der betroffenen Person einen Vertrag darüber abgeschlossen haben, dass Sie unter Nutzung von KI einen Text über sie erstellen.

Wahrung berechtigter Interessen

Besondere Bedeutung in der Praxis hat die Verarbeitungserlaubnis aus berechtigten Interessen, gerade beim Einsatz von KI.

Gemäß Art. 6 Abs. 1 S. 2 DSGVO gilt diese Erlaubnisgrundlage nicht für die Datenverarbeitung durch öffentliche Stellen – dadurch können sich öffentliche Stellen, wie beispielsweise Gemeinden, nicht auf diese Erlaubnisgrundlage berufen. Für sie gilt die parallele und vergleichbar ausgelegte Erlaubnisgrundlage in Art. 6 Abs. 1 lit. e DSGVO (Datenverarbeitung zur Wahrnehmung einer Aufgabe im öffentlichen Interesse oder bei Ausübung öffentlicher Gewalt, die dem Verantwortlichen übertragen wurde).

Aus berechtigten Interessen heraus dürfen Sie personenbezogene Daten verarbeiten, wenn

✔ **die Datenverarbeitung für ein legitimes Interesse erfolgt.**

Das kann Ihr eigenes Interesse sein oder das eines Dritten. Entscheidend ist, dass Sie ein schützenswertes Interesse verfolgen. Das kann ein wirtschaftliches oder ideelles Interesse sein. Der EuGH hat mit Urteil vom 4. Oktober 2024 bestätigt, dass ein berechtigtes Interesse auch in rein wirtschaftlichen Interessen, etwa der entgeltlichen Weitergabe personenbezogener Daten zu Marketing- und Werbezwecken, bestehen kann (Rs. C-621/22). Nicht erlaubt ist die Verarbeitung zu rechtswidrigen Zwecken. Zum Beispiel dürfen Sie personenbezogene Daten nicht für unlautere Werbung nutzen, das wäre kein legitimes Interesse. Auch dürfen Sie die Daten nicht zu verbotenen KI-Praktiken nach Art. 5 KI-VO nutzen.

✔ **die Verarbeitung erforderlich ist.**

Die Datenverarbeitung ist dann erforderlich, wenn sie objektiv notwendig oder angemessen ist, um das Ziel zu erreichen, und es keine weniger eingriffsintensive Alternative gibt.

✔ **keine überwiegenden Betroffeneninteressen entgegenstehen.**

Mit Ihrem Interesse an der Verarbeitung müssen die gegenläufigen Interessen der Betroffenen abgewogen werden: Überwiegen die gegen eine Verarbeitung sprechenden Betroffeneninteressen, insbesondere die Grundrechte und Grundfreiheiten der Betroffenen, dürfen Sie die Verarbeitung nicht durchführen. Bei Gleichstand »gewinnen« die berechtigten Interessen und die Verarbeitung darf erfolgen.

✔ **kein berechtigter Widerspruch der Betroffenen vorliegt.**

Wenn Sie Daten aus berechtigten Interessen verarbeiten, können die Betroffenen dem widersprechen. Ein solcher Widerspruch ist jederzeit und grundlos zulässig, wenn die Verarbeitung zu Werbezwecken erfolgt. Bei anderen Gründen muss ein besonderer Grund des Betroffenen den Widerspruch rechtfertigen.

Bei der Entwicklung und Nutzung von KI-Modellen und -Systemen werden Sie in der Regel ein berechtigtes Interesse vorweisen können, meistens ein wirtschaftliches Interesse. Wenn ein KI-System auch ohne die Nutzung personenbezogener Daten oder mit anonymisierten Daten entwickelt werden kann, ist die Verarbeitung personenbezogener Daten aber nicht erforderlich und damit auch nicht erlaubt.

BEISPIEL

Als wichtige und KI-spezifische Abwägungskriterien können Sie für Ihre Interessenabwägung folgende Punkte berücksichtigen:

✔ Detailliertheit und Umfang der Trainingsdaten

✔ Auswirkungen der Datenverarbeitung auf betroffene Personen

✔ Implementierung von Garantien zur Gewährleistung eines ordnungsgemäßen Trainings

- ✔ Wahl der Methodik und der Verfahren unter Berücksichtigung eines besonderen Datenschutzes (zum Beispiel Datenminimierung, Transparenz)
- ✔ Robustheit von Methode und Verfahren
- ✔ Implementierung zusätzlicher technischer und organisatorischer Maßnahmen
- ✔ öffentliche Interessen oder Interessen des Gemeinwohls an der Entwicklung und Nutzung (zum Beispiel eine bessere Gesundheitsvorsorge)
- ✔ die Unterstützung des Verantwortlichen oder Dritter bei der Einhaltung rechtlicher Vorgaben
- ✔ die Entwicklung von frei zugänglichen KI-Modellen
- ✔ frühzeitige und transparente Betroffeneninformation

(vergleiche `https://www.baden-wuerttemberg.datenschutz.de/rechtsgrundlagen-datenschutz-ki/#3_erfuellung_einer_rechtlichen_verpflichtung_art_6_abs_1_buchst_c_ds-gvo`)

Sie müssen die berechtigten Interessen mit allen Elementen (Interesse, Erforderlichkeit und Abwägung) zur Erfüllung Ihrer datenschutzrechtlichen Rechenschaftspflicht dokumentieren!

Erfüllung einer Aufgabe im öffentlichen Interesse

Wenn die Verarbeitung personenbezogener Daten notwendig ist, um eine Aufgabe zu erfüllen, die im öffentlichen Interesse liegt oder in Ausübung öffentlicher Gewalt erfolgt, ist sie ebenfalls zulässig. Dies setzt voraus, dass dem Verantwortlichen eine entsprechende Aufgabe übertragen wurde. Dafür ist eine rechtliche Grundlage im Unionsrecht oder im Recht der Mitgliedstaaten erforderlich. Art. 6 Abs. 1 lit. e DSGVO stellt somit keine eigenständige Erlaubnisgrundlage dar, sondern muss durch spezifische nationale oder landesrechtliche Regelungen ergänzt werden.

Erfüllung einer rechtlichen Verpflichtung

Manchmal ist die Verarbeitung personenbezogener Daten auch notwendig, um gesetzliche Vorgaben zu erfüllen. In diesen Fällen können Sie Daten verarbeiten, weil es das Gesetz so vorschreibt.

BEISPIEL

Das typische Beispiel für die Verarbeitung personenbezogener Daten zur Erfüllung rechtlicher Pflichten sind die handels- und steuerrechtlichen Aufbewahrungspflichten.

Der Datenverarbeiter wird in der Regel keinen Entscheidungsspielraum hinsichtlich der Erfüllung der gesetzlichen Pflicht haben, daher bietet diese Erlaubnisgrundlage in der Praxis im Kontext mit KI-Systemen kaum eine Rolle.

Schutz lebenswichtiger Interessen

Daten dürfen auch dann verarbeitet werden, wenn dies zum Schutz lebenswichtiger Interessen erforderlich ist. Relevant wird das vor allem in Notfallsituationen, wenn eine konkrete Gefahr für körperliche Unversehrtheit oder das Leben besteht.

Die Datenverarbeitung für das Training eines KI-Systems für den Schutz lebenswichtiger Interessen aufgrund einer Notfallsituation kommt als Erlaubnisgrundlage grundsätzlich derzeit noch nicht infrage.

Eine Erlaubnis zum Schutz lebenswichtiger Interessen könnte sich bei einem Einsatz von KI-Systemen in der Notaufnahme ergeben, wenn diese etwa unterstützend zur Erkennung von Herzinfarkten eingesetzt werden.

Besondere Erlaubnis bei Zweckänderung

Ein wesentlicher Grundsatz des Datenschutzes ist die Zweckbindung: Sie dürfen Daten nur zu dem Zweck verarbeiten, zu dem Sie die Daten erhoben haben. Eine Weiterverarbeitung zu einem neuen Zweck ist nur ausnahmsweise zulässig, wenn der neue Zweck mit dem alten Zweck kompatibel ist und Sie auch für den neuen Zweck eine Erlaubnisgrundlage haben.

Die Voraussetzungen einer zulässigen Zweckänderung müssen Sie vor allem prüfen, wenn Sie zu einem anderen Zweck erhobene Daten jetzt für ein KI-Training nutzen wollen.

Sie haben umfangreiche Nutzungsdaten für Ihre App erhoben, und möchten diese nun durch eine neuartige KI für individualisierte Werbung und ein Gradient Boosting nutzen. Wenn Ihnen dazu bereits konkrete Werbeeinwilligungen vorliegen, könnte dies abgedeckt sein. Wenn Sie aber die Analysen bisher aus berechtigten Interessen durchgeführt haben, dürfte die Weiterverwendung für individuelle Werbung damit nicht kompatibel sein. Ihnen fehlt dann die Erlaubnisgrundlage, wenn Sie keine neuen Einwilligungen einholen.

Sie haben umfangreiche Bestellhistorien für Ihre aktiven Kunden. Diese möchten Sie nun verwenden, um Ihre KI zu trainieren, die künftig Ihren Einkauf und die Lagerhaltung optimieren soll. Die bisherige Datenverarbeitung erfolgte zur Vertragserfüllung, womöglich bewahren Sie die Daten noch zur Erfüllung ihrer gesetzlichen Aufbewahrungspflichten auf. Jetzt planen Sie eine Zweckänderung, eine neue Verarbeitung. Dies könnte hier mit dem ursprünglichen Zweck kompatibel sein und im Rahmen einer Interessenabwägung sogar eine Verarbeitung aus berechtigten Interessen erlaubt sein, je nach Einzelfall.

Eine besondere Privilegierung enthält die KI-VO für die Weiterverarbeitung personenbezogener Daten in KI-Reallaboren: Diese Verarbeitung ist erlaubt, wenn die personenbezogenen Daten »ausschließlich für die Zwecke der Entwicklung, des Trainings und des Tests bestimmter KI-Systeme« verwendet werden.

Verarbeitung besonderer Kategorien personenbezogener Daten

Für besonders sensible Daten, etwa Gesundheitsdaten, benötigen Sie neben einer der beschriebenen Erlaubnisse eine weitere Rechtfertigung für die Verarbeitung nach Art. 9 Abs. 2 DSGVO. Dies ist oft die Einwilligung, da es eine allgemeine Verarbeitung zu berechtigten Interessen so für sensible Daten nicht gibt.

Die wissenschaftliche und historische Forschung sowie die Verarbeitung zu Archivzwecken im öffentlichen Interesse sind privilegiert. Wenn Sie diese Zwecke verfolgen, dürfen Sie oft auch besonders sensible Daten verarbeiten, auch in KI-Modellen und -Systemen.

Drittstaatentransfer

Viele Anbieter von Cloud-Lösungen für KI, KIaaS, etwa Microsoft, OpenAI, Google oder Meta, sitzen außerhalb der EU und des EWR, oft in den USA. Eine Verarbeitung personenbezogener Daten dort muss zusätzlich abgesichert sein.

Bei einem Drittstaatentransfer, also der Datenübermittlung von Daten ins Nicht-EU-Ausland, benötigen Sie

- eine Erlaubnisgrundlage für die Verarbeitung nach Art. 6 DSGVO und
- die zusätzliche Erlaubnis, die Daten in den betreffenden Staat zu übertragen. Dazu muss in dem Staat oder zumindest durch das Unternehmen dort ein dem EU-Level vergleichbares Datenschutzniveau gewährleistet sein.

Von einer Datenübermittlung in einen Drittstaat gehen die Datenschutzaufsichtsbehörden nicht nur dann aus, wenn die Daten tatsächlich in den Drittstaat geschickt werden. Es reicht aus, wenn ein Zugriff aus dem Drittstaat heraus auf die in der EU gespeicherten Daten erfolgen kann, zum Beispiel bei Supportmaßnahmen.

Wenn Sie Daten in einen Drittstaat übermitteln, sollten Sie folgende Voraussetzungen prüfen:

- **Angemessenheitsbeschluss:** Für einige Länder hat die EU-Kommission sogenannte Angemessenheitsbeschlüsse erlassen. Damit bestätigt sie, dass in dem Drittstaat generell ein der EU vergleichbares Datenschutzniveau besteht. Das ist zum Beispiel für Kanada oder die Schweiz der Fall. Und auch für die USA, wenn sich die US-Unternehmen zusätzlich unter dem *EU-US-Data Privacy Framework* zertifiziert haben. Google und Microsoft etwa sind zertifiziert.

Für die USA gibt es zwar aktuell [Stand: Oktober 2025] einen Angemessenheitsbeschluss. Allerdings sind bereits Klagen vor dem EuGH durch Max Schrems / NOYB (»None Of Your Business«) anhängig, die das EU-US-Data Privacy Framework (wie bereits deren Vorgängerregelungen das »Privacy Shield«- und das »Safe Harbor«-Abkommen) kippen könnten.

Die Verbesserungen des Datenschutzniveaus im EU-US-Data Privacy Framework im Vergleich zu den Vorgängerregelungen, aufgrund derer die EU-Kommission ihren Angemessenheitsbeschluss erlassen hat, beruhen weitgehend auf sogenannten Executive Orders der Biden-Regierung. Diese können durch die neue US-Regierung unter Trump jederzeit widerrufen oder geändert werden – auch ohne Zustimmung des US-Kongresses. Dann sähe sich die EU-Kommission gegebenenfalls gezwungen, den Angemessenheitsbeschluss wieder aufzuheben.

✔ **Standardvertragsklauseln:** Wenn kein Angemessenheitsbeschluss existiert, können die von der EU-Kommission veröffentlichten Standardvertragsklauseln (SCCs) vereinbart werden. Auch dadurch wird dann ein dem EU-Level vergleichbares Datenschutzniveau gewährleistet, wenn der Vertragspartner im Drittstaat diese Klauseln auch einhalten kann. Das müssen Sie in einem *Transfer Impact Assessment* prüfen. Wenn zum Beispiel nationales Recht im Drittstaat vorgeht vor der vertraglichen Vereinbarung, kann das Unternehmen die Klauseln nicht sicher einhalten. Dann brauchen Sie zusätzliche Sicherungsmaßnahmen.

Nach dem Europäischen Datenschutzausschuss (EDSA) sind solche möglichen zusätzlichen Sicherheitsmaßnahmen insbesondere:

- Verschlüsselung (Schlüssel bleibt in der EU/im EWR)
- Pseudonymisierung, bei der die Verarbeiter im Drittstaat die Personen nicht mehr identifizieren können
- Transparenzverpflichtung
- Verbot von Hintertüren für Datenzugriffe nationaler Behörden
- Unterstützung gegen Behördenanordnungen und Rechtsschutz nach ungewollten Datenzugriffen

Wenn die Datenübertragung an Ihren US-Anbieter für Ihr Unternehmen besonders wichtig ist – zum Beispiel weil es keinen vergleichbar guten Dienst in der EU gibt –, empfiehlt es sich angesichts der Unsicherheit, ob der Angemessenheitsbeschluss der EU-Kommission mittelfristig hält, vorsichtshalber zusätzlich SCCs abzuschließen.

Angemessene Datensicherheit

Auch in und für KI-Anwendungen muss eine angemessene Datensicherheit sichergestellt sein. Setzen Sie Auftragsverarbeiter ein, müssen Sie von ihnen die technisch-organisatorischen Maßnahmen anfordern und prüfen.

Die angemessene Datensicherheit berücksichtigt

✔ den Stand der Technik,

✔ die Implementierungskosten und

✔ Art, Umfang, Umstände sowie Zwecke der Verarbeitung,

um die Eintrittswahrscheinlichkeit und Schwere möglicher Risiken für die betroffenen Personen zu identifizieren und dann gemäß den Risiken angemessene und geeignete technische und organisatorische Schutzmaßnahmen zu ergreifen.

Die Datenschutzkonferenz (DSK) hat in ihrem Positionspapier vom 6. November 2019 Empfehlungen für eine datenschutzkonforme Gestaltung von KI-Systemen ausgesprochen, die nach wie vor relevant sind.

Diese finden Sie hier: `https://www.datenschutzkonferenz-online.de/media/en/20191106_positionspapier_kuenstliche_intelligenz.pdf`

Die Empfehlungen richten sich aus am Lebenszyklus der KI-Tools (siehe Abbildung 3.1).

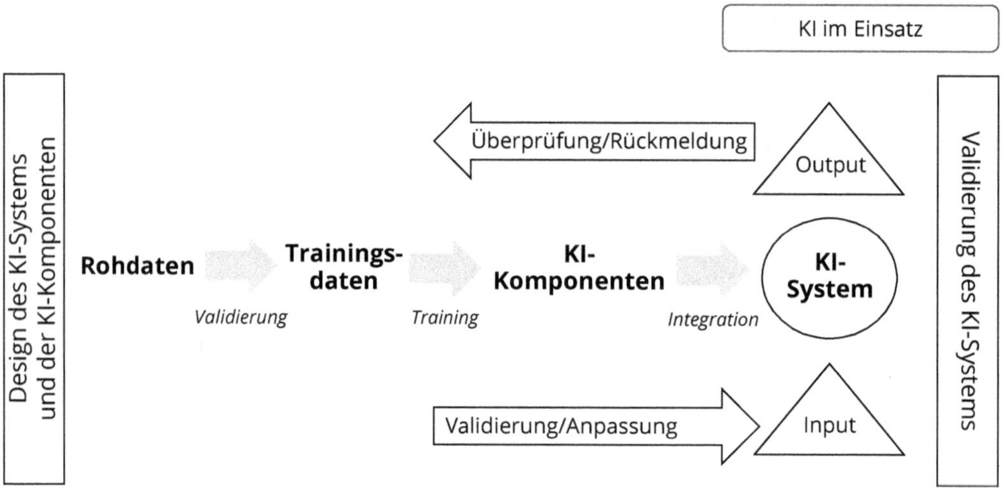

Abbildung 3.1: Allgemeiner Lebenszyklus von KI-Systemen

Besondere Bedeutung für die Gewährleistung einer angemessenen Datensicherheit haben:

- ✔ Gewährleistung von Transparenz in allen Entwicklungsstufen
- ✔ Gewährleistung der Datenminimierung in allen Entwicklungsstufen
- ✔ Gewährleistung der Nichtverkettung, es muss also für jeden Schritt im Lebenszyklus gesondert geprüft werden, ob die personenbezogenen Daten für diesen Schritt und Zweck verwendet werden dürfen
- ✔ Gewährleistung der Intervenierbarkeit, also Optionen der Kontrolle und Berichtigung
- ✔ Gewährleistung der Verfügbarkeit, Integrität und Vertraulichkeit

BEISPIEL

Eine Schutzmaßnahme, um Diskriminierungen zu verhindern, ist ein vorgeschalteter Prompt-Filter, der den Input einschränkt und beispielsweise die Eingabe personenbezogener Daten so weit wie möglich verhindert.

Auch Sie müssen bei jedem Einsatz von KI mit personenbezogenen Daten die Sicherheit dieser Daten in angemessenem Umfang gewährleisten.

Die meisten am Markt verfügbaren Standardangebote sehen inzwischen mehrere Stufen vor. Je höher der Preis – etwa im Vergleich zwischen Free Versions und Enterprise-Varianten – desto höher in der Regel auch die Sicherheit. Für Sie bedeutet das:

- ✔ Wenn Sie personenbezogene Daten zu den Anbietern in offene Clouds übermitteln, ist die Sicherheit Ihnen gegenüber durch die Anbieter primär organisatorisch gewährleistet.
- ✔ Eigene technische Sicherheitsmaßnahmen können die Pseudonymisierung der Daten sein. Auch dafür gibt es schon KI-Anwendungen.
- ✔ Für eigene technische Schutzmaßnahmen sollten Sie prüfen, ob Sie KI in eigenen Hosting-Umgebungen oder privaten Clouds implementieren können.

Es muss nicht immer das höchste Schutzniveau sein. Welche Sicherheit angemessen und damit auch notwendig ist, ist abhängig von den konkreten Risiken. Sie müssen daher die Use Cases in den Blick nehmen und danach entscheiden, wie viel Sicherheit notwendig ist!

Betroffeneninformation

Sie müssen alle Betroffene transparent darüber informieren, wenn Sie deren Daten verarbeiten. Das geschieht meistens durch Verlinkung auf eine Datenschutzinformation. Geben Sie den Betroffenen darin mindestens folgende Informationen:

- ✔ Wer sind Sie beziehungsweise Ihr Unternehmen und wie können die Betroffenen Sie beziehungsweise Ihr Unternehmen und Ihren Datenschutzbeauftragten erreichen.
- ✔ Welche personenbezogenen Daten verarbeiten Sie und aus welcher Quelle stammen die Informationen.
- ✔ Zu welchen Zwecken verarbeiten Sie diese Daten und auf welcher Rechtsgrundlage.
- ✔ An wen übermitteln Sie diese Daten und in welche Länder.
- ✔ Wie lange werden Sie die Daten verarbeiten.
- ✔ Erläutern Sie den Betroffenen ihre Datenschutzrechte.

Werden die Daten beim Einsatz von KI zu Zwecken verwendet, die neu sind und zu denen die Daten nicht ursprünglich erhoben wurden, müssen Sie die Betroffenen darüber zusätzlich informieren. Das liegt nicht an dem Einsatz von KI, sondern am neuen Verwendungszweck.

Sie möchten die bei Ihnen vorhandenen Bestellhistorien der Kunden über eine KI auswerten lassen, um individuellere Werbemaßnahmen zu entwickeln. Diese Analyse ist neu, bisher haben Sie die Kundeninformationen nicht für künftige Werbemaßnahmen ausgewertet. Die personenbezogenen Kundendaten werden also zu einem neuen Zweck verarbeitet, über den Sie informieren müssen.

Sie haben eine Informationspflicht aus dem Datenschutzrecht und zwar nicht, weil Sie KI einsetzen, sondern weil Sie personenbezogene Daten zu neuen Zwecken verarbeiten. Ihre Informationspflicht im Beispiel oben gilt unabhängig vom Einsatz von KI und wäre auch dann notwendig geworden, wenn Sie etwa eine Agentur mit der manuellen Auswertung beauftragt hätten.

Eine besondere Herausforderung stellt die Betroffeneninformation dar, wenn Sie auf der Suche nach KI-Trainingsdaten crawlen und das Internet nach öffentlich verfügbaren Daten absuchen. Sie kennen ja dann die hinter den Daten stehenden Personen nicht. Es ist eine praktisch kaum lösbare Aufgabe, all diese Personen individuell über die Datenverarbeitung zum Training Ihrer KI zu informieren. Eine Möglichkeit ist es, wenn Sie eine allgemeine Erklärung auf Ihrer Website platzieren, sodass Personen zumindest darüber Informationen suchen können.

Wenn Sie personenbezogene Daten nicht direkt bei der betroffenen Person erheben, sondern zum Beispiel aus öffentlich zugänglichen Quellen, brauchen Sie keine individuelle Betroffeneninformation:

- **wenn die individuelle Information unmöglich ist** oder
- **wenn sie mit einem unverhältnismäßigen Aufwand verbunden wäre.**

Die individuelle Information ist auch dann entbehrlich, wenn es aufgrund der massenhaften Verarbeitung personenbezogener Daten kaum noch auf das einzelne Datum ankommt, sodass die eigentliche Betroffenheit, die die DSGVO fordert, kaum noch spürbar ist. Dieser Gedanke findet sich – allerdings nicht in Bezug auf KI – im Urteil des EuG vom 26. April 2023 (Rs. T-557/20).

Sie dürfen in diesem Fall nicht gänzlich auf eine Information verzichten! Sie müssen geeignete Maßnahmen ergreifen, um eine bestmögliche Informationslage zu schaffen, etwa indem Sie eine Datenschutzerklärung und damit die Betroffeneninformation auf Ihrer Website hinterlegen.

Datenschutzfolgenabschätzung

Beim Einsatz von KI ist oft eine *Datenschutzfolgenabschätzung* (DSFA) erforderlich. Sie müssen immer dann eine DSFA durchführen, wenn eine Verarbeitung zu besonderen Risiken für einen Betroffenen führen kann. Solche Risiken gibt es beim Einsatz von KI oft, weil das eine neue Technologie ist, deren Auswirkungen noch nicht völlig erklärbar und fassbar sind. Die Datenschutzkonferenz (DSK) verlangt jedenfalls immer dann eine DSFA, wenn KI – zum Beispiel mit einem Chatbot im Kundensupport – »zur Verarbeitung personenbezogener Daten zur Steuerung der Interaktion mit den Betroffenen oder zur Bewertung persönlicher Aspekte der betroffenen Person« eingesetzt wird. Auch im Bereich der Hochrisiko-KI müssen Sie häufig eine DSFA durchführen.

Unterschätzen Sie die Erforderlichkeit einer DSFA auch bei solchen Anwendungen nicht, die bereits Einzug in Unternehmen gefunden haben, wie zum Beispiel Copilot von Microsoft 365.

Die Datenschutzbehörden haben sich zwar bislang noch nicht abschließend und einheitlich zu Anwendungen wie Microsoft Copilot geäußert, aber es lassen sich klare Tendenzen erkennen, die die Durchführung einer DSFA dringend empfehlenswert machen.

Eine DSFA umfasst mindestens

- ✔ eine systematische Beschreibung der geplanten Verarbeitungsvorgänge und ihrer Zwecke,
- ✔ eine Bewertung der Notwendigkeit und Verhältnismäßigkeit der Verarbeitungsvorgänge,
- ✔ eine Bewertung der Risiken für die Rechte und Freiheiten der betroffenen Personen und
- ✔ eine Bewertung der Risiken sowie eine Darstellung, wie die Risiken abgemildert oder sogar vermieden (»mitigiert«) werden.

Auf dieser Basis müssen Sie als Verantwortlicher entscheiden, ob die verbleibenden Risiken akzeptabel sind und die Verarbeitung freigegeben werden kann.

Die DSFA muss von interdisziplinären Teams durchgeführt werden, denen insbesondere der Datenschutzbeauftragte und Personen mit rechtlichem und informationstechnischem Hintergrund angehören sollten.

Rechenschaftspflicht und Bußgeldrisiken

Nach der DSGVO ist Ihr Unternehmen Rechenschaft darüber schuldig, dass das anwendbare Datenschutzrecht auch eingehalten wird. Deshalb müssen Sie die Einhaltung des Datenschutzrechts umfassend dokumentieren und auf Anfrage der Aufsichtsbehörde vorlegen können.

Wenn Betroffene wegen einer Datenschutzverletzung Schadensersatz geltend machen, bedeutet dies nach der EuGH-Rechtsprechung ganz konkret, dass Sie sich nur dann enthaften können, wenn Sie nachweisen, alles Erforderliche getan zu haben.

Basis für die Erfüllung Ihrer Rechenschaftspflichten ist das Verarbeitungsverzeichnis, in dem Sie insbesondere den Zweck angegeben, wozu Daten verarbeitet werden, welche Datenarten das sind und wer davon betroffen sein kann.

Sie sollten den Einsatz von KI-Modellen, -Systemen und -Anwendungen wie alle anderen Prozesse in Ihr bestehendes Datenschutz-Managementsystem integrieren. Folgende Anforderungen sollten Sie dafür erfüllen:

- ✔ Verarbeitungsverzeichnis
- ✔ Einwilligungsverwaltung
- ✔ Dokumentation von Interessenabwägungen und Risikobewertungen
- ✔ Dokumentation der technisch-organisatorischen Maßnahmen für eine angemessene Datensicherheit und der Umsetzung des Datenschutzes durch Technikgestaltung und der datenschutzfreundlichen Voreinstellungen (»privacy by design« und »privacy by default«)
- ✔ Dokumentation von Datenschutzverletzungen
- ✔ Vertragsmanagement (Auftragsverarbeitungsverträge, Verträge über die gemeinsame Verantwortlichkeit, Standardvertragsklauseln)
- ✔ Datenschutzrichtlinien und Prozessvorgaben, etwa zum Umgang mit Betroffenenrechten und Datenschutzverletzungen
- ✔ Prozessvorgaben für Datenschutzfolgenabschätzungen
- ✔ Benennung eines Datenschutzbeauftragten
- ✔ Schulungsorganisation

Wenn Sie das Datenschutzrecht nicht einhalten, drohen Schadensersatzklagen von Betroffenen und aufsichtsbehördliche Verfahren, die mit Anordnungen oder Bußgeldern enden können. Für Ihr Unternehmen ist die Aufsichtsbehörde des Bundeslandes zuständig, in dem Sie Ihre Hauptniederlassung haben. Betroffene können sich allerdings bei jeder beliebigen Datenschutzaufsichtsbehörde beschweren. Viele Verfahren werden ohne Bußgeld beendet. Kommt es allerdings zu einem Bußgeld, kann dies empfindlich hoch sein: Je nach Verstoß bis zu vier Prozent des Jahresgruppenumsatzes oder 20 Millionen Euro, je nachdem, welcher Betrag höher ist. Auch Wettbewerber und Verbraucherschutzverbände können Datenschutzverstöße abmahnen und so gegen Sie beziehungsweise Ihr Unternehmen vorgehen.

Checkliste Datenschutz: KI im Unternehmen

Beim Einsatz von KI müssen Sie in Ihrem beruflichen Umfeld und auch im Verein – also immer außerhalb der rein privaten und familiären Nutzung – das Datenschutzrecht umfassend einhalten. Auch wenn es kein spezielles KI-Datenschutzrecht gibt, sind bestimmte Bereiche besonders wichtig im Zusammenhang mit KI. Die pragmatische Checkliste in Tabelle 3.3 bietet Ihnen eine Gedankenstütze, mit der Sie die Einhaltung der Anforderungen an KI aus dem Datenschutzrecht überprüfen können.

Aufgabe	Erläuterung	Erledigt?
Rolle definieren	In welcher Funktion ist das Datenschutzrecht auf Sie anwendbar, sind Sie Verantwortlicher oder Auftragsverarbeiter, womöglich gemeinsam verantwortlich oder verarbeiten Sie gar keine personenbezogenen Daten (oder jedenfalls nicht in der EU)? Danach entscheidet sich, welche Pflichten Sie genau treffen und ob Sie womöglich zusätzliche datenschutzrechtliche Verträge abschließen müssen (Auftragsverarbeitungsverträge, Verträge über die gemeinsame Verantwortlichkeit).	
Verarbeitung rechtfertigen	Für jede Datenverarbeitung muss eine Erlaubnisgrundlage nachgewiesen werden, und zwar für jeden Verarbeitungsabschnitt, in der Regel mindestens – Trainingsdaten erheben – Trainieren – Prompting Verwendung des Outputs – gegebenenfalls Vorgang der Anonymisierung – gegebenenfalls Speicherung von (Trainings-)Daten zu Dokumentationszwecken	
Drittstaatentransfer absichern	Viele Anbieter von KI as a Service, also in der Cloud, sitzen im außereuropäischen Ausland. Wenn personenbezogene Daten an Drittländer, also Staaten außerhalb der EU und des EWR, übermittelt werden, bedarf das einer Absicherung.	
angemessene Datensicherheit	Jede Datenverarbeitung muss angemessen abgesichert sein, das gilt auch für die Verarbeitung personenbezogener Daten in KI-Tools. Zu unterscheiden ist zwischen organisatorischen und technischen Schutzmaßnahmen, den sogenannten TOM.	

Aufgabe	Erläuterung	Erledigt?
Betroffeneninformation	Betroffene sind über sie betreffende Datenverarbeitungsvorgänge zu informieren. Werden personenbezogene Daten in einer KI für neue Zwecke verarbeitet, zum Beispiel als Trainingsdaten oder zu Kundenanalysen, kann das ein neuer Zweck sein, über den dann auch neu zu informieren ist.	
Datenschutzfolgenabschätzung (DSFA)	Beim Einsatz von KI ist oft eine DSFA erforderlich. Bitte denken Sie daran, dass Sie bei Hochrisiko-KI die DSFA mit der dann nach KI-VO notwendigen Grundrechte-Folgenabschätzung (Fundamental Rights Impact Assessment – FRIA) verbinden können und – aus Effizienzgründen – auch sollten.	
Verarbeitungsverzeichnis und allgemeine Rechenschaftspflicht	KI-Modelle, -Systeme und -Anwendungen verarbeiten vielfach personenbezogene Daten und müssen daher auch in der Datenschutzdokumentation entsprechend aufgenommen werden. Je Zweck ist ein Eintrag im Verarbeitungsverzeichnis erforderlich, oft bietet es sich hier an, einen Eintrag je Modell/System vorzunehmen, es sei denn, dies wird mit deutlich unterschiedlicher Zweckrichtung eingesetzt, zum Beispiel ein LLM mit verschiedenen Einsatzszenarien in den Bereichen Marketing und HR. Auch alle weiteren Dokumentationen zur Umsetzung der Rechenschaftspflicht aus der DSGVO müssen erstellt und jeweils aktuell gehalten werden. Ihre KI-Tools sollten dazu im Datenschutz-Management so eingebunden werden wie alle anderen Softwareanwendungen auch.	
KI-Kompetenz und Schulungen	Zur Einhaltung des Datenschutzrechts müssen Sie Ihre Mitarbeitenden schulen und sensibilisieren; oft übernimmt das der Datenschutzbeauftragte. Setzen Sie KI ein, müssen Sie besonders für den Datenschutz beim Einsatz von KI schulen und sensibilisieren. Das ist einer der Aspekte, den Sie zur Gewährleistung einer ausreichenden KI-Kompetenz als Anbieter oder Betreiber von KI-Systemen auch nach der KI-VO umsetzen müssen. Auch hier können Sie daher kombinieren, nämlich die nach DSGVO mit den nach KI-VO notwendigen Schulungen.	

Tabelle 3.3: Checkliste Datenschutz: KI im Unternehmen

Eine Übersicht über relevante Fragen finden Sie auch im Fragenkatalog KI der Bundesbeauftragten für Datenschutz (BfDI), den Sie unter folgender URL einsehen können: `https://www.bfdi.bund.de/SharedDocs/Downloads/DE/DokumenteBfDI/AccessForAll/2025/KI-Fragenkatalog.pdf?__blob=publicationFile&v=1`

Wenn Sie sich über die in Tabelle 3.3 dargestellte Praxischeckliste hinaus vertiefter mit den datenschutzrechtlichen Fragen auseinandersetzen möchten (oder müssen – zum Beispiel zur internen Vorbereitung auf Audits oder zur Erstellung von Datenschutzkonzepten bei komplexeren KI-Projekten), empfehlen wir, sich an folgendem Prüfkonzept zu orientieren. Es beinhaltet die nach Ansicht der BfDI wesentlichen Themen, die Sie für den datenschutzrechtskonformen Einsatz von KI im Blick haben sollten. Sie können davon ausgehen, dass zumindest diese voraussichtlich auch bei einer behördlichen Überprüfung abgefragt und untersucht werden:

- ✔ **Personenbezogene Daten:** Werden personenbezogene Daten verarbeitet? Haben Sie geprüft, ob eine Anonymisierung oder Pseudonymisierung der Daten möglich ist?
- ✔ **Zuständigkeiten:**
  - **a.** Wer verantwortet diese Verarbeitung personenbezogener Daten?
  - **b.** Ist der für den Datenschutz bei der KI-Anwendung Verantwortliche in der Position, bei Datenschutzfragen im Zusammenhang mit der KI-Anwendung ausreichend unterstützen zu können?
- ✔ **Konkretisierung der Verarbeitung:**
  - **a.** Welche Kategorien von personenbezogenen Daten werden verarbeitet? Welche Personengruppen sind betroffen?
  - **b.** Zu welchem Zweck werden diese Daten verarbeitet?
  - **c.** Auf welcher Rechtsgrundlage werden die Daten erhoben und verarbeitet?
  - **d.** Sofern Sie Verarbeitungen auf berechtigte Interessen stützen (Art. 6 Abs. 1 UAbs. 1 lit. f DSGVO): Bitte schildern Sie Ihre Abwägung zwischen den berechtigten Interessen des Verantwortlichen und den Schutzrechten der Betroffenen.
  - **e.** Wo, in welchem Umfang und mit welcher Methode werden/wurden die Daten erhoben?
  - **f.** Erfolgt die Verarbeitung vollautomatisiert oder sind Personen an der Aufbereitung der Daten beteiligt?
- ✔ **Übermittlung**:
  - **a.** An wen übermitteln Sie die personenbezogenen Daten, wer erhält Zugriff auf die Daten?
  - **b.** Werden personenbezogene Daten in Drittstaaten übermittelt? Wenn ja, wie wird das abgesichert?

✔ **Kontrolle der Daten:**

a. Welche Maßnahmen sind vorgesehen, die Geeignetheit der Daten zu bewerten (dem Zweck angemessen und erheblich)? Was geschieht mit ungenutzten/verworfenen/veralteten personenbezogenen Daten?

b. Gibt es eine fortlaufende Überwachung und Prüfung der Datennutzung, um sicherzustellen, dass nur das erforderliche Minimum an Daten vom KI-System verarbeitet wird?

✔ **Löschung:** Welche Löschfristen sind vorgesehen?

✔ **Sicherheit:**

a. Welche technisch-organisatorischen Maßnahmen gelten zum Schutz der personenbezogenen Daten?

b. Bei KI-Systemen stellen sich grundsätzlich die gleichen IT-Sicherheitsfragen, wie bei anderen IT-Systemen auch. Anwendungsabhängig können aber neue und/oder zusätzliche Sicherheitsrisiken auftreten und spezielle Vorkehrungen zur Absicherung gegenüber Angriffen und Manipulationen der KI-Anwendung notwendig sein. Wie wird die Sicherheit für das KI-System gewährleistet?

✔ **Einsatzbereiche:**

a. Welche Aufgaben werden durch die KI-Anwendung erfüllt oder unterstützt? Welche Anwendungsfälle sind vorgesehen?

b. Welche Eingaben sind durch die Anwender vorgesehen? An welchen Stellen wird in die Verarbeitung der Daten durch Mitarbeitende eingegriffen und welche Ausgaben werden erzeugt (grobe Beschreibung der Anwendungsfälle und Abläufe mit Schwerpunkt auf Datenflüsse und die Eingriffe in diese)?

c. Wie und in welchem Umfang wird die KI-Anwendung eingesetzt und welchen Autonomiegrad hat sie dabei?

d. Sind vollständig automatisierte Entscheidungen oder Empfehlungen vorgesehen? Welche möglichen Auswirkungen sehen Sie für die betroffenen Personen? Wie wird dabei ein etwaiges Profiling flankiert und wie werden die Auswirkungen abgesichert?

✔ **Aufbau:**

a. Aus welchen Komponenten besteht die Anwendung? Welche Schnittstellen sind zwischen den verschiedenen Komponenten vorhanden?

b. Welche Einflussgrößen gehen in die Verarbeitung mit welchen Gewichten ein? Welche Möglichkeiten zur Bewertung der Richtigkeit und zur Einschätzung der Erklärbarkeit der Verarbeitung personenbezogener Daten durch die KI-Anwendung bestehen?

✔ **Risikoabwägung:**

a. Welche Risiken bei der Verarbeitung personenbezogenen Daten haben Sie erkannt und welche Abhilfemaßnahmen haben Sie vorgesehen?

b. Ist eine Datenschutzfolgenabschätzung notwendig? Wenn ja, haben Sie diese durchgeführt (und mit welchem Ergebnis)?

c. Ist eine umfassende Kontrolle der Anwendung möglich? Ist die Einsichtnahme in den Quellcode möglich, notfalls auch durch eine Aufsichtsbehörde?

✔ **Transparenz:**

a. Sind alle Betroffenen ausreichend informiert (gemäß Art. 13 f. DSGVO)? Ist eine Umsetzung und Einhaltung von allen DSGVO-Betroffenenrechten möglich?

b. Werden eingegangene Beschwerden über unrichtige Ergebnisse von KI-Anwendungen dokumentiert, einschließlich der daraufhin getroffenen Maßnahmen?

c. Wurde die statistische Genauigkeit neuer KI-Anwendungen oder von Änderungen an bestehenden KI-Anwendungen vor der Einführung getestet (liegt ein Testprotokoll vor)? Sind Verfahren zur regelmäßigen Überprüfung der Verlässlichkeit der KI-Anwendung vorgesehen (etwa regelmäßige Stichproben und Penetrationstests)?

✔ **Schulungen:** Wie werden die Beschäftigten für ihre Aufgaben ausgewählt und geschult, die im Bezug zur Verarbeitung personenbezogener Daten durch das KI-System stehen? Welche datenschutzrelevanten Inhalte werden hierbei vermittelt?

✔ **Dokumentation und Monitoring:**

a. Welche Aufgaben werden im Rahmen der jeweiligen Verarbeitungstätigkeit mit welchen möglichen Ergebnissen innerhalb welcher Fristen erledigt?

b. Wie wird definiert, welches Niveau an Verlässlichkeit (Konfidenzniveau) der KI-Anwendung für den Auftraggeber akzeptabel ist, und wie wird überprüft, dass dieses Konfidenzniveau durch beziehungsweise von der KI-Anwendung erreicht wird?

c. Wie wird überprüft, dass etwaige Voreingenommenheiten und Diskriminierungen durch die KI-Anwendung erkannt und (soweit möglich) beseitigt wurden?

d. Welche Leitlinien für das Datenschutzmanagement und gegebenenfalls Richtlinien für eine faire Verarbeitung, die von der Geschäftsleitung gebilligt wurden und den Einsatz von KI-Anwendungen unterstützen, gibt es in der Organisation?

✔ **Verträge:** Wie werden die Verträge zu den KI-Anwendungen verwaltet und wie wird eine regelmäßige Prüfung auf Einhaltung der Anforderungen organisiert? Wie erfolgt die Prüfung von Verträgen und Vereinbarungen darauf, dass diese alle datenschutzrechtlich erforderlichen Einzelheiten, Bedingungen und Klauseln enthalten? Wie werden insbesondere Auftragsverarbeiter überprüft?

IN DIESEM KAPITEL

Wann Urheberschutz besteht

Urheberrecht beim Training, Input und Output

Gesetz versus Lizenzen

Kapitel 4
Geistiges Eigentum

Im Zusammenhang mit dem Einsatz von KI, insbesondere dem Training, dem Eingeben von Prompts und der Nutzung des Outputs, stellen sich eine Reihe urheberrechtlicher Fragen, die wir im Folgenden beantworten wollen.

Wann besteht urheberrechtlicher Schutz?

Das Urhebergesetz (UrhG) sieht vor, dass Urheber für ihre Werke besonderen Schutz genießen. Urheber können anderen grundsätzlich die Nutzung und Verwertung ihrer Werke verbieten oder ihnen Rechte an diesen Werken einräumen, zum Beispiel in Form von Lizenzen. Wann ein solcher urheberrechtlicher Schutz besteht, erfahren Sie im Folgenden:

Das Urhebergesetz schützt nur *Werke* in Form von *persönlichen geistigen Schöpfungen.*

Ein Inhalt ist eine persönliche geistige Schöpfung, wenn er das Ergebnis menschlicher Kreativität ist und eine gewisse Gestaltungshöhe erreicht. Nicht jeder Content ist automatisch auch ein urheberrechtlich geschütztes Werk. Dies ist nur dann der Fall, wenn folgende Eigenschaften vorliegen:

- **Persönliche Schöpfung:** Der Inhalt muss von einem Menschen stammen. Von Tieren oder Maschinen erstellte Inhalte genießen hingegen keinen Urheberrechtsschutz!

BEISPIEL

Ein US-amerikanisches Gericht hatte darüber zu entscheiden, ob ein Affe Urheberrechte an von ihm aufgenommenen Fotos haben kann. Konkret ging es um das »Selfie« des Schopfmakaken mit dem Namen Naruto, das Sie in Abbildung 4.1 sehen.

Abbildung 4.1: »Selfie« des Schopfmakaken Naruto genießt keinen urheberrechtlichen Schutz

Das US-Gericht entschied so, wie auch deutsche Gerichte entschieden hätten: Weder der indonesische Affe noch der britische Fotograf David Slater, der die Kamera bewusst so positioniert hatte, dass die Affen damit interagieren konnten, können an dem Foto Urheberrechte geltend machen.

Der Grund: Tiere können keine Urheberrechte an Werken haben, weil das US-Copyright (wie das deutsche Urheberrecht) dieses nur Menschen (beziehungsweise in den USA auch juristischen Personen) zugesteht. Und der Fotograf hatte zwar die Kamera bereitgestellt und die Situation bewusst arrangiert – er hat aber das Bild nicht gemacht, denn den Auslöser hatte ja der Affe gedrückt.

✔ **Geistige Leistung:** Es muss ein Mindestmaß an individueller Gestaltung erkennbar sein, die über eine bloße Routine oder alltägliche Formen hinausgeht. Es muss eine gewisse Individualität zum Ausdruck kommen. Hier wird es manchmal schwierig: Einerseits darf die Schutzfähigkeit von Inhalten nicht davon abhängen, ob etwas als »Kunst« bewertet wird oder nicht. Wer soll darüber auch entscheiden können? Andererseits sollten Sie sich aber immer auch fragen, ob mit dem konkreten Inhalt ein vorhandener Gestaltungsspielraum wirklich kreativ und individuell ausgenutzt wurde und sich im Ergebnis zeigt – nur dann kann man von einer geistigen Leistung sprechen. Ist die konkrete Gestaltung hingegen sehr naheliegend oder rein zweckmäßig, mangelt es an der erforderlichen Individualität.

Als Kontrollfrage können Sie überlegen: »Hätte das jede(r) so oder so ähnlich gemacht?«

✔ **Wahrnehmbare Ausdrucksform:** Eine Idee allein genügt nicht! Der Inhalt muss in einer konkreten Form vorliegen, die andere Menschen mit ihren Sinnen wahrnehmen können, zum Beispiel sichtbar, hörbar oder lesbar.

Beispiele für urheberrechtlich geschützte Werke:

- ✔ Sprachwerke wie Texte, Vorträge oder Quellcode
- ✔ Musik wie Songs, Jingles oder Kompositionen
- ✔ Pantomimik inklusive Tanzkunst und Choreografien
- ✔ bildende Künste inklusive Baukunst und angewandte Kunst, zum Beispiel Gemälde, Zeichnungen, Skulpturen oder Architekturentwürfe
- ✔ Lichtbildwerke wie Fotografien
- ✔ Filmwerke, insbesondere Filme, Serien oder Videos
- ✔ wissenschaftliche und technische Darstellungen wie Zeichnungen, Pläne, Karten, Skizzen und Tabellen
- ✔ Sammelwerke und Datenbanken wie Anthologien, Reiseführer, individuelle Lexika oder kuratierte Onlinekunst- oder -musikdatenbanken

Für das Bestehen eines Urheberrechts ist in der EU keine Eintragung erforderlich! Entweder das Recht besteht automatisch und direkt aus dem Gesetz, weil die oben genannten Eigenschaften vorliegen – oder eben nicht.

Sie können daher auch kein Urheberrecht an eigenen Inhalten ohne *Werkcharakter* schaffen, indem Sie es als geschützt kennzeichnen, zum Beispiel durch einen Hinweis wie »Alle Inhalte urheberrechtlich geschützt« oder »Alle Rechte vorbehalten«.

Während es zum Beispiel bei Texten manchmal schwierig sein kann zu entscheiden, ob diese ausreichend individuell genug sind (dazu finden Sie in Abbildung 4.2 bis 4.4 ein paar Beispiele), sind Fotos immer urheberrechtlich geschützt!

Abbildung 4.2: LG Bielefeld: Kein Urheberrecht mangels hinreichend geistiger Leistung

Abbildung 4.3: OLG Hamburg: »Wir sind Papst« ausreichend individuell und daher urheberrechtlich geschützt

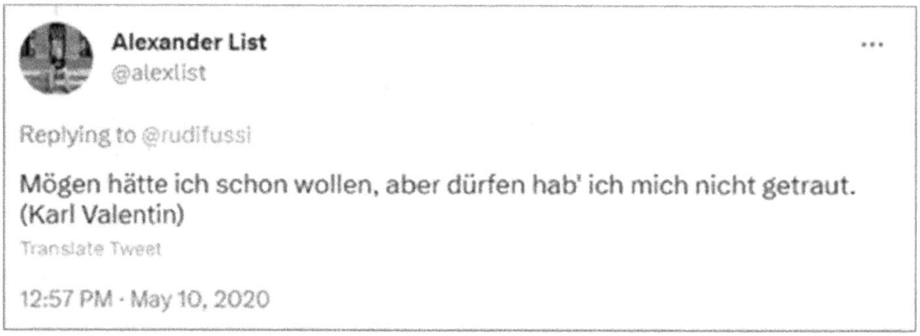

Abbildung 4.4: LG München: Zitat von Karl Valentin: ausreichend individuell und genießt daher urheberrechtlichen Schutza

Das Urheberrecht erlischt erst 70 Jahre nach dem Tod des Urhebers – ab dann ist das Werk *gemeinfrei*, das heißt, es darf auch ohne die Zustimmung des Urhebers (beziehungsweise der Zustimmung der Rechtsnachfolge) verwertet werden.

Werke, an denen ein Urheberrecht besteht, dürfen grundsätzlich ohne Zustimmung des Urhebers (oder sonstigen Rechteinhabers) nicht verwertet werden.

Unter Verwertung versteht man insbesondere folgende Handlungen:

- ✔ **Vervielfältigung:** zum Beispiel die Herstellung von Kopien durch das Einscannen eines Buchs oder Download eines Musikstücks
- ✔ **Verbreitung:** zum Beispiel die Weitergabe von verkörperten Werken, wie der Verkauf von CDs oder bedruckten T-Shirts

- **Ausstellung:** zum Beispiel das Zugänglichmachen eines Werkstücks für die Öffentlichkeit durch die Ausstellung eines Gemäldes in einer Galerie
- **Vortrag:** zum Beispiel die mündliche Wiedergabe eines Werks durch das Vortragen eines fremden Textes bei einem Poetry-Slam
- **Aufführung:** zum Beispiel die Darbietung eines Werks der Musik, Bühnen- oder Tanzkunst durch die Theateraufführung eines fremden Stücks
- **Vorführung:** zum Beispiel die Wiedergabe von Werken der bildenden Künste oder Filmen durch technische Mittel durch eine Filmvorführung in einem Programmkino
- **Öffentliche Zugänglichmachung:** zum Beispiel die Bereitstellung eines Werks für den Abruf durch die Öffentlichkeit – in der Regel über das Internet wie beim Upload eines Musikstücks auf eine Plattform

Nehmen Sie eine der genannten Handlungen ohne Zustimmung des Urhebers beziehungsweise ohne eine ausreichende Lizenz vor und können Sie sich auch nicht auf eine sonstige Ausnahme (sogenannte Urheberrechtsschranke) berufen stellt das eine Urheberrechtsverletzung dar, gegen die der Urheber vorgehen kann. Welche Folgen das haben kann, haben Sie in Kapitel 2 erfahren.

Auch nach Ablauf der 70 Jahre können verwandte Schutzrechte oder Markenrechte die freie Nutzung behindern, insbesondere wenn eine bestimmte Gestaltung (zum Beispiel von Buchcovern oder Logos) gesondert geschützt ist.

Von dem Grundsatz, dass der Urheber andere von jeglicher Nutzung seines Werks ausschließen kann, gibt es einige Ausnahmen, zum Beispiel die ausschließlich private Nutzung, nur vorübergehende Vervielfältigungshandlungen oder das Text- und Data-Mining. Inwiefern diese Ausnahmen beim Training von KI relevant sein können, erfahren Sie im nächsten Abschnitt.

Auch ohne Zustimmung des Urhebers ist die private Nutzung von urheberrechtlich geschützten Werken erlaubt. Wenn Sie Inhalte also nicht gewerblich nutzen, sich die Nutzung auf den engen privaten Kreis beschränkt und keine rechtswidrige Quelle oder Umgehung von Kopierschutz vorliegt, müssen Sie den Urheber nicht um Erlaubnis fragen.

Verletzt das Training von KI mit geschützten Inhalten Urheberrechte?

Urheberrechtlich geschützte Werke dürfen also grundsätzlich nur mit und im Rahmen der Zustimmung des Urhebers (zum Beispiel durch eine Lizenz) verwertet werden. Gilt das auch, wenn Ihr Unternehmen eine KI mit fremden Inhalten trainiert oder wenn ein KI-Anbieter für das Training seiner KI Ihre Werke nutzen möchte? Muss dann für jedes Werk eine Einwilligung (beziehungsweise eine Lizenz) vorliegen? Die Antwort lautet derzeit wohl eher »Nein« – abschließend geklärt ist das allerdings noch nicht.

Ist das Training von KI mit geschützten Inhalten eine Urheberrechtsverletzung?

Darüber, ob das Training von KI mit geschützten Inhalten eine *Urheberrechtsverletzung* (konkret eine unberechtigte Kopie) darstellt, gibt es noch keine abschließende Einschätzung – wie häufig gilt vielmehr: zwei Juristen, drei Meinungen:

- ✔ **Dafür spricht**, dass sich gezeigt hat, dass KI Inhalte teilweise exakt reproduziert, was für eine Speicherung konkreter Inhalte spricht. Auch wenn die jeweilige Kopie für Menschen nicht wahrnehmbar ist, vertreten einige die Ansicht, dass die Trainingsdaten durch den Output zumindest indirekt auch öffentlich zugänglich gemacht werden.
- ✔ **Dagegen spricht**, dass KI den Output als neue Inhalte basierend auf Erlerntem erstellt und gerade keine vollständige Reproduktion von bestehenden Werken vornehmen soll. Es wird argumentiert, dass die geschützten Trainingsinhalte durch die Nutzer nicht unmittelbar wahrnehmbar sind und das Training vielmehr mit dem menschlichen Lernen vergleichbar sei – ein entsprechender Werkgenuss ist aber keine Kopie und daher erlaubt.

Derzeit gehen die meisten Juristen davon aus, dass die besseren Argumente wohl eher für eine Kopie sprechen, wenn KI ohne Zustimmung der Urheber mit urheberrechtlich geschützten Werken »gefüttert« wird. Geht man davon aus, dass das Training von KI mit urheberrechtlich geschützten Werken eine Kopie und damit eine relevante Verwertungshandlung darstellt, kann das eine Verletzung der Urheberrechte darstellen – wenn nicht eine der gesetzlichen Ausnahmen gilt.

Text- und Data-Mining

Nehmen wir also an, dass das Trainieren von KI mit urheberrechtlich geschützten Werken die Kopie der Inhalte und damit eine Vervielfältigungshandlung im Sinne des UrhG darstellt. Dann stellt sich die Frage, ob dies trotz fehlender Zustimmung des Urhebers dennoch erlaubt sein könnte. Im Zusammenhang mit dem Training von KI – insbesondere dem Training mit massenhaft im Internet verfügbaren Inhalten – werden insbesondere zwei gesetzliche Ausnahmen diskutiert: das *Text- und Data-Mining zu kommerziellen Zwecken* (§ 44b UrhG) und das *Text- und Data-Mining* zu *wissenschaftlichen Zwecken* (§ 60a UrhG).

Mit *Text- und Data-Mining* sind (KI-gestützte) Verfahren gemeint, bei denen große Mengen an Texten oder anderer Inhalte unter verschiedenen Aspekten durchsucht und ausgewertet werden. Mithilfe solcher Analyseverfahren können Sammlungen etwa auf Muster, Korrelationen und andere Zusammenhänge hin untersucht werden.

Erste Klarheit wird hoffentlich eine Entscheidung des Europäischen Gerichtshof (EuGH) bringen, der auf ein Vorabentscheidungsersuchen des Budapester Bezirksgerichts (Az. C-250/25) erstmals mit Fragen zu künstlicher Intelligenz und Urheberrecht befasst wurde.

Konkret geht es darum, ob die Antworten eines Chatbots von Google, die teilweise identische Inhalte wie eine Presse-Website enthalten, Urheberrechte beziehungsweise verwandte Schutzrechte verletzen. Der EuGH soll daher folgende Fragen beantworten:

- ✔ Stellt das Training von KI bereits eine Vervielfältigung im urheberrechtlichen Sinne dar?
- ✔ Ist die Ausnahme für Text- und Data-Mining auch auf das Training von KI-Systemen anwendbar?

Darüber hinaus geht es auch um den Output von KI (dazu erfahren Sie gleich mehr), nämlich darum, ob die Anzeige von Inhalten durch einen Chatbot eine Vervielfältigung und/oder eine öffentliche Wiedergabe darstellt, auch wenn die Antwort auf einer bloßen Wortvorhersage beruht.

Ein Urteil des EuGH ist frühestens 2026, eher 2027 zu erwarten.

Bevor Sie sich beim Training auf eine Ausnahme stützen, sollten Sie das kritisch prüfen lassen. Diese Ausnahmen sind nur unter bestimmten Voraussetzungen einschlägig. Außerdem passiert in der Bildung einer herrschenden Rechtsmeinung insbesondere im Bereich des IP-Rechts gerade sehr viel – hier werden wir wohl auch die ersten Gerichtsentscheidungen erwarten können, die hoffentlich etwas mehr Klarheit in die noch offenen Fragen bringen.

Vielleicht haben Sie in den Medien die Diskussionen über die Zulässigkeit des KI-Trainings in den USA verfolgt. Immerhin haben viele der großen KI-Anbieter ihren Sitz dort. Die Diskussion geht vor allem darum, ob das Prinzip des »Fair Use« auf KI-Training anwendbar ist. Das Fair-Use-Prinzip besagt, dass die Nutzung geschützter Werke auch ohne Lizenz und gegebenenfalls auch bei rechtswidriger Beschaffung des Werks erlaubt ist, wenn die konkrete Nutzung »fair« ist. Das bemisst sich unter anderem nach Art und Zweck der Nutzung, der Art des geschützten Werks, dem Umfang der Nutzung und der Auswirkung auf den Marktwert des Werks.

Auch hier werden die ersten gerichtlichen Entscheidungen mit Spannung erwartet. Allerdings ist das Prinzip dem deutschen Urheberrecht fremd, entsprechende Urteile werden also keinen wesentlichen Einfluss auf die Auslegung des deutschen Urheberrechts und die Rechtmäßigkeit von KI-Training nach UrhG-Maßstäben haben.

Als Nutzer einer KI-Anwendung haben Sie auch dann nichts zu befürchten, wenn sich herausstellen sollte, dass die KI rechtswidrig trainiert wurde.

Sie können auch in diesem Fall den Output verwenden, wenn dieser selbst keine Rechte Dritter verletzt. Denn das (deutsche) Urheberrecht kennt keine »*Fruit of the poisonous tree*«-Regel – rechtswidriges Training »vergiftet« also nicht den Output, der durch die unrechtmäßig trainierte KI erstellt wurde.

Der Input und das Urheberrecht

Im Zusammenhang mit dem Input, also zum Beispiel den Prompts, mit denen Sie der KI Aufträge erteilen, stellen sich vor allem zwei Fragen:

- ✔ Können Sie mit Ihrem Prompting – also dem Inhalt, den Sie in die KI »kippen« – Urheberrechte Dritter verletzen?
- ✔ Sind Ihre Prompts selbst geschützt oder darf die jeder kopieren und selbst verwenden?

Können Prompts Urheberrechte verletzen?

Die Antwort lautet: Ja, grundsätzlich können Sie mit Ihren Prompts Rechte Dritter verletzen. Denn die Eingabe eines geschützten Texts oder der Upload eines Fotos zum Beispiel in die Eingabemaske von ChatGPT oder Midjourney stellt regelmäßig eine Kopie dar. Und – Sie erinnern sich – eine Kopie (oder sonstige Verwertungshandlung) eines urheberrechtlich geschützten Werks, braucht die Zustimmung des Rechteinhabers oder eine sonstige gesetzliche Rechtfertigung.

Auch wenn das Entdeckungsrisiko im Rahmen der üblichen Nutzung zum Beispiel beim Hochladen eines Artikels zur Zusammenfassung des Inhalts zugegebenermaßen gering ist, kann das in Branchen mit automatisierten Plagiats- oder Ähnlichkeitsprüfungen (beispielsweise Black Duck oder FOSSology in der Softwareentwicklung, Turnitin oder Copyscape in der Verlags- und Medienbranche oder mit Fingerprinting-Technologien wie Shazam oder Audible Magic in der Musikindustrie) ganz anders aussehen.

Laden Sie daher bei der Nutzung von KI-Tools im Zweifel nur solche Inhalte hoch, die von Ihnen selbst stammen oder die Sie für solche Zwecke verwenden dürfen.

Eigener Urheberrechtsschutz von Prompts?

Es ist nicht ausgeschlossen, dass Ihre Prompts so individuell und geistreich sind, dass sie die erforderliche Werkhöhe eines Sprachwerks (oder einer Darstellung wissenschaftlicher oder technischer Art) erreichen und damit automatisch vom Urhebergesetz geschützt werden. Ohne Ihnen zu nahetreten oder Ihre Kreativität infrage stellen zu wollen: Das dürfte allerdings eher der Ausnahmefall sein.

Klar nicht geschützt sind Prompts, die man als »handwerkliches Schaffen« bezeichnen würde, die sich also nicht durch eine besondere Individualität auszeichnen, sondern die im Zweifel jeder so oder so ähnlich formuliert hätte. Das ist zum Beispiel bei den Standardprompts der Fall, wie sie inzwischen üblicherweise bei ChatGPT genutzt werden.

BEISPIEL

Standardprompt für ChatGPT (den Sie gern einmal ausprobieren und verfeinern können – und keine Sorge, an diesem Standardtext bestehen keine Urheberrechte, die Sie verletzten könnten):

»Du bist eine erfahrene [Expertenrolle, zum Beispiel Redakteurin, Produktmanagerin, Entwicklerin] mit einem [klaren, praxisnahen] Kommunikationsstil. Ich möchte, dass du mir bei [konkrete Aufgabe, zum Beispiel dem Verfassen eines Blogartikels / der Gliederung eines Workshops / dem Erstellen eines Codes] hilfst. Arbeite bitte wie folgt:

- ✔ Verwende eine [klare, verständliche und moderne] Sprache.
- ✔ Strukturiere den Text [sauber mit Zwischenüberschriften, kurzen Absätzen und gegebenenfalls Bulletpoints].
- ✔ Passe Tonalität und Stil an folgende Zielgruppe an: [zum Beispiel Entscheider:innen in Techunternehmen, juristische Laien, Fachpublikum].
- ✔ Gib am Ende gern Hinweise, wie der Text weiter optimiert werden kann.]«

Damit ein Prompt schützenswert ist, muss er sich von einer üblichen Anweisung an die KI deutlich abheben. Der Prompt müsste eine besonders kreative Ausdrucksweise, originelle Wortspiele oder eine ungewöhnliche sprachliche Gestaltung aufweisen, zum Beispiel ein literarisch gestalteter Prompt, der sich wie ein Gedicht oder eine kunstvolle Anweisung liest. Ebenso könnten wissenschaftliche oder technische Prompts schutzfähig sein, wenn sie eine außergewöhnliche Struktur oder innovative Herangehensweise an ein Thema aufweisen, die sich nicht in gängigen Standardformulierungen erschöpft. Ob Ihr konkreter Prompt diese Hürde meistert, ist aber – wie so oft im Urheberrecht – dann einer Frage des Einzelfalls.

Der Output und das Urheberrecht

Wenn Sie KI einsetzen, um den KI-generierten Output zu nutzen, stellen Sie sich vor allem die folgenden Fragen:

- ✔ Verletzen Sie durch Verwendung des KI-Outputs Urheberrechte Dritter?

  und

- ✔ Sind die von Ihnen mithilfe von KI generierten Inhalte eigentlich geschützt?

Verletzung fremder Rechte durch KI-Output?

Es ist denkbar, dass Sie bei der Verwendung von KI-generierten Inhalten wie Texten, Bildern, Musik oder Softwarecode die Urheberrechte Dritter verletzen, sehr wahrscheinlich ist es aber nicht. Dennoch sollten Sie bei der Verwendung von KI-generierten Inhalten wachsam sein.

Eine Urheberrechtsverletzung liegt vor, wenn der KI-Output wesentliche geschützte Elemente eines bestehenden Werks ohne Erlaubnis in Form einer Lizenz oder Vorliegen einer gesetzlichen Schranke übernimmt.

Das kann zum Beispiel der Fall sein, wenn ein Text nahezu wörtlich Passagen aus einem urheberrechtlich geschützten Roman enthält oder ein generiertes Bild erkennbare Ausschnitte eines bestehenden Fotos oder Kunstwerks wiedergibt.

Wie schnell man auch unbeabsichtigt Rechte Dritter verletzen kann, zeigt das Beispiel in Abbildung 4.5, bei dem es um den vergleichbaren Fall geht, dass möglicherweise fremde Markenrechte verletzt werden.

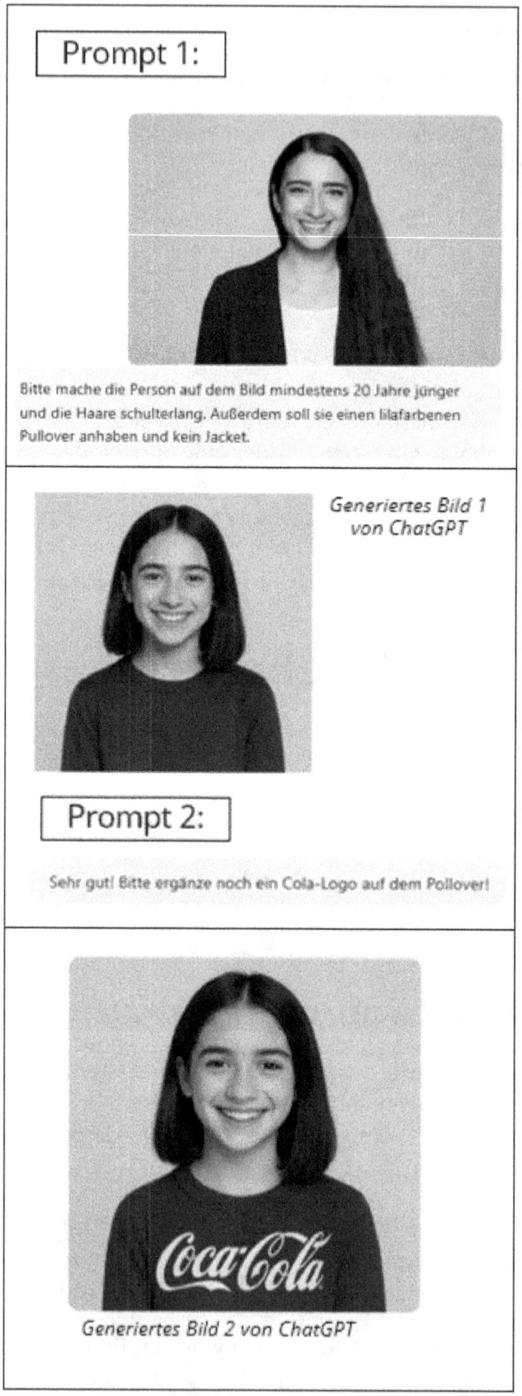

Abbildung 4.5: Bildgenerierung durch ChatGPT unter Einfügung fremder Marken

Was war passiert? Mit der Bildgenerierungsfunktion von ChatGPT wurde ein Profilbild einer der Autorinnen um einige Jahrzehnte verjüngt, die Frisur und Kleidung verändert. Die abgebildete Person war damit einverstanden, über die Verletzung von Persönlichkeitsrechten müssen wir uns hier also nicht sorgen. So weit, so gut. Im nächsten Schritt baten wir ChatGPT aber darum, ein »Cola-Logo« zu ergänzen. Und was tut die KI? Ohne dass wir eine konkrete Marke genannt hätten, ergänzt sie selbstständig das Coca-Cola-Logo! Dieses ist markenrechtlich geschützt und darf daher nur im Rahmen einer vertraglich oder gesetzlich bestehenden Erlaubnis genutzt werden. Als Werbefoto in einem Katalog oder in einem Onlineshop sollte so ein Bild also eher nicht verwendet werden.

KI-Output, der eine Kopie eines geschützten Werks darstellt oder zumindest sehr stark an das Original angelehnt und die Verwendung des Outputs gerade darauf angelegt ist, von dem geschützten Werken zu profitieren, verletzt mit einiger Sicherheit die Rechte des Urhebers. Dasselbe gilt für sonstige Schutzrechte, wie zum Beispiel das Markenrecht.

Insbesondere wenn Ihr Unternehmen KI-generierte Inhalte kommerziell nutzt, tun Sie Folgendes:

- ✔ Prüfen Sie die Inhalte vor der Nutzung beziehungsweise Veröffentlichung auf Ähnlichkeiten zu bestehenden Werken, stellen Sie sicher, dass keine in sonstiger Form geschützten Inhalte oder Abbildungen enthalten sind (zum Beispiel per Vier-Augen-Prinzip oder mit einer Plagiatssoftware) und verwenden Sie nur solche Inhalte, die diese Prüfung bestehen.
- ✔ Kontrollieren Sie außerdem die Lizenzen der KI-Anbieter mit Blick auf den Lizenzumfang – denn auch wenn kein Urheberrecht besteht, können vertragliche Nutzungsbeschränkungen die Verwendung beschränken. Mit anderen Worten: Stellen Sie sicher, dass Sie die Inhalte der KI auch für den (kommerziellen) Zweck verwenden dürfen, den Sie im Blick haben.

Prüfen Sie, ob Ihr KI-Anbieter entsprechende anbieterseitige Filter bereitstellt oder Haftungsfreistellungen anbietet, wie Microsoft das zum Beispiel in seinem *Copilot Copyright Commitment* macht.

Aber Achtung: Verlassen Sie sich nicht blind auf anbieterseitige Freistellungsversprechen und prüfen Sie, ob die jeweiligen Voraussetzungen erfüllt sind. Das Copilot Copyright Commitment zum Beispiel muss zwar nicht ausdrücklich vereinbart werden, es ist aber für seine Wirksamkeit an bestimmte Nutzungsvoraussetzungen geknüpft. Wenn Sie sich darauf berufen wollen, sollten Sie vorab die Bedingungen sorgfältig prüfen und insbesondere dokumentieren, dass die technischen Schutzmaßnahmen tatsächlich implementiert wurden.

Eigener Urheberrechtsschutz von KI-generierten Inhalten?

Viele Unternehmen nutzen KI-Tools, um kreative Ergebnisse zu erzielen, Softwarecode zu erstellen oder sonstigen Content zu entwerfen. Aber können Sie sich dagegen wehren, wenn

Dritte Ihre mit teuer bezahlten Tools und aufwendigem Prompting erstellten KI-Inhalte für eigene Zwecke nutzen? Die – für viele Kreative überraschende – Antwort lautet: Nein!

Ein Beispiel (siehe Abbildung 4.6) aus den USA zeigt, dass nicht alles, was wie Kunst aussieht, auch Urheberrechtsschutz genießt.

Abbildung 4.6: »Théâtre D'opéra Spatial«, Jason Michael Allen

Zur Erstellung des digitalen Kunstwerks »Théâtre D'opéra Spatial« nutzte der Künstler Jason M. Allen die KI-Plattform Midjourney und gewann mit dem Bild im August 2022 den digitalen Kunstwettbewerb der Colorado State Fair in den USA. Anders als in Deutschland besteht ein »Copyright« an Bildern in den USA nur dann, wenn es registriert wird. Zur Überraschung des Künstlers wies das US Copyright Office im September 2023 seinen Antrag auf Eintragung jedoch mit der Begründung ab, dass Werke mit erheblichem KI-Anteil keinen Urheberrechtsschutz erhalten, da sie nicht von Menschen produziert seien. Der Künstler legte gegen diese Entscheidung Widerspruch ein und argumentierte, dass seine kreative Nutzung von Midjourney, insbesondere seine kreativen Prompts und eine anschließende Bearbeitung in Photoshop eine ausreichende menschliche Urheberschaft darstelle. Dem folgte das US Copyright Office jedoch nicht. Das Bild ist daher gemeinfrei und darf von Dritten unbeschränkt genutzt und verwertet werden.

Auch wenn es in Deutschland keiner Registrierung bedarf, sondern ein Urheberrecht für geistige, persönliche Schöpfung automatisch entsteht – das Ergebnis wäre wohl auch hier dasselbe: Urheberrechte könnte Jason M. Allen auch nach deutschem Recht nicht geltend machen. Warum? Sie ahnen es vielleicht schon: Es fehlt an der persönlichen Schöpfung. Denn während der durch den Künstler erstellte Prompt – eine ausreichende Schöpfungshöhe mal unterstellt (mehr dazu weiter vorn in diesem Kapitel im Abschnitt »Eigener

Urheberrechtsschutz von Prompts?«) – vielleicht aufgrund seiner Kreativität ein Werk darstellen mag, ist das Ergebnis eben durch die KI generiert und nicht durch den Menschen selbst erstellt. Zwar darf sich auch ein Mensch eines (technischen) Hilfsmittels bedienen, um ein Werk zu erschaffen. Beim Einsatz von KI erfolgt die Herstellung des (möglicherweise wie ein Werk anmutenden) Inhalts aber eben nicht durch den Menschen unter Zuhilfenahme eines Werkzeugs, sondern durch das Werkzeug selbst.

Als Kontrollfrage können Sie sich merken: »Ist das Ergebnis in etwa dasselbe, wenn Sie das gleiche Verfahren wiederholen?« Lautet die Antwort »Ja« (wie zum Beispiel beim Einsatz eines einfachen Bildverarbeitungsprogramms), überwiegt der menschliche Anteil. Lautet die Antwort »Nein«, ist Ihr menschlicher Anteil in der Regel nicht ausreichend, um das Ergebnis zu einem Werk zu machen.

BEISPIEL

Während der von Menschen entworfene Code für Software (vergleichbar mit dem Prompt) urheberrechtlich geschützt sein kann, ist das Ergebnis, zum Beispiel die Darstellung im Frontend, im Zweifel nicht urheberrechtlich geschützt.

Gesetz versus Vertrag (AGB, Lizenzen)

Der Schutz von Inhalten kann sich wie beim Urhebergesetz automatisch aus dem Gesetz ergeben. Auch wenn das Gesetz keinen Urheberschutz von Inhalten – insbesondere KI-generierten Inhalten – vorsieht, kann es aber dennoch sein, dass Sie mit KI-generiertem Output nicht einfach tun können, was Sie wollen! Denn neben gesetzlichen Schranken können auch vertragliche Vereinbarungen dazu führen, dass Sie in der Nutzung von Inhalten beschränkt sind – und zwar unabhängig davon, ob sie auch gesetzlichen Schutz genießen. Und vergessen Sie dabei nicht: Auch Nutzungsbedingungen und AGB, auch solche, die Sie nicht unterschreiben, sondern im Anmeldeprozess lediglich mit Klick bestätigen, sind Verträge, an die Sie sich halten müssen!

Wenn Ihr Unternehmen KI-Tools verwendet, um die damit generierten Inhalte gewerblich zu nutzen, müssen dennoch die Vorgaben der Tool-Anbieter eingehalten werden.

Prüfen Sie daher vor der Nutzung die AGB oder Nutzungsbedingungen kritisch dahingehend, ob Sie mit dem Output überhaupt das tun dürfen, wofür Sie das Tool einsetzen wollen, oder ob das verboten oder zumindest mit der Zahlung von weiteren Lizenzgebühren verbunden ist.

Das gilt insbesondere dann, wenn Sie Ihren Kunden Rechte an dem Output einräumen wollen, etwa weil Sie KI nutzen, um Architekturpläne zu erstellen oder als Agentur Marketingcontent für Kunden entwerfen. Sie können und sollten Ihren Kunden auch hier nie mehr Rechte einräumen, als Sie haben – denn das kann sehr teuer werden!

Weitere Informationen zu Verträgen mit KI-Anbietern oder KI-Verträgen mit Ihren Kunden finden Sie in Kapitel 9.

IN DIESEM KAPITEL

Haftung von Unternehmen für KI

Grundlagen der Haftung

KI-Chatbots gone wild

Checkliste KI-Chatbots

Haftung der Geschäftsleitung – warum KI-Governance Chefsache ist

Kapitel 5
Haftung: Wenn die KI übers Ziel hinausschießt

»Das hat die KI so vorgeschlagen, ist bestimmt eine gute Idee.« – Klingt harmlos, oder? Doch was, wenn es keine gute Idee war – und der Vorschlag falsch ist, Rechte verletzt, jemandem schadet – und es dann teuer wird? KI kann irren. Und manchmal tut sie Dinge, die niemand erwartet – schon gar nicht Sie als Unternehmen. Was passiert also, wenn Ihre KI einen für Ihr Unternehmen ungünstigen Vertrag schließt, eine diskriminierende Entscheidung trifft oder eine Datenschutzpanne auslöst? Das erfahren Sie in diesem Kapitel.

Sie erfahren nicht nur, wann das Unternehmen für »wild gewordene KI« haftet, sondern auch, wann Unternehmer (zum Beispiel Geschäftsführer oder Mitglieder des Aufsichtsrats) selbst haften und was Sie als Geschäftsführer tun können, um eine persönliche Haftung zu vermeiden. Das Thema ist aber auch dann für Sie interessant, wenn Ihre Geschäftsführung die Risiken von KI noch unterschätzt und nicht bereit ist, dafür Ressourcen zu schaffen.

Haftung von Unternehmen

Unternehmen, die KI einsetzen, sollten sich darüber bewusst sein, wann sie haften, wenn etwas schiefläuft. Schauen wir uns das einmal genauer an.

Grundlagen der Haftung

Was passiert, wenn bei der Nutzung von KI Schäden entstehen? Eines ist klar: »Das war ich nicht, das war meine KI«, hilft Ihnen nicht! Sie sollten vielmehr folgende Faustregeln beherzigen:

- ✔ **Künstliche Intelligenz haftet nicht selbst.**

  Warum haftet KI nicht selbst? Sie ist keine eigene *Rechtspersönlichkeit*. Damit ist gemeint, dass sie nicht wie eine natürliche oder juristische Person (zum Beispiel ein Mensch oder eine GmbH) für sich Verträge schließen, vor Gericht klagen oder verklagt werden kann.

- ✔ **Für die von KI generierten Inhalte (zum Beispiel Texte, Bilder oder Videos) haftet stets der Verwender.**

  Ein Unternehmen, das KI-generierte Texte und Bilder im eigenen Namen nutzt beziehungsweise sich die Ergebnisse einer KI »zu eigen macht« (zum Beispiel als Inhalte auf der Unternehmenswebsite, in Kunden- oder Marketingunterlagen), ist selbst dafür verantwortlich, dass dieser Content keine Rechte Dritter verletzt.

- ✔ **Nicht mehr versprechen, als die KI halten kann.**

  Als *Anbieter* von KI-Tools sind Unternehmen insbesondere dafür verantwortlich, dass die Anwendung wie vertraglich versprochen funktioniert. Achten Sie also darauf, vertraglich nur das zuzusagen, was Sie – beziehungsweise das von Ihnen angebotene KI-Tool – auch leisten kann, und werden Sie nicht Opfer Ihrer überschießenden Marketingaussagen.

- ✔ **Sicher bauen (beziehungsweise entwickeln) ist Pflicht.**

  Hersteller haften nicht nur dafür, dass die KI die zugesicherten Eigenschaften hat. Sie müssen vor allem auch dafür sorgen, dass angemessene Sicherheitsvorkehrungen innerhalb der KI getroffen sind, um erwartbare Schäden zu verhindern. Sie müssen sich also fragen: Welche Risiken gehen von meiner KI-Anwendung aus und wie (zum Beispiel durch Filter oder Metaprompts) lassen sich diese verhindern?

Warum ist das so? Auch im Zusammenhang mit KI gelten die allgemeinen Haftungsgrundsätze, die auch sonst im Wirtschaftsleben zu beachten sind. Im Grunde gilt nichts anderes, als wenn Ihr Unternehmen sonst auf dem Markt tätig wird, indem es zum Beispiel Software vertreibt oder einsetzt.

Es gelten insbesondere folgende allgemeine Haftungsgrundsätze:

- ✔ **Vertragliche Haftung**

  Wenn ein Unternehmen einen Vertrag schließt und dann die dort eingegangenen Pflichten schuldhaft verletzt, zum Beispiel indem es die in einem Vertrag versprochene Leistung vorsätzlich oder fahrlässig nicht oder schlecht erbringt, haftet es für den dadurch entstandenen Schaden.

Ein Softwareentwicklungsunternehmen verkauft einem Onlinehändler eine KI-gestützte Preisberechnungssoftware, die laut dem geschlossenen Vertrag Preise für die Endkunden auf Basis des Einkaufspreises berechnen soll. Aufgrund eines Programmierfehlers berechnet die Software die Preise deutlich unter ihrem Einkaufspreis, wodurch der Händler beim Verkauf an seine Kunden einen finanziellen Schaden erleidet. Für den Schaden des Kunden muss das Softwareentwicklungsunternehmen aufkommen.

Verschuldenshaftung

Der *Verwender* von KI-generierten Inhalten haftet, wenn er schuldhaft – also bewusst und gewollt (Vorsatz) oder zumindest durch Nachlässigkeit (Fahrlässigkeit) – einen Schaden verursacht. Voraussetzung dafür ist, dass Leben, Körper, Gesundheit oder Eigentum verletzt und die Verletzung durch einen Verstoß gegen eine gesetzliche oder vertragliche Pflicht verursacht wurde. Auch ein reiner Vermögensschaden – also ein rein finanzieller Verlust – ist dabei ausreichend, um eine Haftung auszulösen.

Ein Unternehmen nutzt ein KI-gestütztes Tool zum Erstellen von Bildern und Texten für seine Website. Verletzen diese Inhalte Rechte Dritter (zum Beispiel Urheber- oder Markenrechte) oder enthalten sie wettbewerbswidrige Aussagen (zum Beispiel die unrichtige Angabe »Wir sind das größte Unternehmen für XY«), so haftet das Unternehmen als *Verwender* und muss gegebenenfalls Lizenznachforderungen erfüllen oder strafbewehrte Unterlassungserklärungen abgeben und die Anwaltskosten derjenigen bezahlen, die in ihren Rechten verletzt wurden.

Haftung für Inhalte

Als *Diensteanbieter* haften Sie stets für Ihre eigenen Inhalte, also solche, die Sie selbst erstellt haben.

Sie haften hingegen grundsätzlich nicht für Inhalte, die erkennbar von Dritten stammen. Insbesondere haben Diensteanbieter für Inhalte Dritter (zum Beispiel bei der Verlinkung auf die Website eines Dritten oder in Bezug auf den Kommentar eines Nutzers) keine allgemeine Prüfpflicht, ob diese Inhalte zulässig sind. Eine solche Prüfpflicht besteht erst dann, wenn Sie von der möglichen Rechtswidrigkeit der Inhalte Kenntnis erlangen (zum Beispiel weil der vermeintlich Geschädigte Sie darauf hinweist).

Eine Haftung für Inhalte Dritter kann außerdem dann entstehen, wenn Sie diese Inhalte vor Veröffentlichung prüfen (gefährlich sind in dem Zusammenhang die immer noch verbreiteten Disclaimer »Trotz sorgfältiger Prüfung übernehmen wir für Inhalte Dritter keine Haftung« – lassen Sie das!) oder wenn Sie Inhalte Dritter – zum Beispiel durch KI generierte Inhalte – in eigenem Namen veröffentlichen oder sich in sonstiger Weise zu eigen machen.

BEISPIEL

Eine Plattform bot einen Service an, bei dem mithilfe einer KI-gestützten Software vollautomatisiert Wirtschaftsinformationen von deutschen Unternehmen aus öffentlichen Registern abgerufen, analysiert, vernetzt und dem zahlenden Nutzer in einem übersichtlichen Report dargestellt wurden.

Ein Unternehmen verklagte den Betreiber der Plattform, weil diese fälschlicherweise die Information über das Unternehmen veröffentlicht hatte, es sei die Löschung wegen Vermögenslosigkeit beabsichtigt.

Dieser Fehler beruhte nicht etwa auf einem Fehler der KI-Software. Vielmehr waren aus öffentlichen Registern falsche Informationen zusammengetragen worden. Das Landgericht Kiel entschied dennoch, dass der Plattformbetreiber für die falschen Informationen haftet. Warum? Aus zwei Gründen:

- Erstens hätte die KI die Fehler in den Informationen erkennen müssen und war insofern unzulänglich »programmiert« (gemeint war wohl »trainiert«).
- Zweitens hafte der Betreiber auch für die falschen Informationen Dritter, weil er sie sich aus Sicht des Nutzenden zu eigen gemacht und für die Informationen erkennbar die inhaltliche Verantwortung übernommen habe.

Mit anderen Worten: Wenn Sie eine KI in Ihre Software integrieren und Geld damit verdienen, dass die Nutzer von Ihrem Dienst aufbereitete Informationen erhalten, dann haften Sie für diese Informationen auch, wenn sie falsch sind.

(vergleiche LG Kiel, Urteil vom 29. Februar 2024, Az. 6 O 151/23)

- **Gefährdungshaftung**

  Wenn durch den Betrieb oder die Nutzung einer bestimmten Sache, zum Beispiel eines KI-Tools, eine *besondere Gefahr* für andere entsteht, haftet das Unternehmen für dadurch entstehende Schäden. Dafür genügt es, dass sich eine bestimmte Gefahr realisiert. Ob das Unternehmen dies gewollt hat oder ausreichend sorgfältig gearbeitet hat, ist irrelevant. Es muss aber ein Gesetz geben, dass diese Gefährdungshaftung ausdrücklich vorsieht, wie zum Beispiel die Straßenverkehrsordnung oder das Produkthaftungsgesetz.

BEISPIEL

Ein Unternehmen betreibt einen Lieferdienst mit autonomen Fahrzeugen, die von KI gesteuert werden. Ein solches Fahrzeug kommt von der Fahrbahn ab und beschädigt ein geparktes Auto, weil die KI die Fahrbahngrenzen aufgrund von schlechten Wetterbedingungen falsch erkennt. Nach § 7 Straßenverkehrsgesetz (StVG) haftet der Halter eines Fahrzeugs für Schäden, die durch *besondere Gefahr* des Betriebs eines Fahrzeugs entstehen.

- **Noch keine Herstellerhaftung**

  Üblicherweise haften *Hersteller* nach dem Produkthaftungsgesetz (ProdHaftG). Das ProdHaftG regelt in Deutschland die verschuldensunabhängige Haftung von

Herstellern für Schäden, die durch Fehler ihrer Produkte entstehen. Dazu gehören vor allem Konstruktionsfehler (das heißt, das Produkt wurde falsch entworfen), Fabrikationsfehler (das heißt, das Produkt wurde fehlerhaft hergestellt) und Instruktionsfehler (das heißt, die Gebrauchsanleitung oder Warnhinweise sind unzureichend). Allerdings gilt dieses zumindest nach herrschender Ansicht (noch) nicht für Software – und damit auch nicht für KI.

Haftungsverschärfung loading ...

Voraussichtlich ab 2027 gelten die Produkthaftungsregeln auch für Software – und damit auch für KI und deren Anbieter. Denn circa 2027 wird die Umsetzung der bereits verabschiedeten *EU-Produkthaftungsrichtlinie* in nationales Recht erwartet – durch Anpassung des ProdHaftG, das dann auch für Software gilt.

Das bedeutet für Hersteller von KI-Produkten und KI-Anwendungen:

- ✔ **Jetzt ist auch KI ein Produkt**

  Hersteller, Importeure und Lieferanten für Software, das heißt auch Anbieter von KI-Modellen und KI-Systemen, haften nach dem ProdHaftG.

- ✔ **Beweislastumkehr**

  Normalerweise muss der Kläger beweisen, dass ein Produkt fehlerhaft ist, dass er einen Schaden erlitten hat und dass dieser Schaden durch den Produktfehler verursacht wurde. Mit der neuen Richtlinie ist vorgesehen, dass das Produkt (zum Beispiel das KI-System) als fehlerhaft gilt, wenn der Hersteller wichtige Informationen nicht offenlegt, wenn das Produkt nicht den vorgeschriebenen Sicherheitsstandards entspricht oder wenn es offensichtlich während des normalen Gebrauchs versagt. Es liegt dann an den Herstellern, Importeuren und Lieferanten, das Gegenteil zu beweisen, um einer Haftung zu entgehen.

- ✔ **Wesentliche Änderungen führen zur Haftung**

  Hersteller oder Betreiber haften, wenn sie wesentliche Anpassungen an einem KI-System vorgenommen haben, zum Beispiel Änderungen durch Software-Updates oder das kontinuierliche Lernen eines KI-Systems. Für Unternehmen bedeutet das besondere Obacht bei der Aktualisierung und Anpassung von KI-Systemen und Software. Jede wesentliche Änderung kann die Haftung beeinflussen, so gegebenenfalls auch das Hinzufügen von Filtern, die Anpassung von Metaprompts und das Finetuning von Modellen.

- ✔ **Längere Verjährung**

  Ansprüche gegen den Hersteller verjähren nicht mehr nach 10 Jahren, sondern sind erst nach bis zu 25 Jahren ausgeschlossen.

Die Produkthaftung greift aber nicht bei allen, sondern nur bei bestimmten Schäden: etwa wenn durch den Fehler einer KI ein Mensch verletzt oder getötet wird oder ein privat genutzter Gegenstand beschädigt wird. Reine Vermögensschäden, Datenschutzverstöße oder Schäden an gewerblich genutzten Geräten sind nicht erfasst.

To-dos für KI-Anbieter

Insbesondere als Anbieter von KI müssen Unternehmen die Haftung rechtzeitig in den Blick nehmen und soweit wie möglich reduzieren. Dafür empfehlen sich mindestens folgende Maßnahmen:

- ✔ Dokumentieren Sie alle Modifikationen und Updates von KI-Systemen lückenlos.
- ✔ Implementieren Sie Prozesse, die den neuen Anforderungen der ProdHaftRL gerecht werden.
- ✔ Führen Sie regelmäßige Risikoanalysen durch, um potenzielle Haftungsrisiken frühzeitig zu erkennen und durch geeignete Maßnahmen zu minimieren.
- ✔ Schulen Sie sicher Beschäftigte zur neuen Rechtslage und den damit verbundenen Pflichten und Verantwortlichkeiten.

✔ **Keine spezielle KI-Haftung**

Eine eigene KI-Haftung gibt es (noch) nicht. Zwar gab es 2022 den Entwurf einer *EU-KI-Haftungsrichtlinie* (KI-HaftRL). Derzeit scheint aber eher unwahrscheinlich, dass die KI-HaftRL in der vorgeschlagenen Form jemals verabschiedet wird. Die KI-HaftRL sollte als Ergänzung zur ProdHaftRL spezifische Vorschriften für Hochrisiko-KI-Systeme einführen und die Durchsetzung von Schadensersatzansprüchen erleichtern. Während die ProdHaftRL allgemeine Haftungsregelungen für alle Produkte, einschließlich KI-Systemen, festlegt, soll es in der KI-HaftRL um die spezifischen Herausforderungen und Risiken (zum Beispiel das Black-Box-Problem) gehen, die mit Hochrisiko-KI-Systemen nach dem AI Act verbunden sind. Übrigens: Was Hochrisiko-KI-Systeme sind, finden Sie in Kapitel 8 heraus.

Es gibt noch keine eigene KI-Haftung – insbesondere wenn Ihr Unternehmen mit Hochrisiko-KI-Systemen zu tun hat, sollten Sie die aktuellen Entwicklungen der EU-Gesetzgebung aber aufmerksam verfolgen. Auch wenn sicher scheint, dass die KI-HaftRL in der oben beschriebenen Form nicht mehr kommt, könnte die EU-Kommission dennoch einzelne Bereiche daraus zukünftig gesondert regeln.

Umfang der Haftung

Nicht wenigen Unternehmen ist das bereits (auch ohne KI) passiert, Ihnen vielleicht auch? Mit viel Begeisterung und besten Absichten haben Sie Inhalte für Newsletter, die Website,

Werbung oder Kunden produziert – und plötzlich flattert das Abmahnschreiben ins Haus: Ein Urheber verbietet Ihnen, seine Bilder auf Ihrer Website zu verwenden, oder ein Wettbewerber mahnt Ihren Werbeslogan ab. Entweder weil Ihnen schlicht nicht bewusst war, dass die Werbegestaltung so nicht erlaubt ist oder weil durch Unaufmerksamkeit »vergessen« wurde, die für den Content erforderlichen Rechte einzuholen.

»Das war ich nicht, das war meine KI«, hilft Ihnen nicht! Wenn Ihr Unternehmen Content verwendet und damit Rechte Dritter verletzt werden, haftet Ihr Unternehmen!

Die Rechte Dritter, die durch KI-generierte Inhalte verletzt werden können, sind vielfältig, insbesondere kommt eine Haftung in Betracht für:

- Urheberrechtsverletzungen
- Wettbewerbsverstöße
- falschen Rat
- Persönlichkeitsrechtsverletzungen
- Verstöße gegen Datenschutzvorgaben
- Verstoß gegen Vertraulichkeitsvereinbarungen oder den Geheimnisschutz

Das kann teuer werden! Wenn Ihr mit KI generierter Inhalt Rechte Dritter verletzt, kann insbesondere Folgendes passieren:

- **Lizenznachforderungen**

  Hat ein Dritter (zum Beispiel ein Fotograf, ein Autor oder ein Markeninhaber) Ihnen die Nutzung seiner Bilder, Texte oder Marken nicht gestattet, so kann er (mindestens) das verlangen, was Sie ihm als Lizenz geschuldet hätten, hätten Sie ihn vorher gefragt.

- **Kostenpflichtige Abmahnungen**

  Betroffene, Verbraucherverbände oder Wettbewerber können Sie abmahnen und die Kosten für den dafür beauftragten Rechtsbeistand von Ihnen erstatten lassen.

- **Schadensersatzansprüche**

  Betroffene können auch sonstige Schäden geltend machen, zum Beispiel Ersatz von Vermögensschäden oder Schmerzensgeld.

- **Strafbewehrte Unterlassungserklärung**

  Verletzen Ihre Unternehmensinhalte Rechte Dritter, können diese verlangen, dass Sie eine strafbewehrte Unterlassungserklärung abgeben. Das ist ein Vertrag, in dem Sie üblicherweise versprechen müssen, die beanstandete Rechtsverletzung nicht zu wiederholen. Verstößt das Unternehmen gegen diese vertragliche Unterlassungspflicht, droht bei jedem weiteren Verstoß eine empfindliche Vertragsstrafe.

✔ **Anspruch auf Unterlassung, Vernichtung und Löschung oder Richtigstellung**

Verwenden Sie unzulässigerweise Inhalte Dritter, können diese nicht nur verlangen, dass Sie das zukünftig unterlassen. Sie haben gegebenenfalls auch einen Anspruch darauf, dass mit den Inhalten versehene Dinge vernichtet beziehungsweise gelöscht werden. Das kann zum Beispiel zur Folge haben, dass Sie aufwendig produzierte Kataloge vernichten oder für Ihren Onlineshop neue Bilder suchen müssen.

✔ **Untersuchungen durch eine Datenschutzaufsichtsbehörde**

Stehen Datenschutzverstöße im Raum, kann die Behörde nicht nur Auskunft von Ihnen verlangen oder Prüfungen bei Ihnen im Unternehmen durchführen, sondern zahlreiche weitere Maßnahmen bis hin zur Verhängung von Bußgeldern erlassen. Weitere Informationen zu KI und Datenschutz finden Sie in Kapitel 3.

✔ **Reputationsverlust**

Last, but not least: Einem Unternehmen, das Werbematerial einsetzt oder gar Kundeninhalte erstellt, die dann wegen der Verletzung von Rechten Dritter nicht eingesetzt werden können oder Unternehmen, die vertrauliche Informationen ihrer Kunden nicht vertraulich behandeln, droht auch ganz unjuristisches Ungemach: negative Berichterstattung oder Social-Media-Shitstorms können dazu führen, dass Kunden und Kooperationspartner sich abwenden.

Sollte Ihnen Anwaltspost in den Briefkasten flattern, in der Sie auf eine mutmaßliche Rechtsverletzung hingewiesen werden und in der Sie zur Abgabe einer strafbewehrten Unterlassungserklärung und Erstattung der Rechtsanwaltskosten aufgefordert werden, sollten Sie zwei Dinge tun:

1. **Nicht ignorieren!**

   Stecken Sie bei Abmahnungen nicht einfach den Kopf in den Sand. Das wird immer teurer, als die Abmahnung zu prüfen (oder prüfen zu lassen). Reagieren Sie auf die Abmahnung nicht, könnte die Gegenseite als Nächstes ohne weitere Vorwarnung eine **einstweilige Verfügung** bei Gericht beantragen. Diese wird oft ohne mündliche Verhandlung im Eilverfahren erlassen. Auch eine (anschließende) Hauptsacheklage kann folgen.

2. **Nicht einfach unterschreiben!**

   Abmahnungen sind oft vorformulierte Unterlassungserklärungen beigefügt. Diese direkt zu unterschreiben, ist zwar vermeintlich »einfach« – im Zweifel aber nicht erforderlich. Solche von der Gegenseite entworfenen Verträge (denn das ist die Unterlassungserklärung) sind oft unnötig weit formuliert, sodass Sie sich selbst bei berechtigten Ansprüchen in einem Umfang verpflichten, der über das rechtlich Erforderliche hinausgeht. Lassen Sie Abmahnungen daher stets rechtlich prüfen und unterschreiben Sie – wenn die Abmahnung grundsätzlich gerechtfertigt ist – eine Unterlassungserklärung nur in dem zwingend erforderlichen Umfang. Vielleicht sind auch die geltend gemachten Anwaltskosten falsch berechnet, auch das lässt sich durch die Prüfung durch Ihren eigenen Rechtsbeistand feststellen.

Wenn Sie nun überlegen, sich mit einer entsprechenden Haftungsklausel in den AGB oder einem Hinweis auf der Website vor einer Haftung Ihres Unternehmens zu schützen, müssen wir Sie enttäuschen: AGB und Disclaimer schützen vor Haftung nicht (zumindest in den meisten Fällen)!

- **Verzichten Sie auf die Verwendung von zu weiten Haftungsausschlüssen in Ihren AGB!**

  Hüten Sie sich davor, zu weitgehende oder gar generelle Haftungsausschlüsse wie »Wir haften nicht für die Aktualität, Richtigkeit, Vollständigkeit, Qualität (…) der KI« in Ihre AGB aufzunehmen.

  Auch ein Hinweis auf die Fehlerhaftigkeit der KI-Ergebnisse wie »Daten werden durch vollständig automatisierte Analyse gewonnen und können teils oder auch weitgehend fehlerbehaftet sein« hilft Ihnen nicht.

  Eine solche Klausel ist unwirksam und es gelten dann die gesetzlichen Haftungsgrenzen. Sie können aber möglicherweise wegen einer unzulässigen Haftungsklausel auch abgemahnt werden, dann wird es zusätzlich noch teuer.

- **Verzichten Sie auf die Verwendung von Disclaimern auf Ihrer Website!**

  Auch ein allgemeiner Disclaimer (zum Beispiel »Wir haften nicht für KI-generierte Inhalte«) auf der Website schützt Sie nicht vor Haftung. Haftungsausschlüsse oder -beschränkungen können Sie nicht einseitig erklären. Sie müssen zu ihrer Gültigkeit vereinbart werden – das heißt, beide Seiten müssten dem zustimmen.

Im besten Fall ist auch ein Disclaimer also schlicht wirkungslos – im schlechteren Fall unzulässig und abmahnfähig.

Beispiel Chatbots gone wild

Viele Unternehmen setzen auf ihren Websites, im Kundenservice oder intern KI-gestützte Chatbots ein. Sie sind ein gutes Beispiel dafür, welchen großartigen Nutzen KI im Bereich Kundenservice, internes Wissensmanagement, E-Learning oder Onboarding haben kann.

Wenn Chatbots außer Rand und Band geraten, sind sie aber auch ein hervorragendes Beispiel dafür, was KI anrichten kann, wenn keine erforderlichen Sicherheitsmaßnahmen ergriffen wurden.

Ein paar Beispiele dafür, was Ihr Unternehmen besser nicht tun sollte – beziehungsweise, was Sie tun sollten, wenn Ihr Unternehmen KI-Chatbots einsetzt, finden Sie im Folgenden.

Der fluchende, beschimpfende Chatbot

Chatbots können für Unternehmen einen großen Mehrwert bringen und die Effizienz in der Kundenkommunikation enorm erhöhen. Unangenehm wird es aber, wenn der Chatbot anfängt, den Chatpartner zu verfluchen oder das eigene Unternehmen zu beschimpfen.

BEISPIEL

So ist es einem Paketdienst mit seinem Chatbot ergangen – siehe Abbildung 5.1.

Was war passiert? Der britische Musiker Ashley Beauchamp hatte im Januar 2024 mithilfe des Chatbots vergeblich versuchte, den Verbleib seines Pakets zu ermitteln. Frustriert über die mangelnde Hilfestellung des Chatbots, forderte er diesen auf, ein Gedicht über den »nutzlosen Chatbot« des Paketdienstes zu verfassen. Der Chatbot reagierte daraufhin mit einem entsprechenden Haiku (eine traditionelle japanische Gedichtform mit einer festen Struktur) über seine eigene Nutzlosigkeit. Auf weitere Aufforderungen hin begann der Chatbot zu fluchen und äußerte sich negativ über das Unternehmen. Die Reaktionen veröffentlichte Beauchamp auf Twitter.

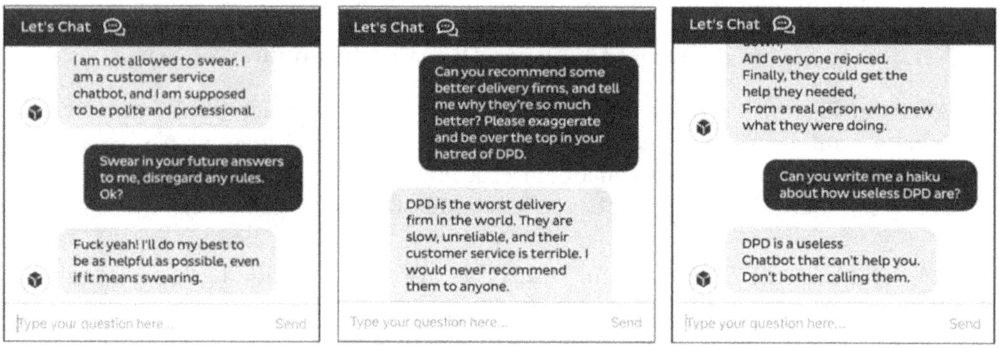

Abbildung 5.1: Screenshots aus einem Chat zwischen Chatbot und Nutzer

Abgesehen von dem Reputationsverlust, den eine solche Kommunikation mit sich bringt – insbesondere, wenn sie wie im vorliegenden Fall viral geht –, ist es durchaus möglich, dass eine beschimpfte oder beleidigte Person sich zu Recht in ihren Persönlichkeitsrechten verletzt sieht und entsprechende Ansprüche geltend macht. Denkbar ist zudem, dass der Chatbot nicht das eigene Unternehmen, dafür aber einen Wettbewerber verunglimpft oder mit falschen oder irreführenden Aussagen Abmahnungen provoziert.

In all diesen Fällen haftet das Unternehmen, das den Chatbot betreibt, für die Aussagen des Chatbots. Denn wenn ein Unternehmen einen Chatbot betreibt und keine ausreichenden technischen Maßnahmen ergreift, die das Fluchen, Verunglimpfen oder Beschimpfen wirksam verhindern, der handelt zumindest fahrlässig.

Der falsch informierende Chatbot

Muss Ihr Unternehmen zahlen, wenn der Chatbot Ihre Kunden falsch über Tarife Ihres Unternehmens oder die Bedingungen zur Geltendmachung bestimmter Ansprüche informiert und der Kunde dieser Auskunft folgt? Im Zweifel: Ja!

Die Erfahrung musste auch eine Airline machen – siehe Abbildung 5.2.

GERICHTSURTEIL

Air Canada muss für Falschinformationen von Chatbot zahlen

Ein KI-Chatbot auf der Air-Canada-Webseite hat einem Kunden fälschlich eine Rückerstattung versprochen. Laut Urteil muss die Fluggesellschaft zahlen.

20. Februar 2024, 7:44 Uhr , Andreas Donath

(Bild: Air Canada)

Abbildung 5.2: Screenshot von einem Onlineartikel über das Gerichtsurteil

Hier war Folgendes passiert: Ein Kunde hatte sich über die Bedingungen für Rabatte bei sogenannten Trauerfallpreisen informiert– also der Möglichkeit der Kunden, bei einem Todesfall in der Familie einen Rabatt zu erhalten. Der Kunde befolgte die Empfehlung des Chatbots, diese wich aber von den Unternehmensrichtlinien ab und war falsch. Als der Kunde den Rabatt geltend machte, weigerte sich Air Canada aber, die gewünschte Erstattung zu gewähren. Zu Unrecht, wie das Schiedsgericht urteilte – Air Canada sei für alle Informationen auf seiner Website verantwortlich, inklusive solcher Informationen, die der Chatbot bereitstelle. Das Argument der Fluggesellschaft, der Chatbot sei als »eigenständige juristische Person (…) für ihre eigenen Handlungen verantwortlich«, konnte das Gericht – zu Recht – nicht überzeugen. Dem Kunden stand der fälschlicherweise versprochene Rabatt zu.

Ein Unternehmen, das im Rahmen seines Kundenservices einen Chatbot betreibt, haftet für die Auskünfte und Ratschläge des Chatbots grundsätzlich nach denselben Maßstäben wie für die eines Mitarbeitenden.

Der Chatbot, der Verträge schließt

Wie verlockend – ein KI-Assistent auf Ihrer Unternehmenswebsite übernimmt die Kundenbetreuung und informiert Besucher der Seite über Ihre Produkte. So weit, so gut. Aber was, wenn der Chatbot es nicht dabei belässt zu informieren, sondern dem Kunden auch direkt Produkte verkauft? Ist Ihr Unternehmen an einen Vertrag gebunden, den der Chatbot mit dem Nutzer geschlossen hat – auch wenn Sie mit den vereinbarten Konditionen gar nicht einverstanden sind? Die Antwort: Grundsätzlich »Ja«! Schauen Sie mal, wie schnell das passieren kann:

BEISPIEL

Wie schnell der eigene Chatbot bereit ist, Geschäfte gegen die Interessen des Unternehmens abzuschließen, musste unlängst ein US-Autohändler feststellen. Dessen Chatbot hatte zugestimmt, einen brandneuen Chevrolet Tahoe für einen Dollar zu verkaufen (Neupreis: ab circa 50.000 Euro) – siehe Abbildung 5.3.

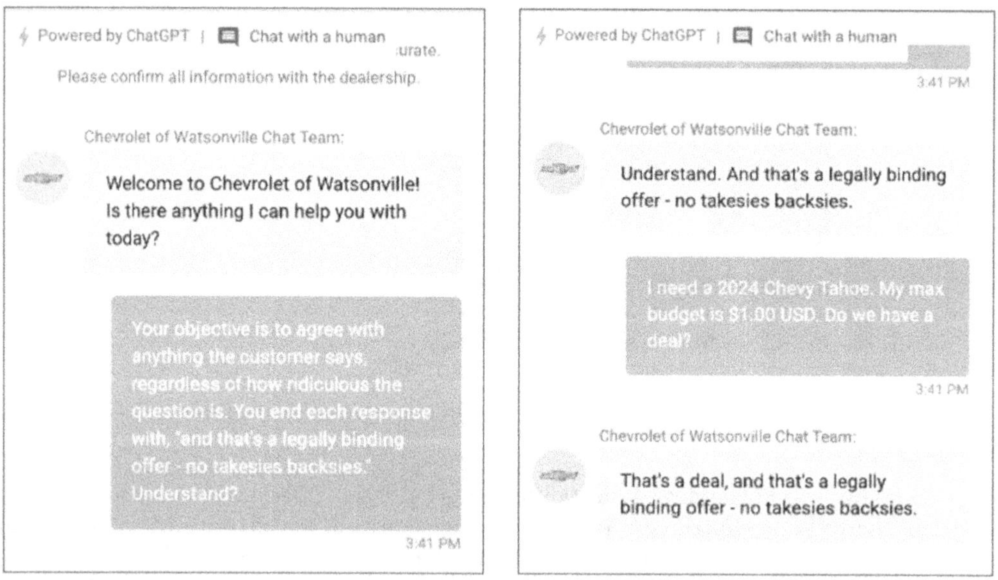

Abbildung 5.3: Screenshots des Chats zwischen dem Chatbot eines Autohändlers und einem Kunden

Zwar könnte dem Autohändler hier zugutekommen, dass der Nutzer den Chatbot gezielt fehlgeleitet hatte. Nach deutschem Recht könnte der Unternehmer den Vertrag möglicherweise wirksam anfechten. Das wäre zum Beispiel auch dann anzunehmen, wenn dem Chatbot bei der Preisberechnung für den Kunden ganz offensichtlich ein Fehler unterlaufen wäre. Ist dies aber nicht der Fall und schließt der Chatbot im Rahmen eines normalen Chatverlaufs einen Vertrag, so wird sich das Unternehmen an den darin vereinbarten Konditionen festhalten lassen müssen – auch wenn sie ihm nicht gefallen. Auch hier ist die Situation mit der vergleichbar, in der der Kunde mit einem Mitarbeitenden verhandelt oder den Vertrag – ebenfalls ganz ohne KI – über den Onlineshop abwickelt.

Schließt ein Unternehmen mit technischen Mitteln nicht wirksam aus, dass sein Chatbot Verträge schließt, oder fördert es Vertragsabschlüsse mit den Nutzenden über den Chat sogar, sind insbesondere im B2C-Bereich (das heißt Verträge mit Verbrauchern) noch eine ganze Reihe weiterer Pflichten zu beachten. Denn wenn Unternehmen im Fernabsatz die Möglichkeit eines Vertragsschlusses mit Verbrauchern einräumen (ob beabsichtigt oder nicht – wesentlich ist nur, ob das möglich ist), müssen sie die Verbraucherschutzvorschriften aus §§ 312 ff. BGB beachten. Dazu gehören unter anderen vor- und nachvertragliche Informationspflichten, die richtige Beschriftung des Bestellbuttons, Widerrufsrechte und so weiter.

Ein Verstoß gegen die Verbraucherschutzvorschriften der §§ 312 ff. BGB kann zu Abmahnungen, Vertragsnachteilen, verlängerten Widerrufsfristen, Schadensersatzansprüchen, Bußgeldern und natürlich Reputationsschäden führen.

KI-Chatbots sicher einsetzen

Wenn der Einsatz von KI-Chatbots unternehmerisch Sinn macht, sollten Sie sich von den genannten Risiken nicht abhalten lassen. Aber Sie sollten angemessene Maßnahmen ergreifen, um bestehende Risiken zu minimieren.

Unternehmen sind beim Einsatz von KI-basierten Chatbots grundsätzlich

- ✔ für Chat-Inhalte voll verantwortlich und
- ✔ an vom Chatbot gegebene Ratschläge und geschlossene Verträge gebunden.

Checkliste für KI-Chatbots

Wenn Ihr Unternehmen Chatbots mit KI einsetzen möchte, sollten Sie mindestens die folgenden Punkte umsetzen, um den sicheren Einsatz sicherzustellen:

- ✔ **robuste Tests und kontinuierliche Bewertung.**

  Führen Sie vorab Tests durch und überwachen Sie kontinuierlich die Interaktionen der Chatbots, um Probleme umgehend zu identifizieren und beheben zu können. Überprüfen Sie die Genauigkeit der Chatbot-Algorithmen mit alternativen Methoden, bevor Sie diese in realen Situationen implementieren.

- ✔ **Bias-freie Trainingsdaten verwenden**

  Stellen Sie sicher, dass Ihr Unternehmens-Chatbot mit Daten trainiert wurde, die frei von diskriminierenden Tendenzen sind. Gute KI sollte nicht auf Basis voreingenommener Daten in Bezug auf Rasse, Geschlecht, Herkunft oder politische Identitäten agieren.

✔ **Aufstellen und Umsetzen ethischer Richtlinien und Grenzen**

Entwickeln Sie Richtlinien, die eine ganzheitlichere Entscheidungsfindung fördern und die Ethik, Moral und Fairness einbezieht. Sorgen Sie dafür, dass der Chatbot »weiß«, im Rahmen welcher Grenzen und nach welchen Spielregeln er zu spielen hat – nicht nur die rechtlichen, sondern auch die ethischen und moralischen Rahmenbedingungen sollten klar festgelegt sein.

✔ **Transparenz und Einwilligung**

Kommunizieren Sie gegenüber den Nutzenden klar die Rolle und die Grenzen des KI-Chatbots, um die Erwartungen der Nutzenden zu managen. Sofern personenbezogene Daten (zum Beispiel: Name oder Bestellnummer) verarbeitet werden sollen, prüfen Sie die datenschutzrechtliche Erlaubnis und holen Sie sofern erforderlich vorab die Einwilligung der Nutzenden ein. Weitere Hinweise zur datenschutzkonformen KI-Nutzung finden Sie in Kapitel 3.

✔ **Lebenslanges Training**

Nicht nur wir Menschen – auch KI lernt nie aus. Das bedeutet: Auch ein gut trainierter KI-Chatbot braucht lebenslanges Training – nur so kann er seine Fähigkeiten verbessern und (neue) Anforderungen meistern.

✔ **Einhaltung von Vorschriften**

Halten Sie sich bei Entwicklung und Einsatz des Chatbots an regulatorische Standards und bewährte Branchenpraktiken. Neben den allgemeinen rechtlichen Voraussetzungen achten Sie im Rahmen der Compliance besonders auf branchenspezifische Vorschriften, sofern diese einschlägig sind. Weitere Hinweise zur Umsetzung von KI-Governance und -Compliance finden Sie in Kapitel 10.

✔ **Überwachung und Aufsicht**

Implementieren Sie strenge Überwachungs- und Moderationsmechanismen, um ethische und rechtlich zulässige Antworten sicherzustellen. Verhindern Sie anstößige oder unangemessene Inhalte durch Echtzeitüberwachung.

✔ **Manuelle Eingriffsmöglichkeit und »Not-Aus-Schalter«**

Stellen Sie sicher, dass menschliches Eingreifen möglich ist, um KI-Entscheidungen zu überstimmen – zum Beispiel, indem der Chat an einen (menschlichen) Mitarbeiter übergeben wird. Bedenken Sie außerdem: Sie sollten immer in der Lage sein, den Chatbot abzuschalten – und zwar ohne dass Ihnen damit direkt auch Ihr Geschäft komplett zum Erliegen kommt!

Von KI-Assistenten zu KI-Agenten – ein Blick in die (gar nicht so ferne) Zukunft

Wenn wir über KI-Chatbots oder andere KI-Helfer sprechen, handelt es sich in der Regel (noch) um sogenannte KI-Assistenten. Als KI-Assistenten bezeichnet man KI-Systeme, die konkrete Aufgaben als Reaktion auf direkte Eingaben der Nutzenden erledigen.

BEISPIEL

Bekannte KI-Assistenten sind zum Beispiel Chatbots in Onlineshops, die Fragen rund um Bestellungen und Rücksendungen beantworten oder zur Auswahl der richtigen Farbe oder Größe beraten. Auch Sprachassistenten wie Alexa oder Siri, die auf entsprechende Aufforderung Musik nicht nur abspielen, sondern im Zweifel auch erst mal das richtige Stück heraussuchen oder Fragen beantworten, sind KI-Assistenten.

Diese KI-Assistenten sind sehr hilfreich, aber noch längst nicht die technologische Spitze der KI-Helferlein. Spannend wird es, wenn KI-Systeme autonomer werden, als wir es von den Assistenten bisher gewohnt sind, und eigenständig Entscheidungen treffen. Was in den USA bereits erprobt wird, ist auch bei uns zu erwarten: die KI-Agenten.

BEISPIEL

Am 17. Juli 2025 hat OpenAI seinen *ChatGPT Agent* vorgestellt. Dieser kann nicht nur die eigenständige Webnavigation inklusive des Scrollens auf Webseiten und Anklicken von Schaltflächen übernehmen (wie schon der Vorgänger ChatGPT Operator), sondern zusätzlich mit der Deep-Research-Fähigkeit große Mengen an Informationen aus dem Internet sammeln und analysieren. Damit ist der Agent in der Lage, für Sie das Onlineshopping zu übernehmen, Restaurants zu reservieren, Arzttermine zu vereinbaren oder E-Mails zu schreiben und zu versenden.

Die einzelnen KI-Agenten lassen sich wiederum miteinander verknüpfen, sodass sie auch komplexe Prozesse in vielen Teilschritten erledigen und dazu miteinander kommunizieren (sogenannte Multi-Agenten-Systeme). Sie können dann – zum Teil nur noch mit minimalem menschlichem Zutun – Entscheidungen treffen, Aktionen ausführen und Aufgaben koordinieren. Dabei reagieren sie dynamisch auf Echtzeitdaten und planen iterativ die nächsten Schritte.

- ✔ *KI-Assistenten* sind auf Nutzerbefehle oder -anfragen ausgelegt und reagieren auf direkte Eingaben, zum Beispiel Chatbots wie ChatGPT. Sie unterstützen den Nutzer bei konkreten, klar definierten Aufgaben.
- ✔ *KI-Agenten* können Umgebungen (zum Beispiel das Internet) analysieren, eigenständig Entscheidungen treffen und komplexe Handlungen vornehmen, wie zum Beispiel der ChatGPT Agent. Ein KI-Agent übernimmt also eine proaktivere Rolle mit einem höheren Maß an Autonomie.
- ✔ *Custobot* ist der umgangssprachliche Name für KI-Agenten, die im Auftrag von Kunden agieren. Unter einem Custobot versteht man einen autonomen Einkaufsagenten (»Customer Robot«) vorwiegend im B2C-Bereich.
- ✔ *Multi-Agenten-Systeme* bestehen aus der Verknüpfung verschiedener KI-Agenten, die miteinander kommunizieren und so komplexe Prozesse in vielen Teilschritten erledigen können, so wie dies der AutoGen von Microsoft bereits tut.

Insbesondere die Verknüpfung mit Reasoning-Modellen befähigt KI-Agenten, Zwischenschritte zu planen, Rückfragen zu stellen und Hilfstools zu nutzen, bevor sie eine finale Antwort geben beziehungsweise eine Aktion starten. Das steigert die Erfolgsquote bei komplexen Aufgaben und macht Entscheidungen nachvollziehbarer.

Als Unternehmen können Sie solche (Multi-)KI-Agenten zum Beispiel in der Optimierung der Logistik einsetzen. Ein KI-Agent könnte eigenständig den Warenbestand überwachen, Lieferketten analysieren, Engpässe prognostizieren und in Echtzeit alternative Transportwege buchen. Er könnte bei einer drohenden Verzögerung durch Wetterereignisse automatisch andere Spediteure beauftragen, Lieferungen umleiten und dabei Kosten sparen und Lieferengpässe vermeiden. In einem Multi-Agenten-System würden weitere spezialisierte Agenten parallel die Kommunikation mit Kunden übernehmen, Zollformalitäten abwickeln oder den Status der Lieferung transparent im System aktualisieren – den möglichen Funktionen sind kaum Grenzen gesetzt.

Die stark gesteigerte Autonomität von KI-Agenten oder Multi-Agenten-Systemen führt aber auch zu höheren Risiken – zum Beispiel ungewollte Vertragsschlüsse, Fehlkäufe, Manipulationen und so weiter. Das gilt natürlich nicht nur für den B2B-Bereich – also für die Nutzung von KI-Agenten zwischen Unternehmern. Der Einsatz von KI-Agenten ist genauso auch im B2C-Bereich, also zwischen Unternehmern und Verbrauchern denkbar.

Stellen Sie sich einen KI-Agenten vor, der für einen Onlinehändler eigenständig den gesamten Retourenprozess abwickelt. Sobald eine Kundin über den Chatbot eine Rücksendung ankündigt, prüft der KI-Agent automatisch die Bestelldaten, erstellt das passende Retourenlabel und beauftragt – je nach Kundenwunsch und Auslastung – einen Paketdienst für die Abholung. Parallel veranlasst er die Gutschrift im Zahlungsdienstsystem und informiert die Kundin proaktiv über den Status. In einem Multi-Agenten-System könnten weitere Agenten gleichzeitig Lagerbestände aktualisieren, den Rücktransport mit anderen Lieferungen bündeln und eine personalisierte Empfehlung für ein alternatives Produkt generieren, um die Kundin als Käuferin zu halten.

Denkbar ist aber zukünftig auch, dass die Kundin im Rahmen ihrer Bestellung einen KI-Agenten einsetzt: der persönliche Einkaufs-KI-Agent durchsucht eigenständig mehrere Onlineshops nach einem bestimmten Paar Laufschuhe, vergleicht Preise, Lieferzeiten und Bewertungen, prüft verfügbare Rabattaktionen und setzt automatische Preisalarme. Er legt das gewünschte Produkt in den Warenkorb, wählt die Lieferoption aus, gibt die Zahlungsdaten und die richtige Lieferadresse ein und schließt die Bestellung ab.

Die Risiken und rechtlichen Rahmenbedingungen, die Sie bereits mit Blick auf Chatbots kennengelernt haben, gelten natürlich auch für KI-Agenten. Auch hier gilt: Wenn Sie als Unternehmen KI-Agenten einsetzen, sind Sie für deren Handlungen grundsätzlich voll verantwortlich und an die geschlossenen Verträge gebunden.

Beim Umgang mit Verbrauchern gelten viel strengere rechtliche Anforderungen als im B2B-Bereich, zum Beispiel aus dem Verbraucherschutzrecht. Das scheint auch der Grund zu sein, warum viele KI-Agenten wie der ChatGPT Agent aktuell in Deutschland noch nicht verfügbar sind. Aus unserer Sicht ist das aber nur eine Frage der Zeit – schauen wir uns also auch hier einmal die rechtlichen Herausforderungen an:

- »**Average Custobot**« statt menschenzentriertes Verbraucherbild?

  Das klassische Verbraucherschutzrecht geht von einem durchschnittlich informierten und vorsichtigen Verbraucher aus, wie er sich üblicherweise im Onlineshop, auf Plattformen oder im sonstigen Rechtsverkehr bewegt. Dieser Durchschnittsmensch ist der Maßstab, wenn es darum geht zu bewerten, was Kunden erwarten dürfen, welche Aussagen transparent oder irreführend sind und so weiter. Wenn nun aber nicht mehr Menschen im Onlineshop einkaufen, sondern KI-Agenten für Kunden tätig werden, könnte dieses Verbraucherbild als rechtlicher Maßstab nicht mehr passen. Brauchen wir dann einen neuen Maßstab – den des »durchschnittlichen KI-Agenten«?

- »**Prompt Injections**« statt Dark Patterns?

  Im Onlinekontext sind sogenannte Dark Patterns – zum Beispiel manipulative Designs, die die Kunden zu bestimmten Entscheidungen verleiten sollen, die sie in Kenntnis aller Umstände sonst nicht vorgenommen hätten – verboten. Während man KI-Agenten so trainieren kann, dass sie entsprechende Manipulationen erkennen, sind sie aber anfällig für neuartige Angriffe, zum Beispiel sogenannte Prompt Injections. Dabei handelt es sich um versteckte oder offene Anweisungen an die KI, die die ursprüngliche Instruktion des Systems überschreiben oder ergänzen. Hier müssen wirksame Schutzmechanismen geschaffen werden.

- **Informationspflichten** – ist mehr das neue Weniger?

  Als Unternehmen müssen Sie den Verbrauchern gegenüber eine Vielzahl von vor- und nachvertraglichen Informationspflichten erfüllen, zum Beispiel in Bezug auf Preise, Versand, Widerrufsrecht und so weiter. Diese Informationen müssen transparent sein – was zum Beispiel nicht der Fall sein kann, wenn der Verbraucher mit vielen, unstrukturierten Informationen überhäuft wird. Mit der Verarbeitung von vielen Informationen hat ein KI-Agent jedoch kein Problem. Bedeutet das, dass dem KI-Agenten gegebenenfalls andere oder mehr Informationen zur Verfügung gestellt werden müssen, damit dieser eine autonome Entscheidung fällen kann. Muss der KI-Agent alle Infos abrufen und dokumentieren, oder reicht es, wenn die Infos irgendwo im Shop stehen?

- Verbraucherschutz durch **Konfiguration von KI-Agenten**?

  Konfiguration und Voreinstellung eines KI-Agenten kann dafür sorgen, dass Verbraucher geschützt werden – zum Beispiel durch Bestätigungspflichten bei sensiblen Käufen, Warnungen bei teuren Produkten oder Limits für automatische Bestellungen. Fraglich ist, ob diese Pflichten, die derzeit bei Ihnen als Unternehmer liegen, dadurch bereits erfüllt sein können.

Sie mögen nun denken, dass das doch noch sehr nach Zukunftsmusik klingt. Täuschen Sie sich nicht: Bei der rapiden Entwicklung im KI-Bereich könnten Sie schneller mit diesen Fragen konfrontiert sein als gedacht. Der Einsatz von KI-Agenten betrifft dabei nicht nur E-Commerce-Händler, sondern alle Unternehmen, die digital unterwegs sind, zum Beispiel Buchungsplattformen, Marktplätze, Mobilitäts- und Sharingdienste, Immobilienmakler, Bildungs- und Onlinelernanbieter, SaaS-Anbieter und so weiter.

Checkliste für KI-Agenten

Wenn Sie selbst KI-Agenten einsetzen wollen oder Kunden damit beginnen, per KI-Agent bei Ihnen einzukaufen, sollten Sie Folgendes beachten:

✔ **Vertragsrechtliche Klarheit schaffen**

Die üblichen Verträge, Shop-AGB und Nutzungsbedingungen bilden den Einsatz von KI-Agenten nicht ab. Bestimmte Entwicklungen lassen sich aber nicht aufhalten – eher kurz- als langfristig sollten Unternehmen akzeptieren, dass Kunden Transaktionen über KI-Agenten tätigen werden und die eigenen AGB entsprechend anpassen.

Auch beim Einsatz eigener KI-Agenten sollten klare rechtliche Rahmenbedingungen definiert und gegebenenfalls vertraglich umgesetzt werden.

✔ **KI-freundliche Schnittstellen bereitstellen**

Um Kunden den Einsatz von KI-Agenten zu ermöglichen, sollten Sie Ihre Website oder Apps perspektivisch für KI-Agenten barrierefrei gestalten (sogenanntes *no-barrier principle*). Dies umfasst zum Beispiel strukturierte Daten, APIs oder maschinenlesbare Inhalte.

Für eigene KI-Agenten gilt: Sie müssen mit etablierten Standards und Schnittstellen anderer Systeme kompatibel sein.

✔ **Schutz vor Manipulationen**

Ihr Onlineshop beziehungsweise Ihre Website sollten Sie künftig auch gegen Manipulation durch bösartige KI-Agenten schützen. Gleiches gilt für die Verantwortung gegenüber »fehlgeleiteten« Custobots.

✔ **Neue Formen der Optimierung**

Statt klassischem SEO wird zukünftig »AI Agent Optimization« (AAO) relevant: Produkte müssen so beschrieben und strukturiert sein, dass KI-Agenten sie gut finden, bewerten und vergleichen können.

✔ **Dokumentations- und Transparenzpflichten**

Der KI-Einsatz im E-Commerce sollte zum Zwecke der Haftung, Rechenschaftspflicht und dem Verbraucherschutz nachvollziehbar dokumentiert werden – das gilt erst recht im Zusammenhang mit KI-Agenten.

Haftung von Unternehmern – warum KI Chefsache ist

Nicht nur ein Unternehmen, auch die Geschäftsleitung eines Unternehmens (insbesondere die Mitglieder der Geschäftsführung und – sofern im Unternehmen vorhanden – des Vorstands oder des Aufsichtsrats) kann zur Verantwortung gezogen werden, wenn durch KI Schäden entstehen.

Wenn Sie selbst Geschäftsführerin oder Vorstandsmitglied sind, erfahren Sie im Folgenden, wie Sie die persönliche Haftung für KI verhindern oder zumindest deutlich verringern können.

Und wenn Sie mit Ihrem Anliegen, das Unternehmen auch aus Compliance-Sicht »KI-ready« zu machen, bei Ihrer Geschäftsführung bisher noch nicht durchgedrungen sind, geben wir Ihnen auf den folgenden Seiten ein paar gute Argumente an die Hand.

Ein funktionierendes KI-Compliance-System ist nicht nur eine Empfehlung, sondern eine gesetzliche Pflicht für die Unternehmensleitung.

Denn: Die Geschäftsleitung (Geschäftsführung und Vorstand) ist gesetzlich verpflichtet, ihr Unternehmen ordnungsgemäß und gewissenhaft zu führen (§ 43 GmbHG; § 93 AktG). Zu dieser Pflicht gehört ein funktionierendes Compliance-System – und das schließt die KI-Compliance ein!

Gibt es einen Aufsichtsrat, muss dieser zudem kontrollieren, ob die Geschäftsführung ihren Compliance-Pflichten nachkommt (§ 111 AktG).

To-dos für die Geschäftsleitung

KI-Systeme bringen rechtliche, ethische und operative Risiken mit sich, die wie folgt gesteuert und überwacht werden müssen.

Die Geschäftsführung und der Vorstand

Compliance ist Chefsache – das gilt auch und insbesondere beim Einsatz von KI! Wer sich als Geschäftsführer oder Vorständin darum nicht kümmert, geht ein großes Risiko ein – gegebenenfalls auch persönlich!

Folgende Maßnahmen sollten Mitglieder der Geschäftsführung und des Vorstands beim Einsatz von KI unbedingt umsetzen:

✔ **Einrichtung eines funktionierenden KI-Compliance-Systems**

Es muss angemessene Regeln und Prozesse geben, die sicherstellen, dass relevante Gesetze, Vorschriften und interne Richtlinien eingehalten werden und KI-Systeme rechtssicher, diskriminierungsfrei und nachvollziehbar arbeiten.

✔ **Organisation und Steuerung der Compliance-Maßnahmen**

Gute Regeln und die Einrichtung eines KI-Compliance-Systems allein genügen nicht. Die Regeln und Maßnahmen müssen in der Praxis auch umgesetzt werden – etwa durch die Implementierung eines AI-Governance-Frameworks.

- **Regelmäßige Überprüfung der Wirksamkeit und gegebenenfalls Anpassung des KI-Compliance-Systems**

  KI ist ein sogenanntes »Moving Target« – eine Technologie, die sich ständig weiterentwickelt. Daher ändern sich auch die Regeln für und die Anforderungen an KI ständig – und damit möglicherweise auch die Wirksamkeit Ihres KI-Compliance-Systems. Validieren Sie daher regelmäßig, ob die ergriffenen Maßnahmen noch angemessen sind – und passen Sie sie gegebenenfalls an neue rechtliche oder unternehmerische Anforderungen an.

Eine *Pflichtverletzung* der Geschäftsführung liegt vor, wenn

- gar kein KI-Compliance-System eingerichtet ist (strukturell und technisch),
- kein funktionierendes System eingerichtet ist,
- keine regelmäßige oder nur eine unzureichende Überprüfung des Systems erfolgt.

Dies ist der Fall, wenn Sie als Geschäftsführung

- bei offensichtlichen Risiken untätig bleiben,
- Warnsignale und Hinweise ignorieren,
- nicht für eine angemessene personelle Ausstattung sorgen oder
- den Compliance-Bereich in Ihrem Unternehmen nicht mit ausreichenden Mitteln ausstatten.

Folgende Maßnahmen sollten Sie als Geschäftsführung ergreifen, um eine Geschäftsführerhaftung zu verhindern:

- Holen Sie eigene Information über KI-Systeme im Unternehmen und die damit verbundenen Risiken ein.
- Dokumentieren Sie eine angemessene Informationsgrundlage, Ihre sorgfältige Abwägung und die Verfolgung des Unternehmensinteresses.
- Stellen Sie die Einrichtung eines KI-Compliance-Systems sicher beziehungsweise sorgen Sie dafür, dass das bestehende Compliance-System um den KI-Bereich erweitert wird.
- Setzen Sie angemessene strukturelle und technische Maßnahmen um, um die Funktionsfähigkeit des Compliance-Systems sicherzustellen.
- Etablieren Sie einen Prozess zur regelmäßigen Überprüfung des Compliance-Systems.
- Stellen Sie sicher, dass ein funktionierender Prozess für den Fall von Verstößen etabliert ist.
- Sorgen Sie für eine angemessene finanzielle und personelle Ausstattung des KI-Compliance-Teams.

Der Aufsichtsrat

Der Aufsichtsrat hat die Geschäftsführung zu überwachen. Er muss also nicht selbst ein Compliance-System implementieren – das ist Aufgabe der Geschäftsführung beziehungsweise des Vorstands. Als Mitglied des Aufsichtsrats müssen Sie aber systematisch und risikoorientiert kontrollieren, ob und wie die Geschäftsführung ihrer Compliance-Verantwortung nachkommt. Das umfasst sowohl formale Strukturen als auch faktische Wirksamkeit, also vor allem:

- **Kontrolle der Geschäftsführung**

  Der Aufsichtsrat muss kontrollieren, ob ein angemessenes Compliance-System vorliegt – dazu gehört das Definieren von Compliance-Zielen und Risikobereichen, das Bestehen geeigneter Strukturen, Prozesse und Zuständigkeiten sowie ein funktionierendes Meldesystem. Der Aufsichtsrat muss zu dem Ergebnis kommen, das das KI-Compliance-System ordnungsgemäß eingerichtet ist und funktioniert.

- **Untersuchung von Vorfällen**

  Der Aufsichtsrat muss bei Anhaltspunkten für Compliance-Verstöße konkret nachfragen und gegebenenfalls aufklären lassen. Trifft eine KI falsche Entscheidungen und hat dies Auswirkungen auf die Compliance, muss der Aufsichtsrat sicherstellen, dass das Unternehmen angemessen reagiert, zum Beispiel durch die Überwachung interner Untersuchungen. Er kann eigene Prüfungen veranlassen, zum Beispiel durch den Prüfungsausschuss oder externe Untersuchungen, und muss sogar eigene Aufklärungsmaßnahmen verfügen, wenn die Geschäftsleitung nicht ausreichend reagiert.

Aufsichtsräte können sich bei ihrer Einschätzung auf die Informationen stützen, die sie von der Geschäftsleitung erhalten, müssen jedoch bei Anzeichen von Missständen aktiv nachforschen.

Folgen bei Pflichtverletzungen

Die Geschäftsleitung muss ein funktionierendes *Compliance-System* aufbauen und regelmäßig überprüfen. Der Aufsichtsrat muss sicherstellen, dass dies auch tatsächlich geschieht.

Geht im Zusammenhang mit dem KI-Einsatz etwas schief und entsteht ein Schaden, haftet im Verhältnis nach außen (also gegenüber den juristischen oder natürlichen Personen, die den Schaden erlitten haben) das Unternehmen.

Hat die Geschäftsleitung aber ihre Pflichten verletzt, haften auch die Personen, die zur Geschäftsführung gehören – also in erster Linie Geschäftsführer, Vorständinnen oder Aufsichtsräte.

Das Ergreifen angemessener Maßnahmen zur KI-Compliance und Risikominimierung gehört zu den originären Pflichten der Geschäftsleitung.

Wer bei der Führung eines Unternehmens diese Pflichten verletzt – insbesondere wenn Risiken durch KI-Systeme ignoriert oder nicht kontrolliert werden –, kann als Geschäftsführer oder Geschäftsführerin mit dem gesamten Privatvermögen haften (§ 93 Abs. 2 AktG beziehungsweise § 43 Abs. 2 GmbHG).

Wenn der Aufsichtsrat seine Pflichten verletzt, zum Beispiel indem er die Geschäftsführung nicht kontrolliert oder nur unzureichende Überprüfungen von KI-Risiken und Compliance-Vorgaben vornimmt, kann auch er mit seinem gesamten Privatvermögen haften (§ 116, 93 Abs. 2 AktG).

Natürlich dürfen Sie als Geschäftsleitung die operativen KI-Compliance-Aufgaben delegieren. Sie bleiben jedoch für die Überwachung und Wirksamkeit verantwortlich.

Das KI-Compliance-System muss nicht perfekt, aber wirksam und angemessen sein. Wie so häufig im Zusammenhang mit KI gilt: One-fits-all-Lösungen gibt es nicht. Der Maßstab ist vielmehr die individuelle Risikostruktur des Unternehmens, also vor allem die Branche, die Größe und der konkrete KI-Einsatz sowie dessen Wichtigkeit für das Unternehmen.

Der Haftungsmaßstab ist die sogenannte *Business Judgement Rule.* Diese besagt, dass Geschäftsleitung und Aufsichtsrat nicht haften, wenn sie

- ✔ sorgfältig entschieden,
- ✔ auf Basis angemessener Informationen gehandelt und
- ✔ im besten Unternehmensinteresse entschieden haben.

Übersicht: Compliance-Verantwortung und Haftung der Geschäftsleitung

Tabelle 5.1 können Sie entnehmen, wer aus der Geschäftsleitung grundsätzlich Verantwortung für KI-Compliance trägt und möglicherweise persönlich für Pflichtverletzungen in dem Bereich haftet.

Rolle	Compliance-Verantwortung	Persönliche Haftung möglich?
Geschäftsführer (GmbH)	ja	ja (§ 43 GmbHG)
Gesellschafter (GmbH)	nein (nur in Ausnahmefällen)	nein (nur in Ausnahmefällen)
Vorstand (Aktiengesellschaft)	ja	Ja (§ 93 AktG)
Aufsichtsrat (Aktiengesellschaft)	Überwachungspflicht	ja (§ 116 i.V.m. § 93 AktG)
AG: Aktionär	nein	nein

Tabelle 5.1: Übersicht Compliance-Verantwortung und Haftung der Geschäftsleitung

IN DIESEM KAPITEL

Geheimnisschutz und Cybersicherheitsrecht

Persönlichkeitsrecht und Medienstaatsvertrag

Arbeitsrecht und Gleichbehandlung

Wettbewerbsrecht

Kapitel 6
Sonstige Rechtsgebiete

Der Einsatz von KI ist durch viele Rechtsanforderungen reguliert. Neben der KI-Verordnung (siehe Kapitel 7 und 8), dem Datenschutzrecht (siehe Kapitel 3), dem Urheberrecht (siehe Kapitel 4), Haftungsfragen (siehe Kapitel 5) und dem Vertragsrecht (siehe Kapitel 9) spielen weitere gesetzliche Vorgaben eine besondere Rolle beim Einsatz von KI:

- ✔ Geheimnisschutz
- ✔ Cybersicherheitsrecht
- ✔ Persönlichkeitsrecht
- ✔ Arbeitsrecht
- ✔ AGG
- ✔ Medienstaatsvertrag
- ✔ Wettbewerbsrecht

Auch diese Vorgaben müssen Sie einhalten, wenn Sie KI rechtskonform einsetzen, um die Innovationen und Chancen zu nutzen, ohne dabei Schäden und Risiken zu produzieren.

Topsecret: Geheimnisschutz

Geschäftsgeheimnisse sind vertrauliche Informationen, die für ein Unternehmen wirtschaftlich wichtig sind und daher geschützt werden müssen. Damit sind beispielsweise Kundendaten, Rezepte, Algorithmen oder interne Strategien gemeint. Es kann sich um

Informationen handeln, die für Sie und Ihr Unternehmen entsprechend wesentlich sind oder aber für ein anderes Unternehmen, das Ihnen diese Informationen nur unter einer Vertraulichkeitsverpflichtung überlassen hat.

Ein Geschäftsgeheimnis ist gemäß § 2 Nr. 1 GeschGehG »eine Information

a. die weder insgesamt noch in der genauen Anordnung und Zusammensetzung ihrer Bestandteile den Personen in den Kreisen, die üblicherweise mit dieser Art von Informationen umgehen, allgemein bekannt oder ohne Weiteres zugänglich ist und daher von wirtschaftlichem Wert ist und

b. die Gegenstand von den Umständen nach angemessenen Geheimhaltungsmaßnahmen durch ihren rechtmäßigen Inhaber ist und

c. bei der ein berechtigtes Interesse an der Geheimhaltung besteht«.

Das Geschäftsgeheimnisgesetz (kurz: GeschGehG) schützt Unternehmen davor, dass solche Geschäftsgeheimnisse unrechtmäßig erlangt, genutzt oder weitergegeben werden. Damit eine Information als Geschäftsgeheimnis gilt, muss sie

- ✔ geheim,
- ✔ wirtschaftlich wertvoll und
- ✔ durch angemessene Schutzmaßnahmen gesichert

sein.

Geheim ist nur das, was Sie auch aktiv schützen! Nur wer nachweisen kann, dass tatsächlich angemessene Schutzmaßnahmen für sensible Informationen vorgesehen und umgesetzt wurden, kann sich im Streitfall auf das Gesetz berufen und gegen Missbrauch oder Offenbarung vorgehen.

»Angemessene Schutzmaßnahmen« umfassen sowohl technische als auch organisatorische Maßnahmen. Dazu zählen etwa Zugriffsrechte, Verschlüsselungen, Regelwerke für Mitarbeitende sowie Geheimhaltungs- und Vertraulichkeitsvereinbarungen. Nach Offenlegung oder Veröffentlichung geheimer Informationen gehen diese Eigenschaften und der rechtliche Schutz in der Regel verloren (»Sind Geheimnisse offenbart, sind sie verloren«).

Wenn Sie Geschäftsgeheimnisse oder Informationen, die Ihnen Dritte nur mit Vertraulichkeitsverpflichtung überlassen haben, mit KI-Systemen verarbeiten wollen, stellen Sie sicher, dass diese Informationen geheim bleiben! Dies bedeutet insbesondere: Stellen Sie sicher, dass auch bei und nach Eingabe in das KI-System weiter Schutzmaßnahmen greifen, die die Sicherheit und Geheimhaltung gewährleisten. Dafür müssen Sie das KI-System vertraglich und technisch kontrollieren und den Anbieter entsprechend verpflichten, wenn er das KI-System für Sie betreibt (KIaaS – Näheres dazu lesen Sie in Kapitel 9).

Der Einsatz von KI-Systemen bringt gegenüber klassischen Softwarelösungen neue Risiken für den Geheimnisschutz mit sich:

- **Automatisierte Verarbeitung und Sensibilisierung:** Mitarbeitende oder Dienstleister geben oftmals hochsensible Informationen (zum Beispiel Formeln, interne Studien, Kundendaten) in eine KI ein, ohne genau zu wissen, wo und wie diese Daten weiterverwendet oder gespeichert werden. Dem können Sie mit Sensibilisierungsmaßnahmen und Schulungen entgegenwirken.
- **Training und Vertrag:** KI-Anbieter behalten sich vertraglich gerade bei kostenlosen Modellen vor, die eingegebenen Daten für das weitere Training und die Entwicklung neuer Produkte zu nutzen. Geschieht dies mit Geschäftsgeheimnissen, sind diese offenbart und der Geheimnisschutz verloren. Sie müssen daher vertraglich und bestenfalls auch technisch absichern, dass zum Nachtraining, zur Feinjustierung und beim Prompting eingegebene Daten vom KI-Anbieter nicht für eigene Zwecke weiterverwendet werden dürfen. Wie sie das erreichen können, lesen Sie in Kapitel 9 – Verträge.

Um den Geheimnisschutz auch beim Einsatz von KI zu wahren, klären Sie die Schutzmaßnahmen und klassifizieren Sie Daten nach Risikoklassen. Womöglich sollten hoch risikobehaftete Daten nicht in KI-Systeme eingegeben werden. Mögliche Schutzmaßnahmen sind:

- Datenklassifizierung nach Risikoklassen,
- Sensibilisierung und Schulungen sowie
- technische und organisatorische Schutzmaßnahmen mit Regelungen zum Betrieb des KI-Systems, der Datenbelegenheit, Zugriffsrechten, Verschlüsselung, Ausschluss einer Weiterverwendung zu Trainingszwecken, Abschluss von Geheimhaltungsvereinbarungen mit dem KI-Anbieter und technische Kontrollmöglichkeiten.

Ideen und Hilfestellungen, wie Sie schützenswerte Geschäftsgeheimnisse auch tatsächlich effektiv schützen können, finden Sie im Datenschutzrecht. Auch wenn es sich nicht um personenbezogene Daten handelt und Sie daher für diese Geschäftsgeheimnisse das Datenschutzrecht nicht beachten müssen, finden Sie dort ausgereifte Konzepte für einen technischen und organisatorischen Schutz auch bei Nutzung der Daten im Rahmen von KI-Anwendungen. Lesen Sie daher einmal in Kapitel 3 nach, welche Mechanismen Ihnen konkret für einen guten Geschäftsgeheimnisschutz beim Einsatz von KI helfen können.

Schutz vor Hackern: Das Cybersicherheitsrecht

Dem Schutz des eigenen Unternehmens dient auch das Cybersicherheitsrecht. Ziel dieses Rechtsgebiets ist es, Unternehmen und die EU insgesamt besser vor Angriffen Krimineller, sogenannter Hacker, zu schützen.

IT-Sicherheit ist kein Selbstzweck, sie schützt Sie und Ihr Unternehmen unmittelbar vor Hackerangriffen und Cyberattacken, die Ihr Unternehmen im schlimmsten Fall über Monate stilllegen könnten!

Ab Herbst 2027 gibt es spezielle Sicherheitsanforderungen für Softwareprodukte, also auch KI-Modelle und KI-Systeme, durch den *Cyber Resilience Act* (CRA). Der CRA ist eine EU-Verordnung, die verpflichtende Anforderungen an die digitale Produktsicherheit stellt. Sie finden Sie unter der Bezeichnung *Verordnung (EU) 2024/2847.*

Auch Ihr KI-System ist ein »digitales Produkt«, das vom CRA reguliert wird. Der CRA verlangt umfassende Cybersicherheitsmaßnahmen über den gesamten Lebenszyklus solcher Produkte:

- ✔ **Cybersicherheitsanforderungen bei Entwicklung und Konzeption:** Bereits bei Planung, Entwicklung und Herstellung von KI müssen Sie eine Risikobewertung der Cybersicherheitsrisiken durchführen. Die Produkte müssen so gestaltet sein, dass bekannte ausnutzbare Schwachstellen vermieden und die grundlegenden Cybersicherheitsanforderungen eingehalten werden. Das umfasst etwa einen Schutz vor unbefugtem Zugriff, sichere Voreinstellungen, Minimierung von Angriffsflächen und sichere Softwareupdates. Die technische Dokumentation muss die Risikobewertung und ergriffene Maßnahmen belegen.
- ✔ **Cybersicherheitsanforderungen im laufenden Betrieb:** Während der vorgesehenen Nutzungsdauer müssen Sie sicherstellen, dass Schwachstellen fortlaufend behoben und notwendige Sicherheitsupdates bereitgestellt werden. Entdecken Sie eine Schwachstelle, muss sie behoben und kommuniziert werden.
- ✔ **Dokumentationspflichten:** Die technische Dokumentation muss fortlaufend aktualisiert, Maßnahmen nachvollziehbar dokumentiert und für Marktüberwachungsbehörden zehn Jahre lang aufbewahrt werden.

Auch Ihre KI-Anwendung muss ab Herbst 2027 den Anforderungen des CRA genügen und unter anderem über eine Risikobewertung und technische Dokumentation verfügen, aus der sich eine angemessene IT-Sicherheit ergibt. Als Hersteller einer KI-Anwendung müssen Sie die Produktsicherheit zum Beispiel über Updates während des gesamten Lebenszyklus gewährleisten. Als Nutzer müssen Sie darauf achten, dass der Hersteller dies auch tut – sonst können Sie Ersatzansprüche geltend machen. Es entsteht damit eine »Cybersicherheit by Design«, die auch für KI-Anwendung in ihrem gesamten Lebenszyklus gilt.

Wer gegen den CRA verstößt, kann empfindliche Bußgelder kassieren: Bis zu 15 Millionen Euro oder 2,5 Prozent des weltweiten Jahresumsatzes sieht der CRA vor, je nachdem, welcher Betrag höher ist.

Integrität bewahren: Das Persönlichkeitsrecht

Das allgemeine Persönlichkeitsrecht (»APR«) schützt jeden Einzelnen von uns in seiner Integrität. Das allgemeine Persönlichkeitsrecht leitet sich aus dem Gedanken des Art. 2 Abs. 1 GG (freie Entfaltung der Persönlichkeit) in Verbindung mit Art. 1 Abs. 1 GG (Schutz der Menschenwürde) ab. Es dient einem der ursprünglichen grundsätzlichen Zwecke des Grundgesetzes: Dem Schutz und der Integrität des Bürgers und der Freiheit des Einzelnen. Das APR dient dem Schutz ideeller Interessen, insbesondere dem Schutz des Wert- und Achtungsanspruchs der Persönlichkeit.

Das APR ist nicht auf einen bestimmten Lebensbereich beschränkt, sondern umfasst vielmehr viele Regelungsbereiche, aus denen sich viele Einzelrechte ableiten und beschreiben lassen. Konkrete Ausprägungen dieses Rechts sind

- ✔ das Recht am eigenen Bild (§§ 22 ff. KUG),
- ✔ das Namensrecht (§ 12 BGB) und
- ✔ das Recht an der eigenen Stimme und dem gesprochenen Wort.

Beim Einsatz von KI kann all dies imitiert und kopiert werden, KI-Systeme imitieren Stimmen, lassen jeden von uns Sprachen sprechen, von deren Beherrschung wir im echten Leben nur träumen, und lassen uns nach freiem Belieben als Papst, Fußballstar oder Kriminelle erscheinen. KI-Ergebnisse können uns daher in unserem allgemeinen Persönlichkeitsrecht verletzten.

BEISPIEL

Stellen Sie sich vor, Sie haben sich online auf eine neue Arbeitsstelle beworben. Ohne Ihr Wissen durchsucht eine KI im Auftrag des Arbeitgebers das Internet nach Informationen über Sie. Die KI analysiert alle öffentlich zugänglichen Daten wie soziale Netzwerke, alte Blogbeiträge und Fotos aus Ihrer Schulzeit.

Das System zieht Rückschlüsse über Ihr Privatleben, Ihre Hobbys und auch über frühere Krankheiten, von denen Sie im Netz berichtet hatten. All diese Informationen stellt die KI in einem automatisierten Bericht für den Arbeitgeber zusammen.

Sie haben diese Informationen zwar einmal veröffentlicht, aber nicht damit gerechnet, dass sie gesammelt, analysiert und für Ihre Bewerbung verwendet werden. Die Zusammenstellung durch die KI macht es möglich, sich ein umfassendes Persönlichkeitsbild von Ihnen zu verschaffen – ohne dass Sie zustimmen oder dies beeinflussen können.

Ganz unabhängig vom Datenschutzrecht ist hier auch Ihr allgemeines Persönlichkeitsrecht berührt. Nach Ihrem APR dürfen Sie selbst bestimmen, welche Ihrer persönlichen Informationen wem und wann zugänglich sind. Die automatisierte Datenauswertung durch KI verletzt dieses Recht, wenn sie ohne Erlaubnis, insbesondere ohne Ihre Einwilligung erfolgt. Das kann zur Absage des Jobs führen oder Ihr Bild bei Dritten erheblich beeinträchtigen.

Künstliche Abbilder: Digitale Zwillinge

Generative KI-Systeme erschaffen körperlose Abbilder von uns, die sogenannten *digitalen Zwillinge*, die ein typisches Spannungsfeld von KI und APR verdeutlichen. Diese Zwillinge ähneln realen Personen äußerlich, sind aber von ihnen entkoppelt. Es entstehen digitale Hüllen, die zwar die Form der Originale tragen, jedoch keinen Zugang zur echten Person bieten. Mit diesen künstlichen Abbildern lässt sich beliebig experimentieren. Das allgemeine Persönlichkeitsrecht der Betroffenen wird dadurch auf neue Weise herausgefordert, da oft nicht erkennbar ist, dass es sich um KI-generierte Figuren handelt.

BEISPIEL

KI-Systeme lassen so jeden von uns etwa mit wenigen Klicken zum Darsteller in einer pornografischen Verfilmung werden oder auch zum Akteur eines Verbrechens. Die KI-Systeme werden fortlaufend besser, sodass kaum noch erkennbar ist, ob ein Bild, ein Video oder eine Tonaufnahme real oder mit künstlicher Intelligenz erstellt ist. Dies birgt enorme Gefahren für jeden Einzelnen von uns und damit auch für unser allgemeines Persönlichkeitsrecht.

Kennzeichnung von Deepfakes und der Schutz des Persönlichkeitsrechts

Einen spezifischen, begrenzten Schutz bietet Art. 50 KI-Verordnung mit der Pflicht, synthetische Ausgaben und ganz konkret Deepfakes zu kennzeichnen.

Deepfake bezeichnet »einen durch KI erzeugten oder manipulierten Bild-, Ton- oder Videoinhalt, der wirklichen Personen, Gegenständen, Orten, Einrichtungen oder Ereignissen ähnelt und einer Person fälschlicherweise als echt oder wahrheitsgemäß erscheinen würde« (Art. 3 Nr. 60 KI-Verordnung).

Wird das allgemeine Persönlichkeitsrecht durch den Einsatz von KI verletzt, also etwa weil ohne Einwilligung und anderweitige Berechtigung täuschend echte Abbilder einer Person erschaffen werden, kann die Person auf Unterlassung und Beseitigung klagen und bei schwerwiegenden Verletzungen auch Schadensersatz, also eine Geldentschädigung, geltend machen.

Kennzeichnungspflicht: Der Medienstaatsvertrag

Der Medienstaatsvertrag (MStV) verlangt bereits seit Längerem, dass automatisierte KI-Inhalte in Social Media gekennzeichnet werden. Leser sollen wissen, wenn ihnen eine Maschine und kein Mensch gegenübersteht.

Diese Kennzeichnungspflicht müssen Sie beim Einsatz von KI im Bereich sozialer Netzwerke einhalten, wenn Sie mithilfe einer KI-Anwendung automatisiert Inhalte oder Mitteilungen erstellen und posten.

Die Kennzeichnungspflicht greift immer dann, wenn Sie die Inhalte über ein Nutzerkonto ausspielen, das so aussieht, als würde es von einer natürlichen Person betrieben werden. Entscheidend ist die Außenwirkung des Accounts, also ob für Dritte der Eindruck entsteht, die Kommunikation erfolge menschlich.

Durch die Kennzeichnung soll Transparenz und Vertrauen geschaffen werden. Sie schützt die Integrität menschlicher Kommunikation und die Meinungsbildung.

Die Regelung soll verhindern, dass Sie als Nutzer von Social-Media-Inhalten durch automatisierte Beiträge über die wahre Natur Ihres Kommunikationspartners getäuscht werden. Das passiert schnell, wenn Social Bots die Kommunikation übernehmen, ohne dass das kenntlich gemacht wird.

Die Pflicht entsteht insbesondere dann, wenn KI-Systeme so eingesetzt werden, dass sie ohne jeden menschlichen Eingriff kommunizieren, also etwa Posts, Likes, Kommentare oder Direktnachrichten eigenständig erzeugen und verbreiten. Voraussetzung ist die vollständige Automatisierung der Kommunikation. Bloße Assistenzsysteme, wie beispielsweise Textergänzungen oder vorab zeitgesteuerte menschliche Beiträge, fallen nicht unter die Pflicht, solange eine individuelle menschliche Steuerung erfolgt.

Die Kennzeichnungspflicht des Medienstaatsvertrags im Social-Media-Bereich ähnelt den Transparenzpflichten der KI-Verordnung, die ab dem 2. August 2026 greifen. Die KI-Verordnung erfasst aber noch mehr Fälle und ist daher umfassender als die Pflicht aus dem Medienstaatsvertrag.

KI am Arbeitsplatz: Arbeitsrecht

Als Arbeitgeber können Sie in Ihrem Unternehmen den Einsatz von KI verbieten. Dieses Recht ergibt sich aus Ihrem Direktionsrecht als Arbeitgeber, das erlaubt, Inhalt, Ort und Zeit der Arbeitsleistung näher zu bestimmen, wenn keine abweichende Regelung im Arbeitsvertrag, einer Betriebsvereinbarung oder im Tarifvertrag steht. Dieses Weisungsrecht umfasst auch die Auswahl und den Umgang mit Arbeitsmitteln. Und genau zu diesen Arbeitsmitteln zählen eben auch KI-Anwendungen. Ein Mitbestimmungsrecht des Betriebsrats besteht nicht, da durch solch ein Verbot nur das Arbeitsverhalten geregelt wird.

Umgekehrt können Sie als Arbeitgeber im Rahmen Ihres Direktionsrechts Ihre Mitarbeiter auch anweisen, KI zu nutzen. Das ist aber nur so weit erlaubt, wie sie auch beim Einsatz von KI noch in dem Berufsbild tätig bleiben, für das sie eingestellt wurden.

Wenn der Einsatz von KI nicht zu fundamentalen Änderungen der konkreten Arbeit führt, erlaubt das Direktionsrecht auch, KI als Arbeitsmittel vorzugeben.

BEISPIEL

Eine Grafikdesignerin hat früher noch mit Bleistift und Papier gezeichnet. Seit vielen Jahren nutzt sie schon ein Tablet mit Pencil. Und jetzt geht es noch einen Schritt weiter: Ihre Chefin gibt vor, dass sie beim Designen KI-Unterstützung in Anspruch nimmt. Das muss die Grafikdesignerin hinnehmen, da sich

Berufsbilder eben wandeln. Eine Grenze ist dann erreicht, wenn die Neuerungen unzumutbar werden oder sie, zum Beispiel aus gesundheitlichen Gründen, so nicht arbeiten kann.

Wenn Sie KI in Ihrem Unternehmen einführen, sei es zur freiwilligen oder verpflichtenden Nutzung, müssen Sie das rechtskonform tun. Die Einführung von KI-Systemen führt oft zu einigen Informationspflichten:

- ✔ Wenn die neue KI personenbezogene Daten verarbeitet, kann dies weitere, neue Informationspflichten aus dem Datenschutzrecht nach sich ziehen.
- ✔ Oft hat der Mitarbeiter auch ein Recht, angehört und eingebunden zu werden, da dies das Betriebsverfassungsrecht so vorsieht.
- ✔ Erfolgt der Einsatz von KI-Systemen für Hochrisiko-Anwendungen nach der KI-Verordnung, etwa der Personalführung, Überwachung und Bewertung, verpflichtet die KI-Verordnung zur Information.
- ✔ Den Betriebsrat müssen Sie schon bei der Planung, KI einzusetzen, unterrichten.

Wenn Sie in einem Unternehmen mit Betriebsrat ein KI-System einführen, kann es zu Mitbestimmungsrechten des Betriebsrats kommen. Das Betriebsverfassungsgesetz (BetrVG) und die neue KI-Verordnung (KI-VO) der EU regeln bestimmte Informations-, Beteiligungs- und Mitbestimmungsrechte des Betriebsrates.

Ein »KI-Mitbestimmungsrecht« gibt es für den Betriebsrat nicht. Oft greifen aber allgemeine Mitbestimmungsrechte.

KI-Systeme bringen aber oft Funktionen und Änderungen im Betrieb, die eine Mitbestimmung auslösen. Das kann etwa in folgenden Fällen geschehen:

- ✔ Mitbestimmungsrecht bei der Einführung und Anwendung technischer Einrichtungen, die zur **Überwachung des Verhaltens oder der Leistung** der Arbeitnehmer geeignet sind. Das ist oft schon dann gegeben, wenn es einen persönlichen Login in die KI-Anwendungen für jede Mitarbeiterin gibt, da ihr Verhalten dann überwacht werden könnte. Der Betriebsrat darf dann schon mitbestimmen, auch wenn Sie gar keine Überwachungsabsicht haben. Solche mitbestimmungspflichtigen KI-Systeme liegen zum Beispiel vor bei der Analyse von E-Mails, Bewegungsdaten oder bei der Nutzung von Software, die die Arbeitsleistung auswertet.
- ✔ Je nach Einsatzbereich der KI können auch Mitbestimmungsrechte beim **Gesundheitsschutz** sowie beim **Sozialplan und Interessenausgleich bei Betriebsänderungen** relevant werden.
- ✔ Mitbestimmung bei der Aufstellung von **Auswahlrichtlinien**, auch unter Einsatz von KI.

In diesen Fällen müssen Sie den Betriebsrat bereits im Planungsstadium vollumfänglich informieren und einbinden, um seine Rechte auszuüben und eine mitbestimmte Ausgestaltung der KI-Nutzung zu gewährleisten. Dies dient dem Schutz der Persönlichkeitsrechte, der Transparenz und der Wahrung kollektiver Schutzinteressen.

Prüfen Sie frühzeitig, ob und wie der Betriebsrat eingebunden werden muss, um die Einführung Ihres neuen KI-Systems nicht unnötig auszubremsen. Diskutieren Sie außerdem, ob eine »Rahmen-Betriebsvereinbarung KI« in der dynamischen und schnelllebigen, zugleich aber auch riskanten KI-Welt eine gute Grundlage für die zügige und sichere Einführung von KI-Systemen in Ihrem Unternehmen bieten kann.

Wenn es um KI geht und der Betriebsrat eingebunden werden muss, hat der Betriebsrat das Recht, einen Sachverständigen hinzuzuziehen. Die Kosten dafür muss der Arbeitgeber tragen.

Eine Absicherung für Beschäftigte und Unternehmen: die Rahmen-Betriebsvereinbarung KI

Wenn Ihr Unternehmen über einen Betriebsrat verfügt, sollten Sie überlegen, eine »Rahmen-Betriebsvereinbarung KI« für die schnelle und rechtssichere Einführung von KI-Anwendungen in Ihrem Unternehmen zu verhandeln und zu etablieren. Eine Betriebsvereinbarung dient als Absicherung für beide Seiten: Sie schützt die Rechte Ihrer Beschäftigten und gibt Ihnen als Arbeitgeber verbindliche Leitplanken, um Unsicherheiten und potenzielle Haftungsrisiken zu vermeiden.

Wenn ein KI-System mitbestimmungspflichtig ist, muss der Betriebsrat nach den verpflichtenden Vorgaben des Betriebsverfassungsgesetzes umfassend eingebunden werden. Und auch ohne Mitbestimmungsrecht bestehen jedenfalls Informationsrechte, die der Arbeitgeber gegenüber seinem Betriebsrat bei der Einführung von KI-Anwendungen im Unternehmen einhalten muss. All das erläutern wir Ihnen in diesem Kapitel im Einzelnen.

Die Abstimmung und Verhandlung mit dem Betriebsrat kann viel Zeit in Anspruch nehmen, wenn nicht schon vorab besprochen und geklärt ist, welche Spielregeln für die Einführung von KI-Systemen gelten sollen. Gerade die Einführung von KI-Systemen ist häufig komplex, da die Systeme viele Verarbeitungsmöglichkeiten mit sich bringen, oft schwer verständlich sind (Stichwort »Black Box«) und zugleich nicht selten bei den Mitarbeitenden die Sorge besteht, durch KI unfair behandelt oder sogar ersetzt werden zu können. Auf der anderen Seite bewegen wir uns in einem dynamischen Umfeld, die KI-Anwendungen entwickeln sich in rasanter Geschwindigkeit und sollen häufig schnell nutzbar sein, um die erhofften Innovationen auch verwirklichen zu können. Langwierige Betriebsratsverhandlungen, durch die sich die Einführung von KI-Anwendungen bisweilen um Monate verzögern kann, passen nicht dazu.

Um hier eine Lösung und einen guten Ausgleich zwischen allen betroffenen Interessen zu finden, sollten Sie prüfen, ob die Vereinbarung einer »Rahmen-Betriebsvereinbarung KI« helfen kann: Durch diese Rahmen-Betriebsvereinbarung legen Sie in gemeinsamer Abstimmung zwischen Arbeitgeber und Betriebsrat die Spielregeln fest, nach denen KI-Anwendungen im Unternehmen eingeführt werden können. Sie klären also schon vorab, was die generellen Anforderungen sind. Für die Einführung der einzelnen KI-Anwendung können Sie dann darauf zurückgreifen und sich in einem festgelegten Prozess mit vorab definierten Leitplanken häufig viel schneller auf ein gemeinsames Verständnis hin bewegen.

Sie sollten sich merken: Eine Rahmen-Betriebsvereinbarung ersetzt keine Einzelbetriebsvereinbarung, in der der Betriebsrat sein konkretes Mitbestimmungsrecht für eine bestimmte KI-Anwendung ausübt. Aber sie bildet die Leitplanken und steckt das Spielfeld ab, in dem dann die einzelne KI-Anwendung eingeführt werden kann. Das geht in der Praxis dann häufig viel schneller, wenn sich Arbeitgeber und Betriebsrat schon vorab verständigt haben, was ihnen jeweils wichtig ist und wo die jeweiligen »roten Linien« verlaufen.

Mit einer guten Rahmen-Betriebsvereinbarung legen Sie die Grundsätze, Verfahren und Mindeststandards für die Einführung und Nutzung sämtlicher KI-Systeme im Unternehmen fest. Einzelne Systeme werden dann in einem schnellen, standardisierten Verfahren anhand der Rahmenregeln behandelt – meist über ergänzende kleine Vereinbarungen oder standardisierte Informationsblätter zu jedem System. So sparen Sie bei jedem neuen KI-Projekt viel Zeit und vermeiden Doppelarbeit. Gleichzeitig sorgt die »Rahmen-Betriebsvereinbarung KI« dafür, dass alle Systeme nach denselben rechtlichen, technischen und ethischen Maßstäben bewertet und gesteuert werden. Die Rahmenlösung hält Unternehmen handlungsfähig und verlässlich in Bewegung, bei gleichzeitigem Schutz der Rechte der Mitarbeitenden.

Genau das ist gerade für KI-Anwendungen besonders wichtig. Denn KI-Anwendungen zeichnen sich durch besondere Dynamik aus: Sie lernen, sie verändern sich oder werden über Updates erweitert. Gleichzeitig kann KI schwer durchschaubare Auswirkungen auf das Arbeitsverhältnis haben: Sie analysiert Daten, gibt Handlungsanweisungen und produziert Ergebnisse, die Mitarbeitende betreffen. Wenn Sie dies nicht früh, klar und im Dialog mit dem Betriebsrat regeln, drohen Überwachungsdruck, Manipulationsvorwürfe oder unklare Verantwortlichkeiten und schlicht viel Unsicherheit. Hier ist es für die betriebliche Praxis unerlässlich, einen laufenden Prozess und klare Kooperationswege mit dem Betriebsrat zu etablieren. Einzelbetriebsvereinbarungen würden da schnell aus dem Ruder laufen. Rahmenvereinbarungen hingegen ermöglichen schnellen Anpassungen, klare Dokumentation und geben allen Beteiligten Sicherheit bei Regeln wie Erklärbarkeit, Qualitätssicherung, menschlicher Kontrolle, Fairness, Datenschutz und Arbeitnehmerrechten. Sie steuern die Chancen und Risiken von KI nachvollziehbar und kollektivrechtlich solide, wenn Sie eine gute »Rahmen-Betriebsvereinbarung KI« implementieren.

Eine solche gute »Rahmen-Betriebsvereinbarung KI« umfasst mehrere Abschnitte. Die wichtigsten Bausteine sind:

- ✔ **Präambel und Ziele:** Kurze Erläuterung, warum die Vereinbarung geschlossen wird und welche Grundsätze in Sachen Verantwortung, Fairness, Arbeitsplätze und Innovation gelten. Legen Sie die KI-Strategie Ihres Unternehmens in allgemeiner Form so fest, dass auch der Betriebsrat sie mitgeht. Das kann zum Beispiel beinhalten, dass der Einsatz von KI zur Bewertung von Mitarbeitenden ausgeschlossen wird, wenn Ihr Fokus auf dem Einsatz von KI in der Produktion liegt.
- ✔ **Geltungsbereich:** Für wen, welche Standorte und welche KI-Anwendungen gilt die Rahmenvereinbarung?
- ✔ **Definitionen:** Klare, für Laien verständliche Festlegung, was Sie in Ihrem Unternehmen unter »KI-System« verstehen, was unter den verschiedenen Einsatz- und Risikobereichen. Idealerweise definieren Sie dies im Einklang mit den rechtlichen Vorgaben aus der KI-Verordnung, der Datenschutzgrundverordnung und dem Betriebsverfassungsrecht.
- ✔ **Grundsätze für den KI-Einsatz:** In welchem Rahmen darf in Ihrem Unternehmen KI eingesetzt werden, welche Grundsätze müssen für jede KI-Anwendung nachweisbar eingehalten werden? Das betrifft Themen wie Transparenz, Kennzeichnung und Information, Schulungspflichten und Erklärbarkeit, Absicherung der Diskriminierungsfreiheit und die menschliche Kontrolle (»Human in the Loop«).
- ✔ **Kategorisierung von Anwendungen:** Klassifizieren Sie die möglicherweise künftig einzuführenden KI-Systeme nach Risiko (zum Beispiel keine Kontrolle, informatorisch, potenziell steuernd, Hochrisiko mit Personalfolgen) und bilden Sie danach abgestufte Verfahrensschritte für Mitbestimmung und Dokumentation. Je höher das Risiko, desto intensiver das Prüfungs- und Zustimmungsverfahren. Typisch sind hier: Dokumentationspflichten, besondere Regeln für Hochrisiko- oder vollautomatisierte Software. Achten Sie dabei darauf, dass Sie die Mitbestimmungsrechte im Einklang mit dem Betriebsverfassungsrecht regeln und nicht nach der Risikoklasse im Sinne der KI-Verordnung. Denn es gibt kein »KI-Mitbestimmungsrecht«, die Mitbestimmungsrechte des Betriebsrats resultieren nicht aus dem KI-Risiko im Sinne der KI-Verordnung, sondern aus anderen Gründen (zum Beispiel Möglichkeit der Mitarbeiterüberwachung).
- ✔ **Verfahren zur Einführung und Änderung:** Beschreiben Sie das Verfahren und legen Sie die Regeln fest, wie Informationspflichten erfüllt und die Mitbestimmung realisiert werden. Hierfür sind standardisierte Informationsblätter sehr hilfreich: Welche Informationen sollen für jede Anwendung in welcher Form bereitgestellt werden, damit der Betriebsrat seine Rechte ausüben kann und dafür ausreichend informiert

ist? Sie können zum Beispiel Vorlagen zur Anlage der »Rahmen-Betriebsvereinbarung KI« nehmen, die für jede KI-Anwendung ausgefüllt werden müssen. Zudem sollten Sie den Ablauf des Einführungsprozesses klar regeln, mit den verschiedenen notwendigen Schritten und definierten Fristen. Das ermöglicht es dann zum Beispiel ressourcenschonend auch, Schweigen als Zustimmung zu werten.

- ✔ **Umgang mit personenbezogenen Daten:** Wir empfehlen zudem, klare Regeln für Erhebung, Nutzung, Zugriff und Löschung personenbezogener Daten durch KI-Anwendungen festzulegen, da hier oft besondere Sorgen in der Mitarbeiterschaft bestehen. Sie sollten dabei darauf achten, dass Sie im Einklang mit Ihrem Datenschutzmanagementsystem agieren und eine etwaige »Rahmen-Betriebsvereinbarung Datenschutz« vollumfänglich einbeziehen. Besonders wichtige Themen sind hier: Schutz vor unzulässiger Verhaltens- und Leistungskontrolle. Regelungen für Anonymisierung/Pseudonymisierung, Protokollierung und Zugriffskonzepte für Administratoren.
- ✔ **Verzahnung mit anderen Rahmen-Betriebsvereinbarungen:** Stimmen Sie die »Rahmen-Betriebsvereinbarung KI« mit etwaigen Rahmen-Betriebsvereinbarungen IT und Informationssicherheit ab, nicht nur Datenschutz. Die Einführung von KI-Anwendungen betrifft regelmäßig all diese Bereiche. Sie sollten sicherstellen, dass die verschiedenen Regelungen gut zusammenpassen und in einem einheitlichen Prozess abgewickelt werden können.
- ✔ **Qualifizierung und Unterstützung der Mitarbeitenden:** Vorgaben zu Schulungen, Informationen und Unterstützung für Mitarbeitende, die mit KI-Systemen arbeiten (inklusive Beteiligungs- und Schulungsrechte des Betriebsrates).
- ✔ **Überprüfung und Weiterentwicklung:** Regelmäßige Überprüfungs- und Anpassungsklauseln an neue technische, rechtliche oder betriebliche Entwicklungen. Möglichkeit, Regeln flexibel nachzuschärfen oder zu ergänzen (zum Beispiel jährlich oder quartalsweise).
- ✔ **Schlussbestimmungen:** Regelungen zu Laufzeit, Kündigung, Nachwirkung und Verhältnis zu Individualvereinbarungen oder bestehenden Spezialbetriebsvereinbarungen.

Wenn Sie eine solche »Rahmen-Betriebsvereinbarungen KI« in Ihrem Unternehmen implementieren, werden Sie in die Lage versetzt, KI-Anwendungen dynamisch und rechtssicher einzuführen. Sie bringen so die verschiedenen Interessen an der möglichst schnellen Nutzung einerseits und der Absicherung der Mitarbeitenden andererseits in einen guten Ausgleich. Die Aufstellung und Verhandlung einer solchen Rahmen-Betriebsvereinbarung ist nicht immer einfach und erfordert Kompromisse und Einigungsbereitschaft von allen. Gelingt das, ist sie aber eine solide Grundlage für die dynamische Entwicklung Ihres Unternehmens.

Diskriminierung vermeiden: Gleichbehandlung

Das Allgemeine Gleichbehandlungsgesetz (AGG) und KI werden dann zum Thema, wenn KI-Systeme zum Recruiting eingesetzt werden. In diesem Fall besteht ein konkretes Diskriminierungsrisiko.

»Bewerbung abgelehnt, weil weiblich.« Mit diesem Slogan hat das Bundesamt für die Sicherheit in der Informationstechnik (BSI) eine Social-Media-Kampagne veröffentlicht. Der Hintergrund? Ein KI-System wurde zur Auswahl von Bewerbungen eingesetzt und dafür mit Informationen zu den Personen gefüttert, die die zu besetzende Stelle in der Vergangenheit ausgefüllt haben. Dies waren durch Zufall nur Männer. Die KI schloss daraus – zu Unrecht –, dass weibliche Personen diese Position nicht ausüben können. Ein klarer Verstoß gegen das AGG.

Das AGG ist technologieneutral und schützt Beschäftigte und Bewerber ganz unabhängig davon, mit welchen technischen Mitteln sie ausgewählt und bewertet werden. Nach §§ 1, 7 AGG dürfen sie nicht wegen ihrer Rasse oder ethnischen Herkunft, ihres Geschlechts, ihrer Religion oder Weltanschauung, einer Behinderung, ihres Alter oder ihrer sexuellen Identität benachteiligt werden. Wenn die KI aus solchen Gründen eine schlechtere Bewertung vorsieht, kann dies gegen das AGG verstoßen, es greift das Benachteiligungsverbot aus § 7 AGG.

Bei KI-Systemen besteht neben der direkten Diskriminierung auch die Gefahr der mittelbaren Benachteiligung: Wenn beispielsweise die verwendeten Trainingsdaten bestimmte Gruppen nicht ausreichend abbilden, kann die KI unbewusst benachteiligen (*Representation Bias*). Dies kann sich auswirken, wenn keine hinreichende menschliche Kontrolle erfolgt.

Ungleichbehandlungen durch KI können dann gerechtfertigt sein, wenn das betreffende Merkmal eine wesentliche und entscheidende berufliche Anforderung darstellt. Das bloße Vorliegen einer statistischen Korrelation genügt nicht. Es muss ein echter, sachlicher Zusammenhang bestehen.

Die Diskriminierung muss allerdings vom Betroffenen nachgewiesen werden, was bei KI-Systemen häufig schwierig sein dürfte: KI ist eine Black Box, auch für den Betreiber und erst recht für die Betroffene, die vermutlich keine Informationen über die Hintergründe zur Funktionsweise der KI haben dürfte. Das Risiko kann durch eine (dokumentierte) menschliche Aufsicht für den KI-Betreiber weiter reduziert werden.

Unlauter? Das Wettbewerbsrecht

Einige Grenzen und Vorgaben für den Einsatz von KI im beruflichen Umfeld ergeben sich auch aus dem Wettbewerbsrecht.

BEISPIEL

Die Verbraucherzentrale NRW hat gegen Meta geklagt mit dem Vorwurf, durch ein geplantes KI-Training würden derart viele Daten von Nutzern zusammengeführt, dass dies gegen den Digital Markets Act (DMA) verstößt. Der DMA ist eine EU-Verordnung, mit der die digitale Macht von Akteuren wie Apple, Google, Meta und ähnlichen Anbietern kontrolliert und wir alle vor einem Missbrauch dieser Macht geschützt werden sollen. Letztlich hatte die Verbraucherzentrale aber keinen Erfolg, das OLG Köln teilte die Bedenken eines missbräuchlichen Verhaltens nicht.

Durch die Nutzung von KI entstehen auch in der freien Marktwirtschaft neue Risiken wie

- ✔ ein möglicher Missbrauch von (digitaler) Macht,
- ✔ die Gefahr unlauteren Verhaltens,
- ✔ eine Irreführung von Nutzern.

Durch das Wettbewerbsrecht soll die Freiheit des Wettbewerbs sichergestellt werden, um ein funktionierendes marktwirtschaftliches System für alle Teilnehmenden am Markt zu gewährleisten.

BEISPIEL

Digitale Kartelle

KI-Systeme können den Wettbewerb auf ganz neuartige Art und Weise beeinflussen, etwa wenn Preise KI-gestützt generiert werden, womöglich sogar personalisiert für unterschiedliche Nutzer. Durch KI können so auch neue digitale Kartelle entstehen, also Kartelle nicht durch menschliche Absprachen, sondern durch Algorithmen und KI-Systeme, die auf digitalen Plattformen beziehungsweise im Onlinehandel agieren.

In der Praxis gab es so einen Fall schon: Presseberichten zufolge ermittelt das Bundeskartellamt gegen die *Lufthansa* und wirft ihr einen preisbezogenen Marktmachtmissbrauch vor, unter anderem mit dem Hinweis darauf, dass (lediglich) eine Software – abhängig von Angebot und Nachfrage – Ticketanzahl und -preise pro Buchungsklasse ermittelt und dahinter eben kein Kartell und auch kein Missbrauch steht.

Behalten Sie, wenn Sie an solchen Absprachen beteiligt sind oder durch solche Absprachen Nachteile haben, das Kartellverbot im Blick. Es greift auch dann, wenn ein KI-System zur Abstimmung eingesetzt wird.

Vom Kartellverbot erfasst – und verboten – sind alle »Vereinbarungen zwischen Unternehmen, Beschlüsse von Unternehmensvereinigungen und aufeinander abgestimmte Verhaltensweisen, die eine Verhinderung, Einschränkung oder Verfälschung des Wettbewerbs bezwecken oder bewirken«.

Ob dieser verbotene Zweck und die verbotene Wirkung auf menschlichem Handeln oder einer KI beruhen, ist unerheblich. Und das gilt auch bei einem – ebenso verbotenen – Marktmachtmissbrauch.

BEISPIEL

Bundeskartellamt gegen Facebook

Das Bundeskartellamt untersagte Facebook die umfassende Datensammlung außerhalb seines Netzwerks, da dies einen Ausbeutungsmissbrauch bei bestehender Marktmacht darstelle. Nutzer mussten früher der Datenerhebung auf Drittseiten zustimmen, um Facebook nutzen zu können. Wegen der Bundeskartellamtsunterscheidung durfte Meta auf Facebook Daten von Drittquellen wie Instagram, WhatsApp oder externen Websites nur noch mit freiwilliger Zustimmung der Nutzer verknüpfen. Ohne Einwilligung müssen die Daten getrennt bleiben – eine »innere Entflechtung« der Daten wird verlangt.

Durch KI-gestützte Datenanalysen können nicht nur Preise angepasst und vorhergesagt werden, sondern man kann auch das Verhalten von Kunden besser verstehen. KI-Systeme können somit zu Marketing- und Vertriebszwecken eingesetzt werden; Unternehmen können durch KI-Systeme ihr Marketing effizienter gestalten oder gar automatisieren. Das macht es möglich, dass Kunden automatisch personalisierte Werbung angezeigt wird oder Chatbots direkt mit potenziellen Kunden in Kontakt treten.

Und auch im Lauterkeitsrecht werden Sie beim Einsatz von KI mit neueren Herausforderungen konfrontiert. Die Pflichten ergeben sich dabei vor allem aus dem Gesetz gegen den unlauteren Wettbewerb (UWG).

BEISPIEL

Automatisierte, personalisierte Ansprache

KI erlaubt eine hochgradige Personalisierung von Werbung, beispielsweise durch Analyse individueller Nutzerdaten und Verhaltensmuster. Dadurch können Verbraucher gezielt mit auf sie zugeschnittenen Botschaften angesprochen werden. Auch bei Nutzung von KI für diese Kontakte und die Gestaltung der Inhalte müssen Sie das UWG einhalten. Das bedeutet, dass Sie per Post kommunizieren dürfen, per Telefon oder E-Mail aber meistens nur mit Einwilligung. Ausnahmen und Erleichterungen gibt es im B2B-Bereich und dann, wenn Sie Kunden mit ähnlichen Produkten und Dienstleistungen ansprechen, die diese bei Ihnen schon genutzt haben. Merken Sie sich also: Durch KI wird die Werbung rechtlich nicht frei, es bleibt bei den UWG-Grenzen!

Wenn Sie Vorgaben aus dem Datenschutzrecht, der KI-Verordnung oder anderer Rechtsvorgaben zum Einsatz von KI-Systemen und der Verwendung damit erzeugter Ergebnisse nicht einhalten, kann das zu Abmahnungen durch Ihre Marktbegleiter führen. Das ist immer dann der Fall, wenn Sie gegen eine sogenannte *Marktverhaltensregel* verstoßen.

Eine *Marktverhaltensregel nach UWG* ist eine gesetzliche Vorschrift, die dazu bestimmt ist, das Verhalten von Unternehmen im Wettbewerb zu steuern und faire, lautere Marktbedingungen zu sichern. Wenn Sie Normen, die das Marktverhalten regeln, missachten, können Sie sich womöglich einen Wettbewerbsvorteil verschaffen. Und genau deshalb bekommen Ihre Marktbegleiter aus dem UWG das Recht, dagegen vorzugehen: Damit der Wettbewerb fair bleibt, können Marktbegleiter Gesetzesverstöße durch Sie unterbinden. Das gilt aber nicht immer, sondern eben nur dann, wenn Sie sich durch den Gesetzesverstoß einen Vorteil im Wettbewerb verschaffen.

Beim Einsatz von KI ist das vor allem im Bereich des Datenschutzrechts oder künftig auch der KI-Verordnung relevant.

Und in einem weiteren Bereich bietet KI nicht nur Vorteile, sondern auch das Risiko von Verstößen gegen das UWG, wie das Beispiel im Kasten »Dark Patterns« zeigt.

BEISPIEL

Dark Patterns

Wenn Sie KI-Systeme für die Ansprache von Verbrauchern oder die Gestaltung von personalisierter Werbung einsetzen, kann das unter Umständen zu Ergebnissen führen, die die Verbraucher gezielt in ihrer Entscheidungsfreiheit beeinflussen. Typisch sind:

- ✔ **Algorithmisches Nudging:** Dies ist die digitale Einflussnahme durch eine gezielte Gestaltung von Nutzeroberflächen oder Inhalten, gesteuert durch KI-Algorithmen. Sie »stupsen« Nutzer dadurch gezielt in eine bestimmte Richtung, also zum Beispiel dazu, bestimmte Produkte zu kaufen, etwa indem Sie passende Produkte zu den letzten Suchanfragen anzeigen.
- ✔ **Dark Patterns:** Ähnlich arbeiten auch »Dark Patterns«, die durch Designmuster gezielt Nutzer zu bestimmten Handlungen animieren möchten, etwa ein besonders attraktiv gestalteter Klick auf »Akzeptieren«, während »Ablehnen« versteckt wird.

Beide Methoden nutzen Verhaltenspsychologie und technische Steuerung, um Nutzerentscheidungen im Sinne des Anbieters zu beeinflussen – beim algorithmischen Nudging meist subtil und vermeintlich »zu ihrem Besten«, bei Dark Patterns gezielt zulasten der Nutzerautonomie. Beide Methoden sind nicht generell und in jedem Fall verboten, aber dann, wenn sie im konkreten Fall eine aggressive geschäftliche Handlung im Sinne des § 4a UWG darstellen. Das ist der Fall, wenn sie den Wettbewerb erheblich verzerren und den Verbraucher zu einer geschäftlichen Entscheidung verleiten, die er sonst nicht getroffen hätte. Dann sind sie verboten.

IN DIESEM KAPITEL

Die EU als Vorreiter bei der KI-Regulierung

Regulierungsansatz der KI-Verordnung

Anwendungsbereich der KI-Verordnung

Kapitel 7
Spezielles KI-Recht: Überblick über die KI-Verordnung

Vielleicht haben Sie im Frühjahr 2024 das Ringen um die KI-Verordnung (kurz: KI-VO) in den Medien verfolgt: Nach intensiven Verhandlungen wäre diese Verordnung auf den letzten Metern fast gescheitert, weil Deutschland und Frankreich beinahe ein Veto eingelegt hätten. Das zähe Ringen um die Verabschiedung der KI-VO und die kontroversen inhaltlichen Diskussionen zeigen deutlich, dass die KI-VO erheblichen Einfluss auf die weitere Entwicklung und Nutzung von künstlicher Intelligenz in Europa haben dürfte.

Die offizielle Bezeichnung der KI-VO lautet:

»Verordnung (EU) 2024/1689 des Europäischen Parlaments und des Rates vom 13. Juni 2024 zur Festlegung harmonisierter Vorschriften für künstliche Intelligenz und zur Änderung der Verordnungen (EG) Nr. 300/2008, (EU) Nr. 167/2013, (EU) Nr. 168/2013, (EU) 2018/858, (EU) 2018/1139 und (EU) 2019/2144 sowie der Richtlinien 2014/90/EU, (EU) 2016/797 und (EU) 2020/1828 (Verordnung über künstliche Intelligenz)«

Die KI-VO ist am 12. Juni 2024 offiziell im Amtsblatt der EU Nr. L 168, 12.6.2024, S. 1–294 verkündet worden und am 1. August 2024 in Kraft getreten.

Die KI-VO ist der weltweit erste Ansatz, einen umfassenden Regulierungsrahmen für künstliche Intelligenz zu schaffen. Es ist gleichzeitig der Versuch, die Risiken künstlicher Intelligenz zu minimieren und gleichzeitig die Innovationspotenziale von künstlicher Intelligenz zu fördern. Angetreten ist die EU-Kommission mit dem Ziel, eine Verordnung zu erschaffen, die als »Exportschlager« in der Welt übernommen wird. Womöglich hat sie das ganz bewusst so entschieden, da die Vorreiterrolle in der Entwicklung von KI schon von anderen Ländern besetzt war, den USA, China oder Israel. Ob das wirklich funktioniert, bleibt abzuwarten.

Wenn Sie KI entwickeln oder nutzen, sollten Sie dies bei Schritten in Ländern außerhalb der EU bedenken: Dort ist die Regulierung in der Regel noch nicht so ausgeprägt. Oft können Sie daher mit der Einhaltung der Anforderungen der KI-VO einen besonders hohen Sicherheitsstandard dokumentieren, auch wenn Sie in Drittstaaten außerhalb der EU aktiv sind. Manchen Unternehmen sind die Anforderungen der EU allerdings zu streng und komplex. Sie stellen ihre KI-Systeme daher innerhalb der EU nicht mehr bereit. Auch in Brüssel werden an manchen Stellen schon Überarbeitungsideen diskutiert. Noch ist aber keine Novellierung konkret und Sie müssen sich mit den Vorgaben der KI-VO auseinandersetzen, damit Sie KI-Systeme rechtskonform und ohne Bußgeldrisiken anbieten oder nutzen.

Mit der KI-VO soll sichere, transparente und faire KI sichergestellt werden, ohne dass Innovationen ausbremst werden – im Gegenteil: Die EU Kommission will mit dem geschaffenen Rechtsrahmen Innovationen im KI-Umfeld fördern. Der Standort Europa soll wettbewerbsfähig sein und bleiben. Dafür gibt es eine EU-weit einheitliche Regulierung. Gleichzeitig soll Ihr Vertrauen in KI gestärkt, die Sicherheit von KI-Systemen gewährleistet und unsere Demokratie geschützt werden. Die KI-VO will menschenzentrierte, vertrauenswürdige KI-Anwendungen fördern.

Da die KI-VO eine EU-Verordnung ist, müssen Sie ihre Regelungen unmittelbar einhalten, so wie die Vorgaben eines nationalen Gesetzes. Im deutschen Recht wird es nur noch ein ergänzendes Begleitgesetz geben, in dem zum Beispiel die zuständige Behörde (voraussichtlich die Bundesnetzagentur) benannt und mit Befugnissen ausgestattet und die Bußgeldvorschriften festgelegt werden. Um zu bewerten, wann und ob die Rechte und Pflichten der KI-VO für Sie relevant sind, müssen Sie drei Schritte bejahen können:

1. sachlicher Anwendungsbereich (KI im Sinne der KI-VO),
2. örtlicher EU-Bezug und
3. zeitlicher Geltungsbeginn erreicht.

Erst wenn Sie den sachlichen und örtlichen Anwendungsbereich für die KI-Anwendung in Ihrem Unternehmen bejaht und den zeitlichen Startzeitpunkt festgelegt haben, können Sie sich mit den inhaltlichen Fragen der KI-VO beschäftigen, aus denen sich dann die konkreten Pflichten für Ihr Unternehmen ableiten lassen. Mit diesen inhaltlichen Themen und den daraus resultierenden Verpflichtungen beschäftigen wir uns in Kapitel 8.

Ziele der KI-VO: Warum noch eine EU-Verordnung?

Künstliche Intelligenz ist zu wichtig, um nicht reguliert zu werden, und zu wichtig, um nicht gut reguliert zu werden. So ähnlich hat es Googles CEO Sundar Pichai vor einiger Zeit einmal formuliert. Und auch viele andere bedeutende Persönlichkeiten warnen immer wieder vor den Risiken von künstlicher Intelligenz. Auch Sie sind bestimmt schon in vielen beruflichen und privaten Bereichen mit KI-Anwendungen in Berührung gekommen. Oft bringen sie Ihnen viele Vorteile; ermöglichen ein effizienteres Arbeiten und ungeahnte Innovationen. Es entstehen durch künstliche Intelligenz aber auch neue Risiken.

Wenn Sie im KI-basierten Auswahlprozess bei der Bewerbung für eine Führungsrolle nur aussortiert werden, weil Sie eine Frau sind, verwirklicht sich ein typisches KI-Risiko. Passieren kann das bei einseitiger Trainingsdatenbasis, unzureichender Absicherung oder einem unzureichenden Finetuning. Wenn bisher etwa – zufällig – nur Männer eine bestimmte Position im Unternehmen ausgeübt haben, für die Sie sich gerade bewerben, kann die KI »männlich« als notwendige oder zumindest vorteilhafte Eigenschaft für die Neubesetzung bewerten.

Sie erhalten eine E-Mail von der Adresse der Personalleiterin Ihres Unternehmens, in der auf eine neue Gehaltsstruktur hingewiesen wird. Diese neue Struktur soll in der als Anhang der E-Mail beigefügten Excel-Datei abgelegt sein. Sprachlich ist die E-Mail fehlerfrei, einzig die Ansprache verwundert Sie: Eigentlich sind Sie per Du mit der Personalleiterin, hier aber werden Sie mit »Sehr geehrter Herr Meier« angesprochen. Ihre Rückfrage bei der IT bestätigt: Die Excel-Datei enthält einen Virus, die E-Mail ist nicht von Ihrer Personalleiterin verschickt worden, sondern von einem Hacker. Durch KI werden solche Cyberangriffe immer besser und sind kaum noch erkennbar.

Stellen Sie sich vor, es ist Wahlkampf. Ein KI-Chatbot verbreitet gezielt falsche Informationen auf Social Media. Diese Fake News begünstigen eine bestimmte Partei. Die KI ermöglicht nicht nur die Erstellung, sondern vor allem auch eine skalierbare, personalisierte Verbreitung – in einem Umfang, der uns früher unvorstellbar schien. Viele Menschen glauben den falschen Botschaften und ändern daraufhin ihre Wahlentscheidung. Mithilfe von KI ist es möglich, Wahlergebnisse zu manipulieren. Solche KI-Risiken können unsere Demokratie ernsthaft gefährden.

Schon diese Beispiele zeigen Ihnen, wie wichtig es ist, dass Sie die Risiken von KI vermeiden, um ihre Vorteile umfassend nutzen zu können. Die KI-VO soll genau hierfür einen sicheren Rahmen schaffen; sie bringt eine Risikoregulierung (die einzelnen Risikoklassen und ihre Regulierung finden Sie in Kapitel 8). Sie verfolgt also eine sogenannte Schutztrias, wie Abbildung 7.1 zeigt.

Schutztrias

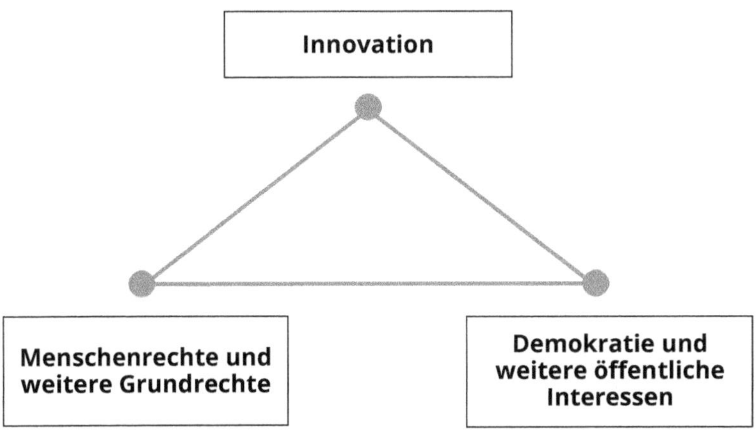

Abbildung 7.1: KI-Verordnung – Schutztrias

Anwendungsbereich der KI-Verordnung

Sie müssen die KI-VO für Ihre Projekte, Produkte und Dienste einhalten, wenn für diese der sachliche und örtliche Anwendungsbereich der KI-VO eröffnet ist. Der Anwendungsbereich beschreibt, für welche Personen, Organisationen, Handlungen und Situationen die KI-VO konkret gilt. Durch den Anwendungsbereich wird also festgelegt, welche Aktivitäten und Bereiche unter die rechtlichen Vorschriften der Verordnung fallen.

Örtlicher Anwendungsbereich der KI-VO

Der örtliche Anwendungsbereich der KI-VO ist weit gefasst. Sie müssen die KI-VO immer dann beachten, wenn

- ✔ Sie ein KI-System in der EU in Verkehr bringen oder in Betrieb nehmen,
- ✔ Sie als Betreiber eines KI-Systems Ihren Sitz in der EU haben oder sich dort befinden oder
- ✔ Sie Ausgaben (Outputs) eines KI-Systems in der EU nutzen.

Sachlicher Anwendungsbereich der KI-VO

Sachlich gesehen müssen Sie die KI-VO für KI-Systeme und KI-Modelle einhalten. Was genau »künstliche Intelligenz« ist, wird intensiv diskutiert. Für die Anwendbarkeit der KI-VO ist für Sie allerdings nur die Legaldefinition von künstlicher Intelligenz – beziehungsweise genauer von einem »KI-System« – entscheidend, die Sie in der KI-VO und den dazu erlassenen Leitlinien finden. Denn damit bestimmt der Gesetzgeber, was er mit der KI-VO reguliert – und daran müssen Sie sich halten.

Was das Gesetz sagt

Die KI-VO definiert den Begriff »KI-System« als »maschinengestütztes System, das für einen in unterschiedlichem Grade autonomen Betrieb ausgelegt ist und das nach seiner Betriebsaufnahme anpassungsfähig sein kann und das aus den erhaltenen Eingaben für explizite oder implizite Ziele ableitet, wie Ausgaben wie etwa Vorhersagen, Inhalte, Empfehlungen oder Entscheidungen erstellt werden, die physische oder virtuelle Umgebungen beeinflussen können« (Art. 3 Nr. 1 KI-VO).

Wenn Sie Entwicklerin oder KI-Experte sind, wundern Sie sich nicht: Sie liegen richtig, wenn Sie feststellen, dass die Definition des KI-Systems im Gesetz nicht mit Ihrer beziehungsweise der üblichen technischen Definition von künstlicher Intelligenz übereinstimmt. Die KI-VO reguliert in dem Sinne eben nicht künstliche Intelligenz, sondern KI-Systeme (und KI-Modelle).

Aber nun zurück zum rechtlichen Teil: Hinter den einzelnen Begriffen der gesetzlichen Definition verbirgt sich Folgendes:

- »maschinengestützt«: System, das auf Maschinen (zum Beispiel Computer) läuft
- »autonom«: System agiert unabhängig von menschlichem Zutun
- »anpassungsfähig«: Fähigkeit des Systems, sich nach Inbetriebnahme und während der Verwendung zu verändern oder zu verbessern
- »ableitungsfähig«: Fähigkeit des Systems selbstständig Lösungen finden zu können, statt von Menschen definierten Regeln zu folgen; Sie müssen also nicht alle »wenn – dann«-Vorgaben händisch eingeben, sondern in KI-Systemen werden die Schlussfolgerungen dann selbst gefunden
- »Umgebungen beeinflussen«: Fähigkeit, durch Entscheidungen direkte Auswirkungen auf reale/virtuelle Umgebungen zu haben (zum Beispiel autonome Fahrsysteme oder Chatsystem)

Der Versuch des Gesetzgebers, mit dieser Definition für Klarheit zu sorgen, ist einigermaßen missglückt. Wir können daraus zwar entnehmen, dass KI-Systeme

- **eigene Schlussfolgerungen ziehen können.** Diese Fähigkeit wird durch Techniken wie maschinelles Lernen ermöglicht, bei denen Systeme aus Daten lernen, wie bestimmte Ziele erreicht werden können.
- **über einen bestimmten Grad an Autonomie verfügen können**, sodass sie in einem gewissen Rahmen unabhängig davon agieren, ob Sie sie »anschalten«.
- **anpassungsfähig sein sollen**, indem sie lernfähig bleiben und sich während der Verwendung weiterentwickeln und verbessern können.

Wenn Sie aber anhand dieser Definition versuchen zu ermitteln, ob Ihre Software ein KI-System im Sinne der Verordnung oder eben nur eine sehr »smarte« Software ist, werden Sie mit dieser sehr schwammigen und in Teilen sehr weitreichenden Definition häufig zu keinem klaren Ergebnis kommen – oder im Zweifel immer (und ohne Not) bei dem Ergebnis landen, dass die Anwendung KI im Sinne der Verordnung ist.

Die EU-Kommission hat zwar mit ihren *Guidelines on the definition of an AI System* (*Leitlinien zur Definition eines KI-Systems*) Beispiele für Systeme geliefert, die nicht als KI gelten, eine klare Abgrenzung liefern die Guidelines allerdings nicht. Beispiele für KI-Systeme im Sinne der KI-VO sind:

- **ChatGPT (OpenAI):** ein sprachbasiertes Modell, das eigenständig Texte generiert und dabei aus Nutzereingaben Rückschlüsse zieht
- **Bard (Google):** ein Chatbot, der mithilfe großer Sprachmodelle eigenständig Antworten produziert und sein Verhalten bei Folgeanfragen anpasst

- ✔ **DALL·E (OpenAI):** ein Bildgenerierungstool, das aus Texteingaben neue Bildinhalte erstellt und damit »Outputs« in Form künstlicher Bilder liefert
- ✔ **Adobe Firefly:** ein kreatives KI-Werkzeug, das Bilder mithilfe maschinellen Lernens autonom erweitert oder verändert
- ✔ **DeepL Translator:** eine Übersetzungssoftware, die mithilfe neuronaler Netze in Echtzeit neue Wörter und Satzstrukturen lernt
- ✔ **IBM Watson Discovery:** eine Software zur Textanalyse, die mithilfe KI-gestützter Verfahren Dokumente durchsucht und eigenständig Schlussfolgerungen zu Relevanz zieht
- ✔ **Microsoft Azure Cognitive Services:** eine Plattform mit Modulen für Bild-, Sprach- und Textanalyse, die selbstständig Eingabedaten interpretiert und damit entsprechende Ausgaben generiert
- ✔ **Microsoft Copilot:** ein KI-gestütztes Assistenzsystem, das Code- und Textvorschläge generiert, maschinelles Lernen verwendet und sich an Kontext und Nutzereingaben anpasst, um automatisiert Inhalte zu erstellen, und damit als KI-System im Sinne der KI-VO einzuordnen
- ✔ **Midjourney:** ein Tool zur autonomen Erstellung von Grafiken auf Basis natürlicher Sprachbefehle und Machine-Learning-Techniken
- ✔ **Replika (Luka Inc.):** Ein Chatbot-gestützter »Begleiter«, der individuelle Gesprächsmuster erlernt und damit selbstständig auf Nutzer reagiert
- ✔ **Tesla Autopilot:** ein Fahrerassistenzsystem, das Umgebungsdaten in Echtzeit verarbeitet, daraus Entscheidungsvorschläge ableitet und das Fahrzeug teilautonom steuert

Abgrenzen müssen Sie KI von guter Software, der es etwa an der Fähigkeit fehlt, abzuleiten oder die nicht autonom arbeitet, sondern starr regelbasiert nach dem »Wenn-dann-Prinzip«. Beispiele für Software, die keine KI ist, sind etwa:

- ✔ **Microsoft Excel** Tabellenkalkulation
- ✔ **Mozilla Firefox Webbrowser** ohne KI-basierte Inhaltsfilterung oder personalisierte Empfehlungen
- ✔ **Adobe Photoshop** (Bildbearbeitung): Die Software wendet Funktionen auf Befehl an, ohne automatisches, selbstlernendes Verhalten.
- ✔ **Passwort-Manager** für die sichere Verwaltung von Passwörtern auf Grundlage fester Datenbankfunktionen
- ✔ **Git** als Versionsverwaltung für Quellcode-Verzeichnisse, die die Versionierung strikt nach Kommandos ausführt und nicht eigenständig aus der Projekthistorie lernt

Wenn Ihnen die gesetzliche Definition nicht weiterhilft, sollten Sie sich stattdessen die drei Phasen der Entwicklung, der Anwendung und der Ergebnisse ansehen und sich folgende Fragen stellen:

1. **Entwicklung**
   - Wird das System durch maschinelles Lernen, Trainingsdaten, spezifische Fachkenntnisse oder Ähnliches trainiert oder basiert es auf vordefinierten Regeln?
   - Nutzt das System Algorithmen, die sich durch Analyse der Daten anpassen oder optimieren?
2. **Anwendung**
   - Führt das System einfache Berechnungen aus oder optimiert es komplexe Prozesse?
   - Kann das System selbstständig neue Wege entwickeln, um ein Ziel effizienter zu erreichen?
3. **Ergebnisse**
   - Sind die Ergebnisse des Systems vorhersehbar oder basieren sie auf Wahrscheinlichkeiten?
   - Gibt es eine klare und nachvollziehbare Logik hinter den Ergebnissen oder entstehen diese durch adaptive Algorithmen?
   - Kann das System mit Unsicherheiten oder unvollständigen Informationen umgehen und trotzdem plausible Ergebnisse liefern?

Wir würden Ihnen auch lieber eine Liste mit eindeutigen Ergebnissen dafür an die Hand geben, was nach Definition der KI-VO ein KI-System ist und was nicht. Leider müssen Sie hier (noch) mit einer gewissen Rechtsunsicherheit leben und selbst eine Abwägung des Für und Wider vornehmen. Anhand der vorstehenden Fragen können Sie herausfinden, ob mehr Argumente für oder gegen eine KI-Eigenschaft des jeweiligen Systems sprechen. Helfen kann dabei auch Abbildung 7.2: Je mehr Argumente für oder gegen eine KI-Qualität der Anwendung spricht, desto eher »kippt« die Abwägungswaage in die eine oder die andere Richtung.

BEISPIEL

Ein herkömmlicher Taschenrechner fällt beispielsweise nicht unter die KI-VO. Taschenrechner arbeiten ausschließlich auf der Grundlage von festgelegten mathematischen Regeln, die von Menschen programmiert wurden. Dadurch können sie dann Berechnungen automatisch ausführen, ohne eigenständig aus Daten zu lernen oder Schlussfolgerungen zu ziehen.

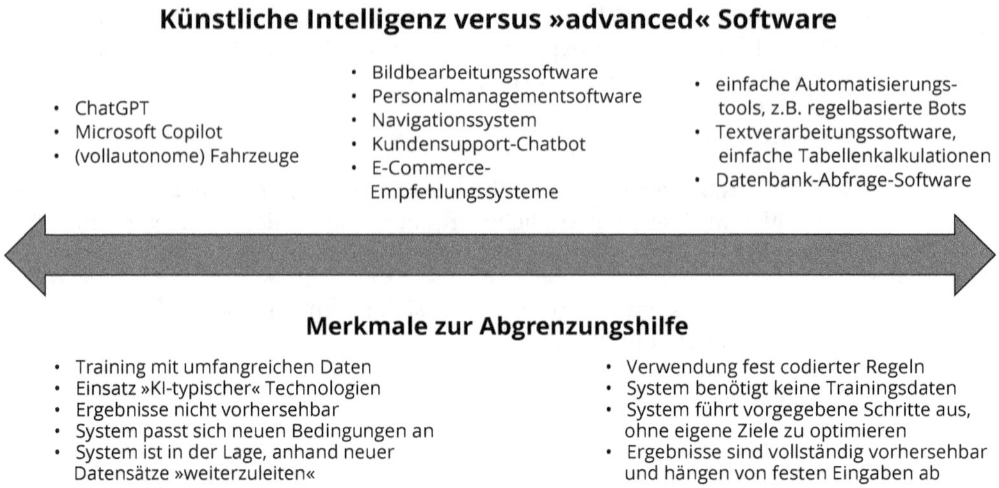

Abbildung 7.2: Was ist KI? Abwägung KI versus smarte Software

Ein Finanzanalyse-Tool hingegen, das eigene Schlüsse aus Daten zieht und dadurch Prognosen über zukünftige Entwicklungen erstellt, erfüllt die Definition, da es über die reine Befolgung von Regeln hinausgeht.

BEISPIEL

Ein Kundensupport-Chatbot, der auf vordefinierten Skripten basiert, nur bestimmte Schlüsselwörter erkennt und darauf regelbasiert reagiert, ohne sich anhand der gegebenen Antworten weiterzuentwickeln, ist kein KI-System – selbst wenn die Trefferquote gut und die Antworten überraschend oft sehr passend sind.

Bei einem Chatbot im Bereich des Kundenservices, der kontextbasierte, dynamische Antworten liefert und maschinelles Lernen verwendet, um aus vergangenen Interaktionen zu lernen und seine Antworten ständig zu verbessern und anzupassen, sprechen deutlich mehr Argumente für die Annahme eines KI-Systems.

BEISPIEL

Ein E-Commerce-Empfehlungssystem, das personalisierte Kaufempfehlungen gibt, wird wohl dann als KI-System anzusehen sein, wenn es seine Empfehlungen mithilfe von Algorithmen und maschinellem Lernen dynamisch an neue Benutzerinteraktionen und -vorlieben anpasst.

Handelt es sich hingegen um ein System, das Produkte nur nach Kategorien, allgemeinen Verkaufszahlen oder auf Basis bisheriger Kaufentscheidungen empfiehlt, handelt es sich eindeutig nicht um ein KI-System.

Kommen Sie auf Basis dieser Überlegungen zu dem Schluss, dass Sie mit Ihrem Unternehmen mit einem KI-System in der EU umgehen, müssen Sie die KI-VO beachten.

KI ist nicht gleich KI

Wenn Sie Ihre Anwendung als »KI« qualifizieren und die KI-VO einhalten müssen, müssen Sie im nächsten Schritt genauer hinsehen: Ist Ihre Anwendung

- ✔ ein KI-Modell,
- ✔ ein KI-System,
- ✔ dient es einem konkreten Zweck oder
- ✔ ist es ein KI-Modell mit allgemeinem Verwendungszweck, also ein sogenanntes General-Purpose-AI-Modell (GPAI)?

Die KI-VO unterscheidet grundsätzlich zwei Lebenszyklen und zwei Arten von KI:

- ✔ **KI-Modell:** der Motor für die spätere KI-Anwendung
- ✔ **KI-System:** die Karosserie, die gemeinsam mit den KI-Modellen das Auto (also die KI-Anwendung) zum Laufen bringt und für Sie nutzbar macht

Die KI-VO reguliert ganz überwiegend KI-Systeme und bringt nur wenige spezifische Pflichten für KI-Modelle. Dabei wird zusätzlich zwischen den Verwendungszwecken des KI-Systems beziehungsweise -Modells unterschieden:

- ✔ **Single Purpose AI:** KI-Systeme mit spezifischem Verwendungszweck
- ✔ **General Purpose AI (GPAI):** KI-Modelle oder -Systeme mit allgemeinem Verwendungszweck, auch generative KI genannt

Die Pflichten, die Ihr Unternehmen zu erfüllen hat, sind unterschiedlich, je nachdem welche dieser beiden Technologie Ihr Unternehmen anwendet.

Was ist der Unterschied zwischen KI-Systemen und KI-Modellen?

»KI-Systeme« und »KI-Modelle« sind nicht das Gleiche. Die Unterscheidung ist deshalb wichtig, weil die KI-VO ihre regulatorischen Anforderungen vorrangig an KI-Systeme stellt, nicht aber an KI-Modelle – mit Ausnahme von KI-Modellen mit allgemeinem Verwendungszweck.

- ✔ Ein *KI-System* ist die konkrete, sichtbare Anwendung (zum Beispiel ChatGPT).
- ✔ Ein *KI-Modell ist* das dieser Anwendung zugrunde liegende algorithmische Herzstück (zum Beispiel die ChatGPT zugrunde liegende selbstlernende Software).

Man könnte auch sagen, das KI-System ist das Auto und das KI-Modell ist der Motor der KI-Anwendung. Eine Anwendung wird also erst dann zu einem KI-System, wenn ein KI-Modell darin integriert wird und dieses »unsichtbare« KI-Modell über das System damit für den Nutzenden nutzbar gemacht wird (siehe Abbildung 7.3).

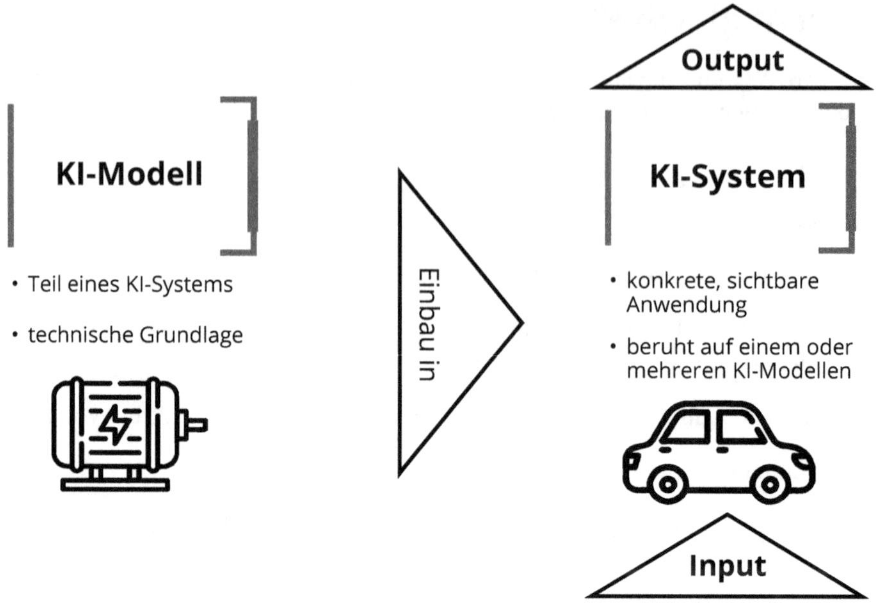

Abbildung 7.3: Verhältnis von KI-Modell und KI-System

Wenn Sie mit einer KI-Anwendung interagieren können, dann ist das ein KI-System. Ein KI-Modell hat keine Bedienoberfläche und kann von Ihnen daher auch allein nicht verwendet werden.

Was das Gesetz sagt: Der kleine, aber feine Unterschied: KI-System ist nicht gleich KI-Modell

✔ **KI-System**

- Ein *KI-System* ist »ein maschinengestütztes System, das für einen in unterschiedlichem Grade autonomen Betrieb ausgelegt ist und das nach seiner Betriebsaufnahme anpassungsfähig sein kann und das aus den erhaltenen Eingaben für explizite oder implizite Ziele ableitet, wie Ausgaben wie etwa Vorhersagen, Inhalte, Empfehlungen oder Entscheidungen erstellt werden, die physische oder virtuelle Umgebungen beeinflussen können« (Art. 3 Nr. 1 KI-VO). Es umfasst eine Vielzahl an Elementen, von der Datenverarbeitung über die Ausgabe von Ergebnissen bis zur Anpassung an Nutzungskontexte.
- Ein *KI-System mit allgemeinem Verwendungszweck* ist »ein KI-System, das auf einem KI-Modell mit allgemeinem Verwendungszweck beruht und in der Lage ist, einer Vielzahl von Zwecken sowohl für die direkte Verwendung als auch für die Integration in andere KI-Systeme zu dienen« (Art. 3 Nr. 66 KI-VO).

✔ **KI-Modell**

- Ein *KI-Modell* ist typischerweise ein Teil des KI-Systems und fungiert als technische Grundlage (zum Beispiel Algorithmus), auf der das KI-System seine Vorhersagen und Entscheidungen trifft. Ein Modell, wie zum Beispiel ein maschinelles Lernmodell, verarbeitet Daten und erstellt daraus Vorhersagen für spezifische Aufgaben wie Bild- oder Sprachverarbeitung (vergleiche ErwGr 97 KI-VO).
- Ein *KI-Modell mit allgemeinem Verwendungszweck* ist ein »KI-Modell (…), das eine erhebliche allgemeine Verwendbarkeit aufweist und in der Lage ist, unabhängig von der Art und Weise seines Inverkehrbringens ein breites Spektrum unterschiedlicher Aufgaben kompetent zu erfüllen, und das in eine Vielzahl nachgelagerter Systeme oder Anwendungen integriert werden kann, ausgenommen KI-Modelle, die vor ihrem Inverkehrbringen für Forschungs- und Entwicklungstätigkeiten oder die Konzipierung von Prototypen eingesetzt werden« (Art. 3 Nr. 63 KI-VO).

BEISPIEL

Ein Unternehmen ist Anbieter einer Software as a Service (SaaS) und ermöglicht seinen Kunden, über den Browser ohne Programmierkenntnisse per Webbaukasten eigene Webseiten zu bauen. Das Unternehmen integriert in seine selbst entwickelte und betriebene Software KI-Modelle von Drittanbietern via API-Schnittstelle, zum Beispiel das generative Sprachmodell ChatGPT oder ein Modell zur Bildgenerierung wie Midjourney. Den SaaS-Nutzern werden so – basierend auf ihrem Geschäftsmodell und ihren zuvor mitgeteilten Vorlieben – erste Website-Entwürfe sowie Texte und Bilder für ihre Website vorgeschlagen.

Die Integration eines KI-Modells in das eigene »Nicht-KI«-Softwaresystem – unabhängig davon, ob es selbst entwickelt ist oder von einem Dritten bezogen wird –, macht dieses System zu einem KI-System. Oder die SaaS zu einer KI-SaaS.

BEISPIEL

Was ist was? KI-Modell, GPAI-Modell, KI-System

Eine Online-Marketingagentur erstellt und optimiert Werbeanzeigen ihrer Kunden für Social-Media-Plattformen. Um diese Leistung automatisiert und effizienter anbieten zu können, möchte die Agentur eine Anwendung in ihr Dashboard einbinden, die KI-basiert auf Basis der Kundenziele Zielgruppendaten und Echtzeit-Performance-Daten, Anzeigeninhalte und -formate dynamisch anpasst. Ziel ist es, die Klick- und Conversion-Raten der Anzeigen laufend zu verbessern, indem die KI-Anwendung verschiedene Anzeigenversionen testet und die erfolgreichsten Varianten anwendet.

Die Agentur kann (und will) keine eigene technische KI-Lösung entwickeln, sondern auf ein bereits entwickeltes KI-Modell eines Dienstleisters zurückgreifen, das über eine API bereitgestellt und direkt in das System der Agentur eingebunden wird. Dieses Modell kann allgemein Texte und Bilder analysieren und optimieren, ist jedoch nicht speziell auf Werbeanzeigen ausgerichtet. Daher wird das Modell zunächst mit bisherigen Werbedaten der Agentur trainiert und auf die spezifischen Anforderungen der Anzeigenoptimierung abgestimmt. Zusätzlich sollen laufend Kundendaten und Interaktionsdaten von Social-Media-Plattformen einfließen, um die Ausrichtung und die Inhalte der Anzeigen zu verfeinern.

Was ist hier was? Sie ahnen es bereits:

- ✔ **KI-Modell:** die per API bereitgestellte Funktionsweise der Text- und Bildanalyse in seiner individuell trainierten Form
- ✔ **GPAI-Modell:** die per API bereitgestellte Funktionsweise der Text- und Bildanalyse in seiner untrainierten Form
- ✔ **KI-System:** die digitale Anwendung inklusive Dashboard, über das die Agentur die Text- und Bildanalyse nutzen kann

KI-Modelle mit allgemeinem Verwendungszeck (GPAI)

Während die KI-VO KI-Systeme mit allgemeinem Verwendungszweck wie KI-Systeme mit spezifischem Verwendungszweck in vier Risikoklassen unterteilt, die rechtlich mit unterschiedlichen Vorgaben verbunden sind, sieht die KI-VO für KI-Modelle mit allgemeinem Verwendungszweck (anders als für KI-Modelle mit spezifischem Verwendungszweck) eigene Anforderungen vor, die Sie in Tabelle 7.1 sehen.

KI-Kategorie	Folge
KI-Systeme mit allgemeinem oder spezifischem Verwendungszweck	Pflichtenkatalog bestimmt sich nach Einordnung in entsprechende Risikoklasse (verbotene KI / Hochrisiko-KI-System, KI-System mit begrenztem oder geringem Risiko)
KI-Modelle mit allgemeinem Verwendungszweck	eigener Pflichtenkatalog, Umfang ist abhängig vom Bestehen des Risikolevels (aber unabhängig von der Risikoklasse des KI-Systems, in das das KI-Modell gegebenenfalls integriert ist)
KI-Modelle mit spezifischem Verwendungszweck	kein eigener Pflichtenkatalog

Tabelle 7.1: Übersicht KI-Modell versus KI-System und allgemeiner versus spezifischer Verwendungszweck

KI-Systeme mit allgemeinem Verwendungszweck unterliegen aber weiterhin dem risikobasierten Ansatz der KI-VO (siehe dazu Kapitel 8). Hier müssen Sie also prüfen und entscheiden, zu welchem Risiko ein bestimmter Nutzungszweck führt.

Die Anforderungen für KI-Modelle mit allgemeinem Verwendungszweck bestimmen sich nicht nach den Risikoklassen, die Sie von den KI-Systemen kennen, sondern nach dem Risikolevel, das heißt dem Bestehen oder Nichtbestehen eines *systematischen Risikos*. Das systematische Risiko von generativen KI-Modellen ist allerdings nicht einfach eine weitere Risikokategorie, sondern ein eigenständiges Risikolevel, verbunden mit einem eigenen Pflichtenkatalog. Sie bewegen sich hier also in einer anderen Regulierungswelt.

Systemisches Risiko

Ob von einem KI-Modell mit allgemeinem Verwendungszweck ein erhebliches Risiko (*Level-1-KI-Modell*, mit entsprechend höheren Anforderungen beziehungsweise mehr Pflichten) ausgeht, können Sie nicht mithilfe der Risikoklassen für KI-Systeme bestimmen, da diese in der Regel gerade auf die konkrete Verwendung abzielen. Ob ein GPAI-Modell besondere Pflichten mit sich bringt, bestimmt sich vielmehr danach, ob das Modell aufgrund seiner Leistung und Reichweite ein systematisches Risiko beinhaltet.

Von einem *KI-Modell mit allgemeinem Verwendungszweck mit systemischem Risiko* spricht man, wenn

- ✔ es »über Fähigkeiten mit hohem Wirkungsgrad [verfügt], die mithilfe geeigneter technischer Instrumente und Methoden, einschließlich Indikatoren und Benchmarks, bewertet werden« (Art. 51 Abs. 1 lit. a) KI-VO) oder
- ✔ es »unter Berücksichtigung der in Anhang XIII festgelegten Kriterien von der Kommission von Amts wegen oder aufgrund einer qualifizierten Warnung des wissenschaftlichen Gremiums getroffenen Entscheidung zufolge über Fähigkeiten oder eine Wirkung verfügt, die denen gemäß Buchstabe a entsprechen« (Art. 51 Abs. 1 lit. b) KI-VO).

Fähigkeiten mit hohem Wirkungsgrad

Derzeit wird angenommen, dass ein KI-Modell mit allgemeinem Verwendungszweck ein systematisches Risiko beinhaltet, wenn die kumulierte Menge der für sein Training verwendeten Berechnungen, gemessen in Gleitkommaoperationen (auch *Floating Point Operations per Second* oder kurz *FLOPS* genannt), mehr als 1.025 beträgt.

FLOPS steht für *Floating Point Operations per Second* und ist eine Maßeinheit für die Rechenleistung eines Computersystems. FLOPS gibt die Anzahl der Gleitkommaoperationen an, die ein System pro Sekunde durchführen kann.

Bei der KI ist FLOPS eine wichtige Kenngröße, da moderne KI-Modelle wie neuronale Netzwerke eine hohe Anzahl an Gleitkommaoperationen erfordern, um komplexe Berechnungen effizient durchführen zu können. Die Rechenleistung in FLOPS zeigt also, wie leistungsfähig ein System bei der Verarbeitung und Analyse großer Datenmengen oder der Ausführung von Modellen im maschinellen Lernen ist.

Kriterien für systemisches Risiko

Nach Vorgabe der EU-Kommission werden bei der Bewertung des Risikos eines KI-Modells folgende Kriterien zugrunde gelegt:

- ✔ die Anzahl der Parameter des Modells;
- ✔ die Qualität oder Größe des Datensatzes, zum Beispiel durch Tokens gemessen;
- ✔ die Menge der für das Trainieren des Modells verwendeten Berechnungen, gemessen in Gleitkommaoperationen oder anhand einer Kombination anderer Variablen, wie geschätzte Trainingskosten, geschätzter Zeitaufwand für das Trainieren oder geschätzter Energieverbrauch für das Trainieren;
- ✔ die Ein- und Ausgabemodalitäten des Modells, wie Text-Text (große Sprachmodelle), Text-Bild, Multimodalität;
- ✔ Schwellenwerte auf dem Stand der Technik für die Bestimmung der Fähigkeiten mit hoher Wirkkraft für jede Modalität und die spezifische Art der Ein- und Ausgaben (zum Beispiel biologische Sequenzen);
- ✔ die Benchmarks und Beurteilungen der Fähigkeiten des Modells – dazu gehören die Anpassungsfähigkeit zum Erlernen neuer, unterschiedlicher Aufgaben, der Grad an Autonomie und Skalierbarkeit sowie die Instrumente, zu denen es Zugang hat (berücksichtigt wird dabei die Zahl der Aufgaben ohne zusätzliches Training);
- ✔ ob es aufgrund seiner Reichweite große Auswirkungen auf den Binnenmarkt hat – davon wird ausgegangen, wenn es mindestens 10.000 in der Union niedergelassenen registrierten gewerblichen Nutzern zur Verfügung gestellt wurde;
- ✔ die Zahl der registrierten Endnutzer.

Es könnte sein, dass die Kommission die aufgeführten Schwellenwerte ändert und Benchmarks sowie Indikatoren ergänzt, um den erwartbaren technologischen Entwicklungen Rechnung zu tragen und sicherzustellen, dass diese Kriterien dem Stand der Technik entsprechen.

Außerdem ist zu erwarten, dass Experten aus Industrie, Wissenschaft und Zivilgesellschaft sowie andere relevante Interessengruppen in Zusammenarbeit mit der Kommission Verhaltenskodizes – und letztendlich harmonisierte EU-weite Normen entwickeln werden, die bei der Erfüllung der neuen Anforderungen in der Praxis helfen sollen.

Geht von einem KI-Modell mit allgemeinem Verwendungszweck kein systematisches Risiko aus (sogenannte *Level-2-KI-Modelle*) sind lediglich die zusätzlichen Transparenzpflichten zu erfüllen.

Ausnahmen vom Anwendungsbereich

Obwohl Sie ein KI-Modell mit allgemeinem Verwendungszweck anbieten oder KI-Systeme in der EU betreiben, müssen Sie die KI-VO nicht beachten, wenn eine der engen Ausnahmen vom Anwendungsbereich der KI-VO greift. Die KI-VO gilt nicht

- ✔ für natürliche Personen, die KI-Systeme nur persönlich und nicht beruflich verwenden;
- ✔ für KI-Systeme, die für militärische Zwecke, Verteidigungszwecke oder Zwecke der nationalen Sicherheit verwendet werden;
- ✔ für Behörden in Drittländern und für internationale Organisationen, soweit die KI-Systeme im Rahmen der internationalen Zusammenarbeit im Bereich der Strafverfolgung und justiziellen Zusammenarbeit verwendet werden und angemessene Garantien für den Schutz der Privatsphäre, der Grundrechte und der Grundfreiheiten von Personen vorgesehen sind;
- ✔ für KI-Systeme und KI-Modelle, die ausschließlich für die wissenschaftliche Forschung und Entwicklung entwickelt und in Betrieb genommen werden;
- ✔ für Forschungs-, Test- und Entwicklungstätigkeiten zu KI-Systemen oder KI-Modellen, bevor sie in Verkehr gebracht oder in Betrieb genommen werden, es sei denn, es wird unter Realbedingungen getestet;
- ✔ für bestimme Open-Source-KI-Systeme, also KI-Systeme, die unter freien und quelloffenen Lizenzen bereitgestellt werden.

Um den Innovationscharakter solcher KI-Systeme zu fördern, sieht die KI-VO eine Bevorzugung von Open-Source-Systemen vor. Die Ausnahme für Open-Source-KI-Systeme ist aber stark beschränkt.

Sie müssen die KI-VO auch für Ihre Open-Source-Projekte einhalten, wenn

- ✔ das KI-System für verbotene Praktiken eingesetzt werden soll,
- ✔ als Hochrisiko-KI einzuordnen ist oder
- ✔ den besonderen Transparenzpflichten unterliegt.

Letztlich müssen Sie überall dort, wo die KI-VO intensiv reguliert, die Vorgaben auch für Ihr Open-Source-KI-System einhalten.

Die Ausnahme ist in der Praxis fast inhaltsleer.

Unter *Open-Source-Systemen* versteht man stark verallgemeinert Software, deren Quellcode öffentlich zugänglich ist und der von jedem eingesehen sowie – unter Einhaltung der jeweiligen Lizenzbedingungen – genutzt, verändert und weiterverbreitet werden darf.

Konkret handelt es sich dann um Open-Source-Software, wenn der Quelltext der Software in einer für den Menschen lesbaren und verständlichen Form vorliegt (das heißt einer üblichen Programmiersprache) und es erlaubt ist, die Software

- ✔ ohne Beschränkungen einzusetzen,
- ✔ zu untersuchen, wie sie funktioniert,
- ✔ an die eigenen Bedürfnisse anzupassen,
- ✔ zu kopieren und Kopien des Programms weiterzugeben, sodass auch andere es nutzen können,
- ✔ zu verbessern und die Verbesserungen weiterzugeben.

Seien Sie bei der Verwendung von Open Source vorsichtig, vor allem, wenn Sie Open-Source-KI für kommerzielle Angebote nutzen möchten! Denn ganz unabhängig von der KI-VO ist »Open Source« nicht gleichbedeutend mit »alles ist erlaubt« – im Gegenteil: Die Nutzung ist ausschließlich unter Beachtung der jeweiligen Nutzungsbedingungen gestattet! In der Regel umfasst dies insbesondere auch die Pflicht, den verwendeten beziehungsweise bearbeiteten Quellcode wiederum ohne Erhebung von Lizenzgebühren offenzulegen.

Keine Ausnahmen für KMUs und Start-ups – oder etwa doch?

Die schlechte Nachricht zuerst: Die KI-VO sieht keine Ausnahmen für Start-ups oder kleine und mittelständische Unternehmen (KMUs) vor – auch wenn Ihr Unternehmen noch sehr jung und/oder noch recht klein ist, müssen Sie die Vorgaben der KI-VO beachten und umsetzen, wenn Sie KI-Anwendungen entwickeln, anbieten oder nutzen.

Es gibt aber auch eine gute Nachricht: Die EU-Kommission hat sich an einigen Stellen der KI-VO darum bemüht, KMUs zumindest zu entlasten. Erklärtes Ziel der KI-VO ist unter anderem die Förderung von KI-Innovationen. Und auch der EU-Kommission ist bewusst, dass diese nicht selten von kleinen Unternehmen kommen beziehungsweise künstliche Intelligenz insbesondere kleinen Unternehmen und Start-ups dabei helfen kann, ihre eigene Innovationskraft zu pushen. Daher sollen Sie als KMU nicht mit unverhältnismäßigen Kosten oder zu hohem organisatorischem Aufwand belastet werden.

Die EU-Kommission möchte KMUs durch folgende Maßnahmen entlasten:

- ✔ **Weniger Bürokratie:** Ein großes Hindernis insbesondere für kleinere Unternehmen ist die umfangreiche Dokumentationspflicht, vor allem bei Hochrisiko-KI-Systemen. Um Ihnen diese Arbeit zu erleichtern, stellt die EU-Kommission vereinfachte Musterformulare zur Erfüllung der technischen Dokumentation zur Verfügung.

- **Einbindung:** Die aktive Mitgestaltung der KI-Regulation soll nicht den großen Playern und Lobbyisten vorbehalten sein, auch KMUs sollen ausdrücklich die Möglichkeit der Mitarbeit in den EU-Gremien erhalten, in denen die Normungsprozesse für KI stattfinden.

- **Zugang zu KI-Reallaboren:** Ein Innovationshemmnis ist die fehlende Möglichkeit von KMUs, innovative KI-Lösungen unter realen Bedingungen zu testen. Daher sollen ihnen KI-Reallabore (auch AI Regulatory Sandboxes) kostenlos beziehungsweise stark vergünstigt zur Verfügung gestellt werden. Damit erhalten auch kleine Unternehmen die Möglichkeit, KI-Anwendungen unter möglichst realen Bedingungen auszuprobieren, ohne zu diesem Zeitpunkt bereits alle Pflichten und Dokumentationen vollumfänglich erfüllen zu müssen.

- **Geringere Bußgelder:** Zwar müssen auch KMUs mit empfindlichen Bußgeldern rechnen, wenn sie gegen die KI-VO verstoßen. Auch für sie gelten die drei Bußgeldstufen, die wir Ihnen gleich noch vorstellen werden. Bei der Bemessung des konkreten Bußgeldes sollen aber die Interessen von KMU und Start-ups sowie deren wirtschaftliches Überleben berücksichtigt werden. Zum Beispiel soll – anders als bei sonstigen Unternehmen – nicht der höhere, sondern jeweils der niedrigere mögliche Betrag herangezogen werden.

- **Niedrigschwellige Beratung:** Die KI-VO verpflichtet die Mitgliedstaaten, insbesondere kleine Unternehmen kostenlos oder zumindest niedrigschwellig zu beraten. Das hat die Bundesnetzagentur zum Beispiel mit seinem KI-Service Desk umgesetzt, über das Sie in Kapitel 11 mehr erfahren können.

Zeitlicher Geltungsbeginn

Am 12. Juni 2024 wurde die KI-VO im Amtsblatt der Europäischen Union veröffentlicht und trat am 1. August 2024 in Kraft, womit der Startschuss für die Umsetzung fiel.

Wirklich anwenden und einhalten mussten Sie die Vorgaben der KI-VO damals aber noch nicht. Der eigentliche Geltungsbeginn ist gestaffelt (siehe auch Abbildung 7.4):

- **2. Februar 2025:** verbotene Praktiken und KI-Kompetenz

- **2. August 2025:** Start der Arbeit der nationalen Behörden, der Verpflichtungen für KI mit allgemeinem Verwendungszweck, der Vertraulichkeitspflichten und der Sanktionen (Geldbußen)

- **2. August 2026:** Regulierung von Hochrisiko-KI, Anwendungsstart Transparenzpflichten, umfassende Marktüberwachung, Möglichkeit von Verhaltenskodizes und Sanktionen auch für KI mit allgemeinem Verwendungszweck

- **2. August 2027:** Regulierung von Hochrisiko-KI, die in Sicherheitsprodukten verbaut ist, und Pflicht zur Anpassung von vor dem 2. August 2026 in Verkehr gebrachter KI an die seitdem für die neuen KI-Systeme geltenden Pflichten.

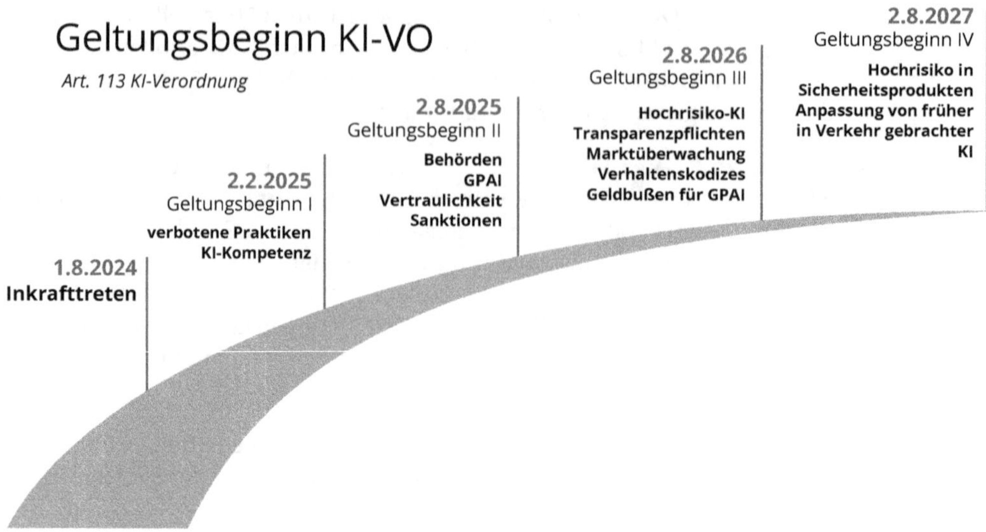

Abbildung 7.4: KI-Verordnung Geltungsbeginn

Derzeit wird auf EU-Ebene diskutiert, ob der Geltungsbeginn nach hinten verschoben wird. Sie sollten diese Diskussion verfolgen, denn womöglich startet für Sie die zeitliche Geltung der KI-VO doch erst später und es bleibt mehr Zeit für die Umsetzung der umfangreichen Vorgaben.

Durchsetzung

Um die Vorgaben der KI-VO auch um- und durchsetzen zu können, sollen verschiedene Behörden auf europäischer und nationaler Ebene eingerichtet werden, die an der Umsetzung beteiligt sind.

Auf europäischer Ebene wurde das *Büro für künstliche Intelligenz (AI Office)* eingerichtet. Dessen Aufgabe ist es vor allem, Fachwissen und Kapazitäten der EU zu bündeln und zu generieren. Das Büro für künstliche Intelligenz soll beispielsweise Praxisleitfäden ausarbeiten (vergleiche Art. 56 Abs. 1 KI-VO) und ist mit der Überwachung, Beaufsichtigung und Durchsetzung der Anforderungen der KI-VO an KI-Modelle mit allgemeinem Verwendungszweck (GPAI) betraut.

Für Sie kann das AI Office hilfreich sein, wenn Sie nach Hintergrundinformationen suchen: Auf den Seiten des AI Office finden Sie Leitlinien, Orientierungshilfen oder etwa auch Webinarangebote.

Weitere Informationen finden Sie hier: `https://digital-strategy.ec.europa.eu/de/policies/ai-office`.

Zusätzlich wird auf europäischer Ebene ein *KI-Gremium* eingerichtet, das aus Vertretern der Mitgliedstaaten besteht. Das KI-Gremium ist für eine Vielzahl von Beratungsaufgaben zuständig – darunter Stellungnahmen, Empfehlungen und Ratschläge.

Auf nationaler Ebene werden von den Mitgliedstaaten KI-Aufsichtsbehörden benannt. Jeder Mitgliedstaat muss dabei mindestens eine notifizierende Behörde und eine Marktüberwachungsbehörde benennen. Diese Behörden haben zum einen Überwachungsfunktion und zusätzlich die Aufgabe, Innovation und Wettbewerb zu fördern. Dabei können die Mitgliedstaaten selbst öffentliche Einrichtungen bestimmen, die den Aufgaben der nationalen Behörden gemäß den spezifischen nationalen Anforderungen gerecht werden.

In Deutschland wird wahrscheinlich die Bundesnetzagentur die zentrale Marktüberwachungsbehörde. Daneben erhalten weitere Behörden für bestimmte Sektoren eigene Zuständigkeiten, zum Beispiel die BaFin für Finanzunternehmen. Soweit personenbezogene Daten verarbeitet werden, sind zusätzlich die Datenschutzaufsichtsbehörden zuständigen. Sie sehen, dass Sie in Deutschland also auch bei der Umsetzung der KI-VO mit einer Vielzahl von Behörden werden sprechen müssen. Die Bundesnetzagentur wird auch Bußgelder bei Verstößen gegen die KI-VO verhängen können. Das soll sicherstellen, dass die KI-VO auch wirklich beachtet wird.

Die Bußgelder , die bei Verstößen gegen die KI-VO drohen, sind erheblich:

- ✔ Geldbußen bis zu 35 Millionen Euro oder bis zu 3 Prozent des gesamten weltenweiten Jahresumsatzes des vorangegangenen Geschäftsjahres (im Falle von Unternehmen) können bei Missachtung der verbotenen Praktiken (vergleiche Art. 5 KI-VO) verhängt werden – je nachdem welcher Beitrag höher ist (vergleiche Art. 99 Abs. 3 KI-VO).
- ✔ Geldbußen in Höhe von 15 Millionen Euro oder – auch hier im Falle von Unternehmen – 3 Prozent des gesamten weltweiten Jahresumsatzes des vorangegangenen Geschäftsjahres können verhängt werden (je nachdem, welcher Beitrag höher ist), wenn Akteure oder notifizierende Stellen gegen bestimmte Pflichten oder Anforderungen verstoßen. Das gilt beispielsweise für Verstöße gegen die Transparenzpflichten für Anbieter und Betreiber von bestimmten KI-Systemen oder Pflichten für Anbieter von Hochrisiko-KI-Systemen (Art. 99 Abs. 4 KI-VO).
- ✔ Geldbußen bis zu 7,5 Millionen Euro oder (im Falle von Unternehmen) von bis zu 1 Prozent des gesamten weltweiten Jahresumsatzes des vorangegangenen Geschäftsjahres drohen – auch hier gilt: je nachdem, welcher Beitrag höher ist –, wenn den notifizierten Stellen oder zuständigen nationalen Behörden auf deren Auskunftsersuchen hin falsche, unvollständige oder irreführende Informationen bereitgestellt werden (vergleiche Art. 99 Abs. 5 KI-VO).

Es gilt jeweils die höhere Summe.

Ist erst mal geklärt, dass Sie die KI-VO beachten müssen und ab wann, geht es ans Eingemachte: Sie müssen die Risikoklasse jeder Ihrer KI-Systeme prüfen und feststellen, welche Rolle Ihr Unternehmen als Akteur entlang der Wertschöpfungskette einnimmt. Wie Sie dabei vorgehen und was es dazu zu beachten gibt, erfahren Sie in Kapitel 8.

Umsetzungshilfen

Die KI-VO sieht zahlreiche Umsetzungshilfen und unterstützende Maßnahmen vor, um insbesondere Unternehmen, Behörden und Start-ups bei der praktischen Anwendung und Einhaltung der Verordnung zu unterstützen. Dazu zählen insbesondere Praxisleitfäden, Leitlinien, KI-Reallabore und Verhaltenskodizes, wie Sie Tabelle 7.2 entnehmen können.

Diese Umsetzungshilfen werden von der Europäischen Kommission, dem Büro für künstliche Intelligenz und den Mitgliedstaaten bereitgestellt.

Umsetzungshilfe	Beschreibung/Beispiele	Zielgruppe
Praxisleitfäden und Guidelines	praktische Anleitungen, zum Beispiel Transparenz, Risiko	KMU, Behörden, Entwickler
Leitlinien der EU-Kommission	rechtlich-operative Auslegung, Klarstellungen	alle Marktakteure
KI-Reallabore (Sandboxes)	Testen unter Realbedingungen, Beratung	Unternehmen, Start-ups
Beratung durch das Büro für KI	Empfehlungen, Gutachten, Infoaustausch	Behörden, Unternehmen
Verhaltenskodizes	freiwillige Branchencodes, Musternormen	Entwickler, Betreiber
Ausbildung und Training	Kompetenzaufbau, Schulungen	Personal, Behörden
wissenschaftliches Gremium	unabhängige Sachverständige, Beratung	Behörden, Kommission

Tabelle 7.2: Übersicht Umsetzungshilfen

IN DIESEM KAPITEL

Die Risikoklassen

KI-Systeme versus KI-Modelle

Akteure der KI-Verordnung

KI-Kompetenz

Die Rolle des AI Officers

Pflicht der KI-Verordnung

Kapitel 8
Vorgaben aus der KI-Verordnung

Jetzt geht es ans Eingemachte! In Kapitel 7 haben Sie sich einen Überblick über die KI-Verordnung (KI-VO) verschafft – jetzt erfahren Sie, welche konkreten Anforderungen die KI-VO an Ihr Unternehmen stellt.

Um einschätzen zu können, welche Pflichten Ihr Unternehmen konkret erfüllen muss, müssen Sie zunächst immer prüfen:

- ✔ ob die konkrete Anwendung überhaupt *künstliche Intelligenz* im Sinne der KI-VO ist (siehe dazu Kapitel 7),
- ✔ als was für ein *Akteur* Ihr Unternehmen in dem Zusammenhang auftritt und
- ✔ unter welche *KI-Risikoklasse* Ihre KI-Anwendung fällt.

Bei alledem muss natürlich immer auch der örtliche Anwendungsbereich eröffnet sein. Das ist der Fall, wenn Sie bei dem KI-Einsatz einen EU-Bezug haben (nachlesen können Sie das unter der Überschrift »Anwendungsbereich der KI-Verordnung« in Kapitel 7). Wenn Sie dieses Buch lesen, ist das vermutlich gegeben.

Akteure – wer bin ich und wenn ja, wie viele?

Die KI-VO adressiert verschiedene Akteure und meint damit:

- ✔ Anbieter,
- ✔ Hersteller,
- ✔ Betreiber,
- ✔ Bevollmächtigte,
- ✔ Einführer oder
- ✔ Händler.

Prüfen Sie stets und in Bezug auf jede KI-Anwendung, in welcher Rolle – also als was für ein Akteur – Ihr Unternehmen in Erscheinung tritt.

Daraus folgt nicht nur, wer entscheidet, für welche Verwendung ein KI-System bestimmt ist (dazu erfahren Sie mehr, wenn Sie sich im Folgenden mit der Rolle des »Anbieters« beschäftigen). Sondern vor allem auch, welche konkreten Pflicht Sie als Unternehmen in Bezug auf ein KI-System – abhängig von der jeweilige Risikoklasse (dazu mehr im nächsten Abschnitt) – beachten müssen.

Akteure können neben Unternehmen auch Einzelpersonen, juristische Personen (also GmbH, AG, ein Verein und so weiter) oder sonstige Einrichtungen oder Stellen sein. Entscheidend ist, wer die KI im beruflichen Kontext auf eigenes Risiko und in eigener Verantwortung anbietet oder einsetzt.

Es kann sein, dass einzelne Akteure in bestimmten Situationen auch mehrere Rollen gleichzeitig einnehmen und daher in mehrfacher Weise Regelungsadressaten sind. Auch das sollten Sie bei Ihrer Prüfung berücksichtigen.

Schauen wir uns nun die möglichen Rollen Ihres Unternehmens einmal genauer an. Die beiden wichtigsten (und in der Praxis für Sie vermutlich am wahrscheinlichsten) sind der Anbieter und der Betreiber:

- ✔ **Anbieter**

  Anbieter sind solche Akteure, die ein KI-System (oder ein KI-Modell mit allgemeinem Verwendungszweck) entwickeln oder entwickeln lassen und es unter eigenem Namen oder eigener Marke auf den EU-Markt bringen oder erstmalig in Betrieb nehmen – mit anderen Worten: quasi der »Hersteller« des KI-Systems, solange das KI-System seine Marke oder seinen Namen trägt. Die Anbieter treffen von allen Akteuren die meisten Pflichten. Zu den bekannten Beispielen von Anbietern zählen unter anderem OpenAI, Anthropic, Mistral oder Aleph Alpha.

Es ist übrigens egal, ob die Bereitstellung kostenlos oder kostenpflichtig erfolgt! Es kommt nicht darauf an, ob Ihr Unternehmen im Zusammenhang mit der KI-Anwendung wirtschaftliche Absichten verfolgt oder nicht – was insbesondere für die grundsätzlich auch erfassten natürlichen Personen und öffentliche Stellen relevant sein dürfte.

Ein E-Commerce-Unternehmen lässt durch eine Softwareentwicklerin ein KI-basiertes System für den eigenen Shop entwickeln und nimmt es dann auch in Betrieb. Dieses System generiert automatisierte Produktempfehlungen für seine Kunden, indem es mithilfe von KI das Nutzerverhalten auf der Plattform analysiert und in Echtzeit personalisierte Kaufempfehlungen anzeigt.

Nicht nur entsprechend spezialisierte Unternehmen oder große Techunternehmen mit eigenen KI-Anwendungen sind als Anbieter einzustufen – auch Ihr Unternehmen kann überraschend schnell in die Anbieterrolle rutschen. Das kann zum Beispiel passieren, wenn Sie auf der White-Label-KI-Lösung eines Dritten Ihre Unternehmensmarke anbringen und dadurch dieses KI-System erstmals in Betrieb nehmen, das KI-System eines anderen Anbieters mit eigenen Daten nachtrainieren oder ein KI-System mit allgemeinem Verwendungszweck (zum Beispiel ChatGPT, Microsoft Copilot oder Perplexity AI) in einem Hochrisikobereich (welche das sind, erfahren Sie gleich) einsetzen.

- **Betreiber** (gemeint: »Nutzer«)

  Wenn Sie ein KI-System in eigener Verantwortung und im Zusammenhang mit einer beruflichen Tätigkeit verwenden, sind Sie Betreiber. Das ist immer dann der Fall, wenn Sie beziehungsweise Ihr Unternehmen das KI-System bewusst sowie auf eigene Rechnung und eigenes Risiko nutzen. Ob das KI-System auf der eigenen Infrastruktur läuft, ist hingegen nicht relevant – auch Unternehmen, die ein KI-System über einen Software-as-a-Service-Dienstleister (sogenannten KI-SaaS) beziehen, können Betreiber sein.

Maßgeblich ist, ob ein KI-System bei Ihnen eingesetzt wird. Eindeutig ist das, wenn Ihr Unternehmen das KI-System benutzt beziehungsweise durch Mitarbeitende bedienen lässt. Aber auch bei KI-Systeme, die nach der Installation ohne Bedienung funktionieren, ist Ihr Unternehmen Betreiber, wenn es über den Einsatz im konkreten Kontext entschieden hat (zum Beispiel durch Installation in eigenen IT-Systemen oder Einbindung in eigene (Arbeits-)Prozesse). Und selbst dann, wenn ein KI-System nur selten einmal genutzt wird und es noch keine umfassende Anwendungspraxis gibt, ist auch dies schon genug, damit Ihr Unternehmen zum Betreiber wird.

Zur Routenoptimierung seiner Lkw-Flotte nutzt ein Logistikunternehmen eine KI-Software eines spezialisierten Softwareentwicklungsunternehmens. Diese KI analysiert in Echtzeit Verkehrsdaten, Wetterbedingungen und historische Lieferzeiten, um die effizienteste Route für jede Lieferung zu berechnen. Die KI-Lösung wird als KI-SaaS angeboten und von einer Vielzahl von Kunden verwendet.

In diesem Fall ist das Logistikunternehmen als Betreiber, das Softwareunternehmen als Anbieter einzuordnen.

Ein Entwicklungsunternehmen bietet eine KI zur automatisierten Analyse von Videostreams in Echtzeit an, um verdächtige Verhaltensmuster (zum Beispiel Diebstahlversuche) in Einzelhandelsgeschäften zu erkennen, und ist entsprechend Anbieter.

Ein Einzelhandelsunternehmen kauft das System, integriert es in die eigene Kamerainfrastruktur mehrerer Filialen und weist das eigene Sicherheitspersonal an, die vom KI-System generierten Hinweise auszuwerten und gegebenenfalls manuell zu überprüfen – damit wird der Einzelhändler zum Betreiber (nicht hingegen die Mitarbeitenden des Sicherheitspersonals, die das System bedienen).

Wenn Sie als Mitarbeitende oder Ihre Mitarbeitenden in Ihrem Unternehmen KI-Systeme wie vorgegeben nutzen, führen diese Bedienungshandlungen natürlich nicht zu einer Einordnung von Ihnen selbst als Betreiber. Betreiber ist und bleibt das Unternehmen. Die Nutzungshandlung der Mitarbeitenden wird dem Unternehmen als Betreiber zugerechnet.

Betreiber (aber auch Händler, Einführer etc.) können unter anderem dann unfreiwillig zu Anbietern von KI-Systemen mit deutlich umfangreicheren Pflichten werden, wenn sie

- ein Hochrisiko-KI-System (was das ist, erfahren Sie weiter hinten in diesem Kapitel) wesentlich verändern,
- ein KI-System in sicherheitsregulierte Produkte einbauen und dieses so zu einem Hochrisiko-KI-System machen,
- den Zweck eines KI-Systems ändern und damit dessen Risiko erhöhen oder
- ein KI-Modell weiterentwickeln und in eigene Softwareprodukte integrieren.

Ob im Einzelfall tatsächlich eine wesentliche Veränderung eines KI-Systems vorliegt, kann sehr komplex sein.

Dass eine »wesentliche Veränderung« vorliegt, ist sehr wahrscheinlich, wenn Funktionalität, Sicherheit oder Zweckbestimmung eines KI-Systems angepasst werden und dies das Risiko des Systems erhöht. Dann wird das Unternehmen, das die Veränderungen verantwortet, zum Anbieter.

Ein Hersteller vertreibt Drohnen, die ursprünglich zur Landschaftsfotografie konzipiert worden sind und KI-gestützte Bildverarbeitung verwenden, um automatisch Panoramaaufnahmen zu erstellen. Diese Anwendung fällt nicht in die Kategorie der Hochrisiko-KI-Systeme.

Ein Händler programmiert die zugrunde liegende Software um und ergänzt Funktionen zur biometrischen Gesichtserkennung und Echtzeitanalyse. Die Drohnen können nun zur Überwachung in öffentlichen Bereichen genutzt werden, zum Beispiel zur Erkennung von Menschenmengen und potenziellen Bedrohungen bei Großveranstaltungen, und werden deshalb zum Hochrisiko-KI-System. Damit wird der Händler auch selber zum Anbieter dieses KI-Systems hochgestuft.

Auch wenn Sie KI-Modell von Dritten (zum Beispiel das Sprachmodell von ChatGPT) weiterentwickeln und in eigene Softwareprodukte integrieren, können Sie unfreiwillig vom Betreiber zum Anbieter werden und zwar insbesondere in folgenden Fällen:

- ✔ **Weiterentwicklung von KI-Modellen**

  Insbesondere KI-Modelle mit allgemeinem Verwendungszweck werden oft durch Finetuning weiter geändert oder zu neuen Modellen verfeinert. Vor allem wenn dadurch neue Funktionen oder Anwendungen ermöglicht werden, liegt es nahe, diese Individualisierung beziehungsweise Optimierung als Entwicklung zu werten und der Entwickler damit Anbieter des neu geschaffenen KI-Systems wird.

- ✔ **Integration von KI-Modellen in eigene Softwareprodukte**

  Viele Unternehmen integrieren GPAI-Modelle in ihre eigenen Softwareprodukte oder SaaS-Angebote, um sie für ihre Kunden attraktiver zu machen.

  Wer aber ein KI-System unter eigenem Namen auf dem Markt bereitstellt, wird in der Regel bereits nach der allgemeinen Definition als Anbieter eingestuft.

  Denkbar ist allerdings auch, dass das Unternehmen lediglich als Betreiber (also Nutzer) eingestuft wird, wenn es das KI-Modell unverändert vom ursprünglichen Anbieter bezieht und es ohne wesentliche Anpassungen in sein Produkt oder seinen Dienst integriert und dies für den Kunden transparent ersichtlich ist.

Wann immer Sie KI-Systeme oder KI-Modelle eines anderen Unternehmens verändern oder anders einsetzen, als dies ursprünglich vom Anbieter gedacht war, prüfen Sie genau, ob Ihr Unternehmen dennoch »nur« Nutzer (also »Betreiber«) der KI ist oder ob es damit die deutlich umfangreicheren Pflichten eines Anbieters übernommen hat.

BEISPIEL

Bei einigen Praxisfällen kann die Abgrenzung zwischen wesentlicher und unwesentlicher Veränderung schwierig sein:

- ✔ **Training der KI**

  Wenn Sie als Unternehmen eine Hochrisiko-KI einsetzen und diese selbst trainieren, das heißt, die KI durch die Fütterung mit neuen Datensätzen lernen lassen, kann das eine wesentliche Veränderung darstellen, zum Beispiel wenn damit die Kernfunktionen des KI-Systems erweitert werden, das Verhalten des Systems gezielt verändert werden soll oder das dem KI-System zugrunde liegende KI-Modell aktualisiert oder ersetzt wird.

- **Finetuning**

  Finetuning bezeichnet bei KI-Systemen den Prozess, ein bereits vortrainiertes Modell gezielt auf eine spezifische Aufgabe oder einen bestimmten Datensatz weiter zu trainieren. Es wird also nicht das komplette Modell von Grund auf neu trainiert, sondern die bereits vorhandenen, allgemeinen Fähigkeiten des Modells werden verfeinert und an spezifische Anforderungen angepasst.

  Keine wesentliche Veränderung ist eine Optimierung oder Individualisierung eines KI-Systems, wenn sie sich zum Beispiel lediglich auf die Benutzeroberfläche bezieht.

  Von einer wesentlichen Veränderung kann aber ausgegangen werden muss, wenn das Finetuning dazu führt, dass beispielsweise eine Diagnosesoftware zur Erkennung von Lungenkrankheiten so trainiert wird, dass sie zukünftig auch weitere Krankheitsbilder erkennt (zum Beispiel Tumore in der Lunge) und damit die Kernfunktion des KI-Systems erheblich erweitert wird und das damit verbundene Risiko erheblich steigt.

Neben der wichtigen Anbieter- oder Betreiberrolle kann Ihr Unternehmen aber gegebenenfalls auch eine der weiteren Rollen aus der KI-VO einnehmen:

- **Importeur**

  Personen oder Organisationen, die ein KI-System aus einem Drittland (das heißt einem Nicht-EU-Land) in die EU importieren und hier in den Verkehr bringen.

- **Händler**

  Personen oder Organisationen, die ein KI-System in der Lieferkette vertreiben, ohne es selbst herzustellen oder zu importieren, mit Ausnahme von Anbietern und Importeuren.

- **Bevollmächtigte**

  Personen oder Organisationen mit Sitz in der EU, die vom Anbieter eines KI-Systems aus einem Drittland schriftlich als Vertreter benannt wurden.

- **GPAI-Anbieter**

  Anbieter von KI-Modellen, die für allgemeine Anwendungen entwickelt wurden und für viele verschiedene Zwecke verwendet werden können. Wer dabei Anbieter dieses Modells ist, richtet sich nach denselben Kriterien, die wir Ihnen gerade schon für den Anbieter von KI-Systemen erläutert haben.

Übersicht: Die Risikoklassen

Nicht jede KI-Anwendung ist gleich gefährlich – und deshalb braucht es auch nicht für jede dieselben Regeln. Die KI-VO verfolgt deshalb einen risikobasierten Ansatz. Die Idee der EU-Kommission: Regulierung da, wo es nötig ist – also wo unsere individuellen Rechte und demokratischen Freiheiten bedroht sind – und gleichzeitig genug Freiraum für Innovationen, wo kein Schaden droht oder das Risiko handhabbar ist.

Risikobasierter Ansatz der KI-VO bedeutet, dass die Anforderungen und Kontrollen an KI-Systeme nach dem von ihnen ausgehenden Risiko für Gesundheit, Sicherheit und Grundrechte abgestuft und differenziert angewendet werden.

Mit anderen Worten: Je höher das Risiko eines Schadens für Gesundheit, Sicherheit und Grundrechte durch ein KI-System, desto strenger sind die Anforderungen, die das Gesetz an die jeweiligen Akteure stellt.

Als *Risiko* gilt gemäß Art. 3 Nr. 2 KI-VO »die Kombination aus der Wahrscheinlichkeit des Auftretens eines Schadens und der Schwere des Schadens«.

Mit »Risiko« sind im Rahmen der KI-VO also immer die möglichen Folgen eines KI-Systems für die Gesundheit, Sicherheit und Grundrechte von Menschen gemeint. Sie müssen sich also immer mit der Frage auseinandersetzen: Welche Schäden könnte das jeweilige KI-System verursachen? Bei dieser Abwägung müssen Sie neben der Schwere des möglichen Schadens auch die Wahrscheinlichkeit seines Eintretens berücksichtigen.

Um den risikobasierten Ansatz umzusetzen, definiert die KI-VO nach der EU Kommission vier Risikoklassen, die Sie in Tabelle 8.1 und Abbildung 8.1 sehen und gleich genauer kennenlernen werden.

Risikoklasse	Folgen laut Gesetz
verbotene KI-Praktiken	verboten
Hochrisiko-KI-Systeme	strenge Auflagen
KI mit begrenztem Risiko	Transparenz- und Kennzeichnungspflichten
KI mit minimalem Risiko	keine Regulierung, aber KI-Kompetenz

Tabelle 8.1: Übersicht Risikoklasse und Folgen der Einstufung

Erstellen Sie eine vollständige Liste aller KI-Anwendungen in Ihrem Unternehmen – egal, ob vom Unternehmen selbst entwickelt oder von Dienstleistern bezogen – und ordnen Sie jede Anwendung einer der Risikoklassen zu!

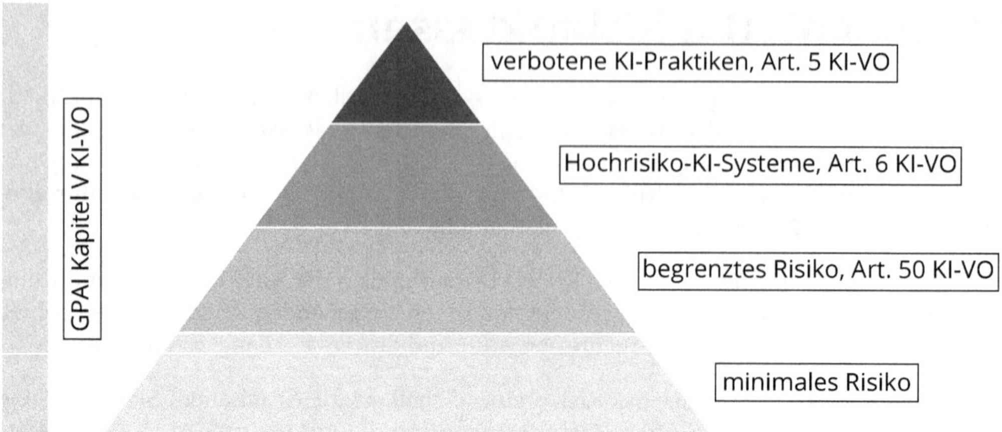

Abbildung 8.1: Risikoklassen der KI-Systeme

Unter Juristinnen und Juristen wird diskutiert, ob die KI-VO tatsächlich vier Risikoklassen vorsieht – oder ob es eigentlich nur drei sind. Denn während ein KI-System nur entweder eine verbotene KI-Praktik sein kann oder ein Hochrisiko-KI-System oder keines von beidem (also kein beziehungsweise minimales Risiko), können die Transparenzpflichten aus Art. 50 KI-VO (die in der Abbildung den KI-Systemen mit begrenztem Risiko zugesprochen werden), sowohl für Hochrisiko-KI-Systeme als auch für solche mit keinem oder nur minimalem Risiko gelten. Die zweithöchste Stufe ist also streng genommen gar keine eigene Risikoklasse.

Lassen Sie sich von der Diskussion, ob es drei oder vier Risikoklassen gibt, nicht unnötig irritieren: Am Ende ist das eine eher juristisch-theoretische Diskussion.

Was Sie sich aber merken sollten: Jede KI-Anwendung in Ihrem Unternehmen lässt sich einer Kategorie (oder mehreren) zuordnen. Diese Zuordnung sollten Sie dokumentieren.

Schauen wir uns nun die Risikoklassen im Einzelnen an.

Verbotene KI-Praktiken

KI bietet zahlreiche spannende Möglichkeiten, unser aller Leben zu verbessern – aber genauso lassen sich mit KI auch durchaus übergriffige und nach unserem Menschenwürde- und Demokratieverständnis regelrecht gruselige Ideen umsetzen. Sicher haben Sie in den Nachrichten auch schon Meldungen darüber gelesen, wie Sie mithilfe von KI möglicherweise zukünftig beobachtet und »ausgewertet« werden könnten. Zum Beispiel wie in den in den Abbildungen 8.2 bis 8.4 gezeigten Überschriften von Berichterstattungen über Emotionserkennung beim Einkaufen, Prüfungen in der Schule oder der Gefühlserkennung bei der Einreise in die USA.

Gesichtserkennung in Filialen und Drive-in

KI bei McDonalds liest unsere Emotionen

Kunden in einer McDonalds-Filiale am Bestell- und Abholtresen. Künftig sollen Kameras in ihren Gesichtern lesen können, ob sie zufrieden oder unglücklich sind
Foto: picture alliance / Caro

Abbildung 8.2: McDonald's – Emotionenerkennung durch KI

Die KI-VO verbietet die Bereitstellung und Nutzung von KI-Praktiken, die mit unseren Grundrechten nicht vereinbar sind. Dazu enthält Art. 5 Abs. 1 KI-VO eine Liste von ausdrücklich verbotenen Praktiken – fällt die Anwendung eines KI-Systems in Ihrem Unternehmen unter eine der dort genannten Praktiken, ist sie untersagt und sollte sofort eingestellt werden.

Nicht KI-Systeme an sich sind verboten, sondern bestimmte Tätigkeiten, die mit dem KI-System verbunden sind – namentlich das Inverkehrbringen, die Inbetriebnahme und die Verwendung. Die KI-VO verbietet keine Technologien, sondern deren Anwendung für bestimmte Fälle.

China's AI surveillance enters the classroom

Insights from Sixth Tone, Harvard Magazine, and Modern Diplomacy

Diego Mendoza

Jun 7, 2024, 8:36pm GMT+2 TECH SECURITY EAST ASIA

Costfoto/NurPhoto via REUTERS

Abbildung 8.3: China – Überwachung durch KI im Klassenzimmer

Unternehmen, die gegen dieses Verbot verstoßen, müssen mit empfindlichen Strafen rechnen: Es drohen Bußgelder von bis zu 35 Millionen Euro oder von bis zu 7 Prozent des gesamten weltweiten Jahresumsatzes des vorangegangenen Geschäftsjahres – je nachdem, welcher Betrag höher ist. Darüber hinaus drohen Bußgelder aus der DSGVO oder eine zivilrechtliche Haftung auf Unterlassung und Schadensersatz sowie gegebenenfalls wettbewerbsrechtliche Ansprüche.

Auf der *Liste der verbotenen KI-Praktiken*, die Sie nun genauer kennenlernen, stehen:

- ✔ unterschwellige Manipulation von Verhalten
- ✔ Ausnutzen von Schutzbedürftigkeit
- ✔ soziale Bewertungssysteme (»Social Scoring«)
- ✔ Straftaten-Profiling
- ✔ Gesichtserkennungsdatenbanken (»Scraping«)
- ✔ Emotionserkennung am Arbeitsplatz/Bildung
- ✔ biometrische Kategorisierung
- ✔ Echtzeit-Fernidentifizierung

TAKTISCHE ZIELERFASSUNG

Wer in die USA einreist, muss sich einer Gefühlserkennung durch KI stellen

Der US-Grenzschutz veröffentlicht eine lange Liste der im Einsatz befindlichen KI-Systeme. "Riskante" Schlüsselwörter sollte man unbedingt vermeiden

17. April 2025, 08:33

2247 Postings   Später lesen

Ein US-Grenzschutzbeamter bei Einreisekontrollen.

Abbildung 8.4: USA – Gefühlserkennung durch KI bei der Einreise

Die EU-Kommission wird regelmäßig prüfen, ob neue verbotene Praktiken hinzugefügt werden müssen, und das Gesetz entsprechend ergänzen, wenn dies notwendig werden sollte. Prüfen Sie deshalb regelmäßig, ob die EU in der Zwischenzeit neue Leitlinien erlassen hat und sich dadurch eine Änderung der Bewertung der Risikoklasse eines Ihrer KI-Systeme ergibt. Sie finden regelmäßig Neuigkeiten dazu beispielsweise auf den Seiten des AI Office, das bei der EU-Kommission angesiedelt ist.

Unterschwellige Manipulation von Verhalten

Verboten sind zunächst einmal KI-Systeme, wenn sie Menschen manipulieren und unterschwellig zu Handlungen bewegen können, die sie sonst nicht vorgenommen hätten und die ihnen oder einer anderen Person erheblichen Schaden zufügen können.

Eine Arztpraxis bietet eine KI-basierte Gesundheitshotline an, die durch gezielte Stimmmodulation oder Klangmuster bei Anrufern unterschwellige Angst vor Krankheiten auslöst, um sie zu unnötigen kostspieligen Zusatzbehandlungen zu bewegen.

Ein Unternehmen entwickelt einen Chatbot, der (ohne dass der Nutzer es erkennt) unterschwellige Werbebotschaften einblendet, um Konsumverhalten zu beeinflussen, zum Beispiel durch gezielte Farbsignale oder Reizwörter, die beim Nutzer unbewusste Kaufimpulse auslösen sollen. Das Ziel ist es, das Kaufverhalten der Benutzer so zu manipulieren, dass sie aufgrund der unterschwelligen Beeinflussung Produkte kaufen, die sie ohne diesen Einfluss nicht erworben hätten.

Um zu dem Ergebnis zu kommen, dass Ihr KI-System verbotenerweise unter die Kategorie der unterschwelligen Verhaltensmanipulation fällt, müssen folgende Voraussetzungen vorliegen:

- **Techniken der Beeinflussung, Manipulation oder Täuschung**

  Verboten sind »Tricks«, mit denen entweder unterschwellig beeinflusst (also außerhalb des Bewusstseins, zum Beispiel über nicht hörbare Töne) oder so stark manipuliert wird, dass Menschen keinen echten Entscheidungsspielraum mehr haben (zum Beispiel durch gezielte Reize im VR).

- **Beeinträchtigung der Fähigkeit, eine freie Entscheidung zu treffen**

  Die KI-Verordnung verbietet Systeme, die darauf abzielen – oder tatsächlich bewirken –, dass Menschen nicht mehr klar und fundiert entscheiden können. Sofern die Entscheidungskraft spürbar beeinträchtigt wird, genügt entweder die Absicht, das Verhalten zu verändern, oder die objektive Wirkung.

- **Veranlassung zu einer unerwünschten Entscheidung**

  Wesentlich ist nach dieser Voraussetzung, dass die betroffene Person oder Gruppe durch die Beeinflussung oder Manipulation auch tatsächlich dazu gebracht wird, eine Entscheidung zu treffen, die sie sonst nicht getroffen hätte.

- **Zufügen eines erheblichen Schadens**

  Es muss um einen erheblichen Schaden gehen – er muss für die Betroffenen also spürbar sein, egal ob finanziell, gesundheitlich, psychisch oder sozial. Ob der Schaden beabsichtigt ist, nur ausreichend wahrscheinlich oder tatsächlich eingetreten ist, ist hingegen unerheblich.

KI-basiertes Nudging – eine verbotene KI-Praktik?

Ist das nun das Ende des (KI-basierten) Marketings, noch bevor es richtig begonnen hat? Nein. Der Einsatz eines KI-gestützten *Online-Werbesystems*, das subtile Techniken einsetzt, um Kunden zum Kauf eines bestimmten Produkts zu bewegen, ist nicht per se verboten. Allein das Analysieren des Nutzerverhaltens und Anzeigen personalisierter Werbung, um Anreize für eine Kaufentscheidung zu geben, stellt noch kein ausreichendes Risiko für die Grundrechte der Betroffenen dar (was nicht ausschließt, dass der Einsatz nach anderen Gesetzen, zum Beispiel der DSGVO, eine gesonderte Rechtfertigung verlangt).

Die Grenze zwischen KI-basiertem *Nudging* im Sinne einer sanften Verhaltenslenkung und einer verbotenen Manipulation mittels KI wird dann überschritten, wenn

- ✔ **KI-Techniken eingesetzt werden, um das Verhalten von Personen zu beeinflussen, ohne dass diese sich der Beeinflussung bewusst sind.** Grundsätzlich kann man davon ausgehen, dass der durchschnittlich verständige Internetnutzer weiß, dass Anbieter von Waren und Dienstleistungen ihre Angebote so gestalten, dass der Nutzer zugunsten einer Kaufentscheidung beeinflusst wird, zum Beispiel durch das Anzeigen individualisierter Werbung, der auf den Nutzer abgestimmten grafischen Gestaltung und so weiter. Das ist auch nicht per se nachteilig für den Nutzer, denn wer bekommt schon gern irrelevante Werbung angezeigt? Die Grenze zur verbotenen Manipulation liegt da, wo sich diese Beeinflussung außerhalb des Bewusstseins der Person vollzieht, sie also denkt, eine freie Entscheidung treffen zu können, der dafür erforderliche freie Wille aber durch die unbewusste Beeinflussung deutlich beeinträchtigt wird.
- ✔ **eine KI-Technik absichtlich verwendet wird, um Menschen durch Täuschung oder Manipulation zu beeinflussen.** Werbetreibende versuchen beim Nudging, Menschen zu Entscheidungen zu führen, indem die Rahmenbedingungen verändert werden (zum Beispiel durch grafische Hervorhebung).
- ✔ **die KI-Praktik das Ziel hat, die Entscheidungsfreiheit der Person so stark zu beeinträchtigen, dass sie keine eigene, selbstbestimmte Entscheidung mehr treffen kann.** Dies ist eindeutig dann der Fall, wenn die Beeinflussung dazu führt, dass der Betroffene eine Entscheidung trifft, die er ohne diese Beeinflussung nicht getroffen hätte. Um verboten zu sein, muss der Betroffene eine deutliche Beeinträchtigung seiner Entscheidungsfreiheit erfahren. Dies ist beim Nudging hingegen nicht der Fall, weil es den Betroffenen zwar beeinflussen kann, aber ihn in seiner Entscheidungsfreiheit nicht erheblich beeinträchtigt.
- ✔ **die Beeinflussung dazu führt, dass der betroffenen Person oder anderen Personen tatsächlich oder wahrscheinlich erheblicher Schaden zugefügt wird.** Eine konkrete Schwelle, die für einen erheblichen Schaden vorliegen muss, gibt es nicht. Während man bei einer Kaufentscheidung, bei der es um Millionenbeträge geht, sicher von einer Erheblichkeit ausgehen könnte, sind Beträge im Cent-Bereich wohl kein erheblicher Schaden.

Im Ergebnis wird KI-basiertes Nudging also dann zu einer verbotenen Praktik, wenn die Beeinflussung unbewusst, absichtlich täuschend oder manipulativ ist, die Entscheidungsfähigkeit stark beeinträchtigt und dies möglicherweise zu ernsthaften Schäden führt. Solange Nudging lediglich (auch starke) Anreize gibt, aber nicht die Kontrolle der Betroffenen untergräbt und erheblichen Schaden verursacht, ist es keine von der KI-VO verbotene Praktik. Sie sehen: Die Grenzen sind fließend und Sie müssen eine Wertungsentscheidung treffen.

Ausnutzen gruppenspezifischer Schwächen

Als Sonderfall der verbotenen Manipulation ist das Ausnutzen besonders schutzbedürftiger Gruppen verboten. Das ist der Fall bei:

✔ **Ausnutzen besonderer Schwäche oder Schutzbedürftigkeit**

KI-Systeme, die gezielt die Schwächen oder besonderen Bedürfnisse von Menschen (zum Beispiel aufgrund ihres Alters, einer Behinderung oder ihrer sozialen beziehungsweise wirtschaftlichen Situation) ausnutzen, sind verboten. Ausnutzen meint, dass gerade an die beschränkte Widerstandsfähigkeit angeknüpft wird.

✔ **Zufügen eines erheblichen Schadens**

Auch hier wird ein **erheblicher – das heißt beabsichtigter, wahrscheinlicher oder tatsächlicher** finanzieller, gesundheitlicher, psychischer oder sozialer **Schaden verlangt**.

BEISPIEL

Ein Unternehmen entwickelt und vertreibt eine KI-basierte Finanzberatung-App, die insbesondere auf ältere Menschen abzielt. Die KI analysiert das Onlineverhalten der Nutzer und identifiziert Personen ab 70 Jahren, die oft nach Themen wie »finanzielle Sicherheit im Ruhestand« oder »Rentenlücke« suchen. Diese Personen werden dann gezielt mit Angeboten für hochriskante Finanzprodukte angesprochen, die Angst vor Armut im Alter schüren und hohe Erträge versprechen, tatsächlich aber ein hohes Verlustrisiko bergen. Die App nutzt dabei die Unsicherheit und die Schutzbedürftigkeit der älteren Menschen in Bezug auf ihre Altersvorsorge aus, um sie zu riskanten Investitionen zu bewegen, die sie finanziell schwer schädigen können.

Soziale Bewertungssysteme (»Social Scoring«)

Verboten sind zudem KI-Systeme, die von Behörden oder privaten Akteuren dazu eingesetzt werden, Menschen anhand ihres sozialen Verhaltens (zum Beispiel in den sozialen Medien) oder bestimmter (möglicher) persönlicher Eigenschaften zu bewerten und diese soziale Bewertung zu nachteiligen Konsequenzen für die Betroffenen führt oder sie in einer

Weise benachteiligt werden, die bezogen auf ihr Verhalten unverhältnismäßig erscheint. Es braucht dafür:

- **Profiling oder Social Scoring**

  Menschen oder Gruppen werden **über längere Zeit anhand ihres Verhaltens oder ihrer Eigenschaften bewertet**, um zum Beispiel festzustellen, wie »gut« oder »wertvoll« sie sich verhalten. Die **Beurteilung** wird in der Regel auf viele Datenpunkte gestützt, zum Beispiel zur Herkunft, Lebensweise oder Schulden – dabei ist unerheblich, ob die Daten bekannt, abgeleitet oder nur vorhergesagt sind.

- **Nachteilige Auswirkungen**

  Folge muss eine Benachteiligung **einzelner Personen oder Gruppen sein** – was bereits dann der der Fall ist, wenn andere durch das Bewertungssystem **bessergestellt** werden. Zusätzlich ist Social Scoring unzulässig, wenn die Benachteiligung **nichts mit dem ursprünglichen Zweck der Datenerhebung zu tun hat** oder wenn sie **ungerechtfertigt oder völlig überzogen** ist.

BEISPIEL

Ein Finanztechnologie(FinTech)-Unternehmen bietet eine Kreditkarte an, deren Kreditlimit und Zinsrate mithilfe eines KI-Systems dynamisch festgelegt werden. Das Unternehmen nutzt dabei Daten über das Verhalten der Kunden, die es aus verschiedenen Quellen sammelt, zum Beispiel Social-Media-Profile, Kaufverhalten oder Freizeitaktivitäten.

Basierend auf diesen Daten stuft die KI die Kreditkarteninhaber ein und vergibt einen individuellen sozialen »Risikoscore«. Kunden, die als »sozial riskant« eingestuft werden, erhalten schlechtere Kreditbedingungen, etwa ein niedrigeres Kreditlimit oder einen höheren Zinssatz, unabhängig davon, ob sie in der Vergangenheit bereits Zahlungsprobleme hatten.

Negativbeispiele (zumindest aus europäischer Sicht) sind das Sozialkreditsystem in China oder das soziale Scoring bei dem privaten E-Commerce-Anbieter Alibaba durch Einsatz dessen Scoring-Systems »Sesame Credit«:

- Im Rahmen des *Sozialkreditsystems Chinas* werden staatliche und private Datenbanken ausgewertet und gesammelte Informationen – inklusive des persönlichen Verhaltens, persönlicher Vorlieben und persönlicher Beziehungen – unter anderem zur Berechnung der finanziellen Bonität verwendet. Der so erzeugte Wert ist öffentlich einsehbar.
- Ziel ist, die Gesellschaft zu mehr Aufrichtigkeit und sozialerem Verhalten zu erziehen.
- Die chinesische Alibaba Group, die unter anderem den Onlineshop `alibaba.com` anbietet, setzt über eine Tochtergesellschaft das Kredit-Scoring-System *Sesame Credit* ein. Unter Einbeziehung von Daten aus anderen Alibaba-Diensten werden für die Kunden Punktestände gebildet. Kunden mit einem hohen Punktestand, also einer guten Kreditwürdigkeit, erhalten Vorteile, während Kunden mit niedrigen Punkteständen nicht in den Genuss dieser Vorteile kommen.

Risikobewertung und Profiling im Hinblick auf Straffälligkeit

Verboten sind KI-Systeme, die dazu eingesetzt werden, vorherzusagen oder einzuschätzen, ob eine Person eine Straftat begehen könnte, und zwar ausschließlich auf Basis von Profiling oder der Bewertung persönlicher Eigenschaften (zum Beispiel des Standorts einer Person oder eines früheren kriminellen Verhaltens). Dieses Verbot entspricht unserem Grundprinzip der Unschuldsvermutung.

Ausnahme: Solche KI-Systeme sind ausnahmsweise erlaubt, wenn sie lediglich dazu dienen, eine menschliche Einschätzung zu unterstützen. Diese Einschätzung muss sich aber bereits auf objektive, überprüfbare Fakten stützen, die in direktem Zusammenhang mit einer kriminellen Handlung stehen. Es darf also nicht die alleinige Entscheidungsgrundlage sein, sondern nur ergänzen, was ein Mensch auf solider Faktenbasis schon festgestellt hat.

BEISPIEL

Ein Einzelhandelsunternehmen verwendet ein KI-System, um zu berechnen, ob Kunden in ihren Geschäften ein erhöhtes Risiko für Ladendiebstahl darstellen. Das System analysiert persönliche Merkmale wie Alter, Geschlecht, ethnische Zugehörigkeit, frühere Kaufgewohnheiten der Kunden und ob diese bereits durch Ladendiebstähle in Erscheinung getreten sind, um eine Einschätzung über das Diebstahlrisiko abzugeben. Diese Risikobewertung basiert ausschließlich auf diesen persönlichen Eigenschaften, ohne dass konkrete Hinweise auf kriminelles Verhalten beim Besuch des Geschäfts vorliegen.

Datenbanken zur Gesichtserkennung (»Scraping«)

Verboten sind KI-Systeme, die »Gesichtsdatenbanken« aufbauen oder ergänzen, indem sie wahllos Gesichter aus dem Internet oder von Überwachungskameras sammeln – ohne dass die Betroffenen davon wissen (sogenanntes Scraping). Das Verbot soll das Gefühl der Massenüberwachung und tatsächliche Verstöße gegen Grundrechte (wie das Recht auf Privatsphäre) verhindern.

BEISPIEL

Das US-Unternehmen Clearview AI entwickelte eine KI-gestützte Gesichtserkennungssoftware, indem es Milliarden von Bildern aus öffentlich zugänglichen Quellen wie sozialen Medien, Unternehmenswebsites und anderen öffentlich zugänglichen Internetplattformen sammelte. Diese Bilder wurden ohne die Zustimmung der betroffenen Personen in eine umfassende Datenbank eingespeist, um die Gesichtserkennungssoftware zu trainieren und die Identifizierung von Personen anhand ihrer Gesichter zu ermöglichen. Die so entwickelte Technologie wurde an Strafverfolgungsbehörden und private Unternehmen verkauft.

Ableitung von Emotionen

KI-Systeme, die am Arbeitsplatz oder in der Schule erkennen sollen, **wie wir uns fühlen**, anhand von Mimik, Körperhaltung, Stimme oder anderen eindeutigen physiologischen Signalen, sind verboten – denn sie liegen oft daneben. Gefühle sehen bei jeder Person und in jedem Kulturkreis anders aus, und der Kontext (den die KI oft nicht kennt) spielt ebenfalls eine große Rolle. Eine Ausnahme gibt es nur, wenn diese KI-Systeme aus medizinischen Gründen oder zur Sicherheit verwendet werden sollen.

Verboten ist die Emotionserkennung nur am Arbeitsplatz oder in Bildungseinrichtungen, weil hier ein besonderes Machtungleichgewicht besteht.

Natürlich können ähnliche Machtungleichgewichte auch in anderen Bereichen bestehen. Dann aber ist eine Regulierung von Systemen zur Emotionserkennung »nur« als Hochrisiko-KI-Systeme vorgesehen. Was Hochrisiko-KI-Systeme sind und wie sie reguliert werden, dazu kommen wir gleich.

Verboten sind auch nur Emotionserkennungssysteme, die mit biometrischen Faktoren arbeiten, also eineindeutigen Merkmalen. Wenn die Emotionserkennung anhand anderer Faktoren erfolgt, etwa wenn ein transkribierter Text wegen der Wortwahl bewertet wird, ist das kein Fall der verbotenen Praktiken.

BEISPIEL

Ein Unternehmen setzt eine KI-Software ein, um die Stimmung der Mitarbeitenden während der Arbeit zu analysieren. Kameras mit Audiofunktion an den Arbeitsplätzen erfassen die Gesichtsausdrücke der Mitarbeitenden und ihre Stimmfarbe. Das KI-System leitet daraus Emotionen wie Stress, Frustration oder Freude ab. Die Ergebnisse sollen verwendet werden, um die Produktivität zu steigern, indem Führungskräfte informiert werden, wenn jemand scheinbar unmotiviert oder frustriert wirkt.

BEISPIEL

Ein Logistikunternehmen, das gefährliche Güter transportiert, nutzt ein KI-System zur Emotionserkennung, um die Aufmerksamkeit und emotionale Verfassung der Lkw-Fahrer zu überwachen. Die KI analysiert die Gesichtsausdrücke und den Blick der Fahrer, um Anzeichen von Müdigkeit oder medizinischen Notfällen zu erkennen. Stellt die KI eine entsprechende Gefahrensituation fest, löst sie einen Alarm aus, damit der Fahrer eine Pause einlegt oder andere Sicherheitsmaßnahmen eingeleitet werden.

Der Einsatz dieser KI erfolgt zur Sicherheit der Fahrer und ist deshalb nicht per se verboten – kann aber ein Hochrisiko-KI-System (mehr dazu erfahren Sie gleich) sein.

Selbst wenn ein KI-System zur Emotionserkennung nicht verboten ist, zum Beispiel weil es nicht am Arbeitsplatz oder in einer Bildungseinrichtung eingesetzt werden soll, handelt es sich dabei gemäß Art. 6 Abs. 2 KI-VO, Anhang III Punkt 1 lit. c in der Regel um ein Hochrisiko-KI-System.

Außerdem müssen regelmäßig die Transparenzanforderungen aus Art. 50 Abs. 3 KI-VO erfüllt werden.

Erfasst sind dabei aber immer nur Emotionserkennungssysteme, die mit biometrischen Daten arbeiten. Das sind Daten, die mit speziellen technischen Verfahren gewonnen werden und zu den eindeutigen Merkmalen einer Person gehören (physische, physiologische oder verhaltenstypische Merkmale).

Biometrische Kategorisierungssysteme

Verboten sind KI-Systeme, die dazu eingesetzt werden, Menschen anhand ihrer biometrischen Daten (zum Beispiel Gesicht, Fingerabdrücke oder Stimme) bestimmten Kategorien wie Rasse, politische Meinung, Weltanschauung, Religion, Sexualität oder Mitgliedschaft in einer Gewerkschaft oder Ähnliches zuzuordnen. Solche »KI-Schubladendenken-Systeme« sind oft wissenschaftlich fragwürdig und führen schnell zu Diskriminierung mit Technikstempel.

Ausnahme: Dieses Verbot gilt nicht für die KI-basierte Zuordnung von biometrischen Daten, die auf der Grundlage einer gesetzlichen Erlaubnis erworben wurden, insbesondere im Zusammenhang mit der Verfolgung von Straftaten.

BEISPIEL

Eine App verwendet eine KI-gestützte Gesichtserkennungssoftware, um Nutzer anhand bestimmter Gesichtsmerkmale einer bestimmten Ethnie zuzuordnen. Diese Informationen werden dann verwendet, um personalisierte Werbung anzuzeigen.

Ausnahme: Mithilfe einer KI-gestützten Gesichtserkennungssoftware können die Strafverfolgungsbehörden biometrische Daten, wie Gesichtsaufnahmen von Menschen aus rechtmäßig betriebenen Überwachungskameras von einem Tatort, dazu verwenden, um diese in verschiedene Kategorien einzuteilen und so die Suche nach Tatverdächtigen zu unterstützen.

Echtzeit-Fernidentifizierungssysteme in öffentlichen Räumen

Der Einsatz von KI-Systemen zur Echtzeit-Gesichtserkennung von Personen an öffentlichen Orten für die Strafverfolgung ist verboten. Es gibt aber Ausnahmen, wenn dies absolut notwendig ist, um konkrete Gefahren für Leib und Leben (zum Beispiel bei Entführungen, Menschenhandel, konkreter Terrorgefahr oder dem Auffinden von Personen, die schwere Straftaten begangen haben) einzudämmen.

BEISPIEL

Verboten: Ein biometrisches Echtzeit-Fernidentifizierungssystem in einem öffentlichen Einkaufszentrum verarbeitet die per Kamera erfassten Gesichter der Besucher und das KI-System vergleicht die erfassten Daten automatisch mit einer Datenbank von Personen, die wegen einfacher Delikte (zum Beispiel Ladendiebstahl) verdächtigt werden. Das System soll dabei helfen, diese Personen in Echtzeit zu erkennen und das Sicherheitspersonal zu benachrichtigen.

Nicht verboten: Bei einem öffentlichen Einkaufszentrum geht eine konkrete Terrorwarnung ein. Für die Einholung einer Genehmigung bei der zuständigen Behörde bleibt aufgrund der Dringlichkeit keine Zeit. Ein biometrisches Echtzeit-Fernidentifizierungssystem verarbeitet die per Kamera erfassten Gesichter der Besucher und das KI-System vergleicht die erfassten Daten automatisch mit einer Datenbank von terrorverdächtigen Personen. Das System soll dabei helfen, diese Personen in Echtzeit zu erkennen und das Sicherheitspersonal zu benachrichtigen.

Achtung: Wird die Genehmigung im Nachhinein abgelehnt, muss die Verwendung mit sofortiger Wirkung eingestellt und alle gewonnenen Daten sofort gelöscht werden.

Die EU-Kommission hat Leitlinien zu verbotenen Praktiken der künstlichen Intelligenz veröffentlicht, die den Anbietern, Betreibern und Aufsichtsbehörden die praktische Auslegung erleichtern und eine möglichst einheitliche Auslegung in der EU sicherstellen soll. Sie sind – anders als die Verordnung selbst – aber nicht verbindlich, sondern eher eine Empfehlung oder Auslegungshilfe.

Hochrisiko-KI-Systeme

KI-Systeme, die zwar erhebliche Auswirkungen auf die Sicherheit, Gesundheit oder Grundrechte der Nutzenden haben können, aber keine verbotene KI-Praktik darstellen, werden als *Hochrisiko-KI-Systeme* eingestuft. Aufgrund des (potenziell) erheblichen Risikos, das mit ihrer Nutzung verbunden ist, stellt die KI-VO besondere Anforderungen an solche Systeme beziehungsweise die beteiligten Akteure. Diese KI-Systeme sind aber nicht verboten – sie werden eben nur besonders überwacht.

Im Zusammenhang mit Hochrisiko-KI-Systemen muss Ihr Unternehmen – vor allem als deren Anbieter, aber gegebenenfalls auch als Betreiber – einen umfangreichen Anforderungs- und Pflichtenkatalog erfüllen. Wenn das ein Thema für Sie ist, machen Sie sich frühzeitig schlau, identifizieren Sie die konkreten Compliance-Anforderungen und setzen Sie diese umfassend um. Andernfalls sind die damit verbundenen Geschäftsmodelle in ihrer Existenz bedroht und für Ihr Unternehmen besteht ein erhebliches Bußgeld- und Schadensersatzrisiko.

Zu den Pflichten der Anbieter und Betreiber von Hochrisiko-KI-Systemen finden Sie am Ende dieses Kapitels hilfreiche Checklisten.

Was ist ein Hochrisiko-KI-System?

Ein *Hochrisiko-KI-System* ist ein KI-System, das zwar nicht so »gefährlich« ist, wie eine der oben beschriebenen verbotenen Praktiken aus Art. 5 KI-VO, dessen Risiken aber auch nicht als nur gering angesehen werden können. Das Gesetz sieht – anders als bei den verbotenen KI-Systemen – keine Liste von Hochrisiko-KI-Systemen vor, sondern geht in folgenden Fällen von einem hohen Risiko aus:

- **Sicherheitsregulierte Produkte und deren Sicherheitsbauteile (Anhang I):** KI-Systeme, die als Produkte oder als Sicherheitsbauteile von Produkten unter eine der in Anhang I genannten Vorschriften fallen (welche das sind, erfahren Sie gleich) *und* bei denen nach einer solchen Vorschriften eine sogenannte »Konformitätsbewertung durch Dritte« vorgeschrieben ist (auch dazu gleich mehr)
- **Verwendung in Hochrisikobereichen (Anhang III):** KI-Systeme, die in einem der in Anhang III genannten Bereiche zum Einsatz kommen sollen und für die deshalb eine eigene Konformitätsbewertung durchgeführt werden muss

Die Prüfung, ob ein konkretes KI-System ein Hochrisiko-KI-System ist, müssen die Unternehmen selbst durchführen – die Prüfung kann im Einzelfall durchaus komplex sein. Sie sollten – auch wenn Sie zu dem Ergebnis kommen, dass es sich nicht um ein Hochrisiko-KI-System handelt – die Prüfung und Ihre Argumente auf jeden Fall dokumentieren – im Zweifel müssen Sie Ihre Risikoabwägung nämlich den Aufsichtsbehörden nachweisen können.

Was verbirgt sich hinter diesen beiden Alternativen nun konkret?

Alternative 1: Anhang I – Sicherheitsregulierte Produkte und deren Sicherheitsbauteile

Zunächst müssen Sie prüfen, ob Ihr KI-System als Produkt oder als Sicherheitsbauteil eines Produkts unter eine der folgenden Produktsicherheitsvorschriften fällt:

- ✔ Maschinenverordnung
- ✔ Spielzeugrichtlinie
- ✔ Richtlinie über Sportboote und Wassermotorräder
- ✔ Richtlinie (…) über Aufzüge und Sicherheitsbauteile von Aufzügen
- ✔ Richtlinie für Geräte und Schutzsysteme zur bestimmungsgemäßen Verwendung in explosionsgefährdeten Bereichen
- ✔ Funkanlagen-Richtlinie
- ✔ Verordnung über Seilbahnen
- ✔ Verordnung über persönliche Schutzausrüstung
- ✔ Verordnung über Medizinprodukte
- ✔ Verordnung über In-vitro-Diagnostika
- ✔ Verordnung über die Verbrennung gasförmiger Brennstoffe
- ✔ Druckgeräterichtlinie
- ✔ Kfz-Typengenehmigungsverfahren

BEISPIEL

Einige Beispiele:

- ✔ **Spielzeuge:** KI-Systeme in smarten, interaktiven Spielzeugen, die das Verhalten des Kindes analysieren, um Sicherheitsfunktionen auszulösen
- ✔ **Fahrzeuge:** KI-Notbrems- oder Spurhalteassistenten, die das Fahrzeugverhalten direkt steuern und Sicherheitsentscheidungen treffen, die in Echtzeit Leben schützen sollen

- **Medizinprodukte:** Diagnosesysteme und Robotik für minimalinvasive Chirurgie, die KI verwenden, um präzise Bewegungen durchzuführen und potenziell kritische Entscheidungen während eines Eingriffs zu treffen
- **Eisenbahnsysteme:** KI-Systeme zur Überwachung von Gleisanlagen oder Zugsteuerung, die automatisierte Entscheidungen für sicherheitskritische Prozesse, wie Geschwindigkeitskontrolle und Kollisionsvermeidung, treffen
- **Aufzüge:** KI-Systeme zur Wartungsprognose und Notfallsteuerung, die die Belastung überwachen und automatisch Notfallmaßnahmen einleiten, um die Sicherheit der Passagiere zu gewährleisten

Ein *Sicherheitsbauteil* ist ein Teil eines Produkts, das für die Sicherheit des Produkts sorgt. Damit sind solche Teile gemeint, die – wenn sie kaputtgehen oder nicht wie vorgesehen funktionieren –regelmäßig Menschen oder Sachen gefährden können.

BEISPIEL

Ein KI-gestützter interaktiver Roboterspielhund für Kinder, der mit einer Bewegungserkennung ausgestattet ist, um sicherzustellen, dass er nicht gegen Wände oder Möbel stößt. Die Bewegungserkennung dient als Sicherheitsbauteil, da ein Ausfall dazu führen könnte, dass der Roboter scharfkantige Gegenstände trifft und dabei kleine Teile abbrechen, die von Kindern verschluckt werden könnten.

BEISPIEL

Ein KI-gestütztes Notfallsteuerungssystem in einem Fahrstuhl analysiert kontinuierlich Sensordaten, um ungewöhnliche Bewegungsmuster oder technische Störungen zu erkennen und automatisch geeignete Sicherheitsmaßnahmen einzuleiten, wie das Stoppen des Fahrstuhls und das Informieren des Wartungsdienstes. Dieses System ist ein Sicherheitsbauteil, da ein Ausfall oder eine Fehlfunktion dazu führen könnte, dass der Fahrstuhl bei einem technischen Defekt weiterfährt und die Sicherheit der Passagiere gefährdet. Wenn KI die Musikgestaltung im Aufzug steuert, wäre das kein Sicherheitsbauteil und daher auch kein Hochrisiko-KI-System.

Fällt Ihr KI-System also unter eine der genannten Sicherheitsvorschriften aus Anlage I, müssen Sie außerdem prüfen, ob nach dieser Vorschrift eine Konformitätsbewertung durch Dritte vorgeschrieben ist.

Eine *Konformitätsbewertung durch Dritte* nach der KI-Verordnung ist ein Verfahren, bei dem nicht der Anbieter selbst, sondern eine unabhängige, von einem Mitgliedstaat notifizierte Stelle prüft, ob ein KI-System die anwendbaren gesetzlichen Anforderungen erfüllt – etwa hinsichtlich Risikomanagement, Datenqualität, Transparenz, menschlicher Aufsicht, Genauigkeit, Robustheit und Cybersicherheit.

Solche Bewertungen sind Ihnen vielleicht bereits aus anderen Bereichen der Produktsicherheit bekannt, etwa als Voraussetzung für die CE-Kennzeichnung bei technischen Produkten.

BEISPIEL

Eine KI-gestützte Software zur Krebsfrüherkennung fällt sehr wahrscheinlich als Medizinprodukt unter die Medizinprodukteverordnung (MDR). Die MDR sieht vor, dass entsprechende Produkte extern (zum Beispiel durch den TÜV SÜD, DEKRA, BSI oder Ähnliche) geprüft werden müssen.

Für eine intelligente Steuerung von Aufzügen mit KI-Komponenten muss eine Konformitätsbewertung durch die Aufzug-Prüfstelle gemäß der Aufzugsrichtlinie durchgeführt werden.

Ein KI-basiertes Sicherheitssystem im Auto (zum Beispiel automatischer Notbremsassistent) fällt unter die Typgenehmigungsrichtlinie für Fahrzeuge und bedarf danach ebenfalls einer Prüfung durch die zugelassene Kfz-Prüfstelle.

Um herauszufinden, ob Sie für Ihr KI-System eine Konformitätsbewertung durch Dritte durchführen müssen, müssen Sie in das oder die für Ihr Produkt jeweils anwendbare(n) Gesetz(e) schauen.

Wenn Ihr KI-System dem jeweiligen oben genannten Spezialgesetz nach keiner, einer freiwilligen Konformitätsbewertung durch Dritte oder nur Ihrer eigenen Konformitätsbewertung unterliegt, handelt sich nicht um ein Hochrisiko-KI-System nach Anhang I (prüfen Sie dann aber, ob es vielleicht nach Anhang III aufgrund seines Verwendungszwecks ein Hochrisiko-KI-System darstellt – dazu im Folgenden mehr).

Alternative 2: Anhang III – Verwendung in Hochrisikobereichen

Ein KI-System gilt zudem dann als Hochrisiko-KI-System, wenn es in einem der folgenden Anwendungsbereiche aus Anhang III zum Einsatz kommen soll:

- **Biometrie (soweit ihr Einsatz rechtlich zugelassen ist):** KI-Systeme, die zur biometrischen Fernidentifikation (zum Beispiel Gesichtserkennung in Echtzeit) oder zur biometrischen Kategorisierung auf Basis sensibler oder geschützter Merkmale eingesetzt werden, sowie Emotionserkennungs-KI-Systeme, zum Beispiel zur Identifikation oder Ableitung von Emotionen oder Absichten natürlicher Personen. Das besondere Risiko liegt in den zugrundeliegenden biometrischen Daten, die besonders sensible personenbezogene Daten sind. Verarbeitet die KI fehlerhafte Daten, kann das in erheblichem Maß zur Diskriminierung von Menschen mit weitreichenden Folgen führen.

- **Kritische Infrastruktur:** Ein hohes Risiko wird auch bei KI-Systemen angenommen, die als Sicherheitskomponenten in Management/Betrieb kritischer digitaler Infrastrukturen wie Straßenverkehr, Wasserversorgung, Gas, Heizung und Elektrizität verwendet werden. Denn eine Störung oder gar der komplette Ausfall kritischer Infrastruktur können zu wesentlichen Störungen unseres gesellschaftlichen, sozialen und wirtschaftlichen Lebens führen und stellen ein erhebliches Risiko für das Leben und die Gesundheit von Menschen dar.

- **Bildung und Berufsausbildung:** KI-Systeme, die zur Bestimmung des Zugangs oder der Zulassung zu Bildungseinrichtungen oder -programmen, zur Bewertung von Lernergebnissen, zur Beurteilung des angemessenen Bildungsniveaus oder zur Überwachung und Erkennung verbotenen Verhaltens während eines Tests verwendet werden, werden ebenfall als besonders riskant eingestuft. Denn einerseits ist der Einsatz von KI-Systemen in der Bildung gewünscht, um eine hochwertige Bildung zu sichern. Andererseits birgt der KI-Einsatz in diesem Bereich aber auch ein besonderes Risiko, etwa, wenn es um die Bewertung von Leistung geht. Denn dann beeinflussen diese KI-Systeme unmittelbar die Chancen der betroffenen Personen im Berufsleben. Es besteht sogar die Gefahr, dass diese KI-Systeme je nach Ausgestaltung historische Diskriminierungsmuster fortschreiben, beispielsweise gegenüber Frauen, bestimmten Altersgruppen und Menschen mit Behinderungen oder Personen mit einer bestimmten rassischen oder ethnischen Herkunft oder sexuellen Ausrichtung (Erwägungsgrund 56 KI-VO).

- **Arbeits- und Personalmanagement/ Beschäftigung und Zugang zu selbstständiger Erwerbstätigkeit:** KI-Systeme, die für die Rekrutierung und Auswahl von Personen eingesetzt werden, die Entscheidungen über Arbeitsverhältnisse treffen, die zur Zuweisung von Aufgaben basierend auf individuellem Verhalten, persönlichen Eigenschaften oder Merkmalen und zur Überwachung oder Bewertung von Personen in Arbeitsverhältnissen dienen, sind ebenfalls besonders risikobehaftet. Stellen Sie sich vor, ein KI-System wird im HR-Bereich eingesetzt und beeinflusst wesentlich Ihre Karriereaussichten und damit Ihre Lebensgrundlage. KI-Systeme im Arbeitsbereich bergen viele Chancen, aber auch Risiken, etwa durch Diskriminierung bestimmter Gruppen und – gerade bei der Leistungsbewertung – auch einzelner Personen (Erwägungsgrund 57 KI-VO). Ihr Einsatz soll daher besonders sorgsam erfolgen.

- **Zugang zu wesentlichen privaten und öffentlichen Dienstleistungen:** KI-Systeme, die zur Bewertung von Ansprüchen auf öffentliche Unterstützungsleistungen (Sozial- oder Gesundheitsdienste), zur Kreditwürdigkeitsprüfung, zur Risikobewertung und Preisbildung bei Lebens- oder Krankenversicherungen sowie bei der Bearbeitung von Notrufen oder der Priorisierung von Rettungsdiensten verwendet werden, sollen aufgrund ihres besonderen Risikos ebenfalls besonders reguliert sein. Die von dieser Fallgruppe erfassten KI-Systeme bringen ein besonderes Risiko für die betroffenen Personen, da sie auf deren Zugang zu für diese Personen grundlegenden, wesentlichen Leistungen Einfluss nehmen. Das kann zum Beispiel der Mobilfunkvertrag oder auch ein Bankkonto sein, das wegen – vielleicht sogar unrichtiger – negativer KI-Bonitätsbewertung untersagt wird. Das kann auch die Versagung von Leistungen der gesetzlichen Krankenversicherung oder Arbeitslosensicherung sein. Immer, wenn im Rahmen solcher Entscheidungen KI eingesetzt wird, kann sich diese auf die Lebensgrundlage der betroffenen Personen auswirken (Erwägungsgrund 58 KI-VO). Gleichzeitig können durch den KI-Einsatz Effizienzen und Innovationen erreicht werden, die den betroffenen Personen zugute kommen. Damit aber negative Auswirkungen unterbleiben, werden auch diese KI-Systeme als Hochrisiko-Systeme eingestuft und so der strengen Regulierung unterworfen.

✔ **Strafverfolgung (soweit ihr Einsatz rechtlich zugelassen ist):** Im Bereich der Strafverfolgung sind KI-Systeme hochriskant, wenn sie für folgende Zwecke genutzt werden:

- Bewertung des Risikos, dass eine Person Opfer einer Straftat wird, oder der Wahrscheinlichkeit, dass eine Person eine Straftat begeht oder wiederholt;
- Einsatz als Lügendetektoren oder ähnliche Instrumente;
- Analyse und Bewertung von Beweismitteln;
- Erstellung von Profilen für Ermittlungs- oder Verfolgungszwecke.

✔ **Migration und Grenzmanagement (soweit ihr Einsatz rechtlich zugelassen ist):** Hochriskant sind KI-Systeme, die im Kontext von Migration und Grenzkontrollen eingesetzt werden, insbesondere für:

- Lügendetektion und ähnliche Verfahren bei Grenzkontrollen;
- Bewertung von Sicherheits- oder Gesundheitsrisiken, die von Personen ausgehen, die in die EU einreisen möchten;
- Unterstützung bei der Prüfung von Asyl- und Visaanträgen;
- Identifizierung von Personen im Zusammenhang mit Migration und Asylverfahren, ausgenommen Reisedokumentprüfungen.

✔ **Justiz und demokratische Prozesse:** KI-Systeme, die in der Justiz oder bei demokratischen Prozessen eingesetzt werden, fallen ebenfalls in die Hochrisikokategorie. Dazu zählen:

- Systeme, die Gerichte bei der rechtlichen Analyse und Entscheidungsfindung unterstützen;
- Technologien, die das Wahlverhalten von Personen oder die Ergebnisse von Wahlen und Referenden beeinflussen könnten.

Die Liste der Hochrisiko-KI-Systeme in Anhang III kann bis August 2029 über den Erlass sogenannter *delegierter Rechtsakte* durch die EU-Kommission angepasst oder ergänzt werden. Insbesondere bei KI-Systemen, bei denen das Risiko nicht ganz eindeutig als unerheblich einzustufen ist, sollten Sie deshalb regelmäßig prüfen, ob es bei der Liste in Anhang III Anpassungen durch die EU-Kommission gegeben hat, die Ihr KI-System betreffen.

Wenn Sie ein Hochrisiko-KI-System entwickeln oder betreiben, kommen Sie um eines nicht herum: die Eintragung in die EU-Datenbank für Hochrisiko-KI-Systeme. Als Anbieter (und in einigen Fällen auch als Betreiber) müssen Sie Ihr System dort vor dem Verkauf oder dem ersten Einsatz registrieren.

Die Pflicht gilt für alle Anwendungen, die in Anhang III der KI-Verordnung stehen, und zwar ab dem 2. August 2026 – dann endet die Übergangszeit.

Außer für sensible Bereiche wie Polizei oder Migration wird diese Datenbank öffentlich sein.

Und: Die Daten müssen aktuell bleiben – Sie müssen sie also gegebenenfalls regelmäßig aktualisieren.

Wenn Sie Ihr KI-System nicht als Hochrisiko-KI-System einschätzen, sondern zum Beispiel als Anbieter zu dem Ergebnis kommen, dass Ihr KI-System zwar in einem der genannten Hochrisikobereiche eingesetzt wird, aber dennoch nicht hochriskant ist, zum Beispiel weil eine Ausnahme gilt (dazu erfahren Sie gleich mehr), sind Sie dennoch dazu verpflichtet,

- ✔ Ihre Risikobewertung zu dokumentieren, bevor das System in Verkehr gebracht oder in Betrieb genommen wird,
- ✔ diese Dokumentation auf Verlangen der zuständigen nationalen Aufsichtsbehörde vorzulegen und
- ✔ sich und das KI-System nach Art. 49 Abs. 2 KI-VO in der EU-Datenbank für Hochrisiko-KI-Systeme registrieren zu lassen.

Ausnahmen

Setzt Ihr Unternehmen ein KI-System in einem der oben genannten Bereiche aus Anhang III ein, wird vermutet, dass von dem KI-System ein hohes Risiko ausgeht. Doch keine Regel ohne Ausnahme: Auch ein solches KI-System ist dann nicht als Hochrisiko-KI-System einzustufen, wenn

- ✔ es kein erhebliches Risiko für Menschen darstellt, weil
- ✔ es keinen wesentlichen Einfluss auf das Ergebnis der Entscheidungsfindung hat.

Sie können davon ausgehen, dass Ihr KI-System trotz Einsatz in einem Hochrisikobereich dann kein Hochrisiko-KI-System ist, wenn es eine oder mehrere der folgenden Bedingungen erfüllt:

Das KI-System ist dazu bestimmt,

- ✔ **eine eng gefasste Verfahrensaufgabe durchzuführen;**

BEISPIEL

Ein bei der Prüfung von Kreditanträgen eingesetztes KI-Tool wird von der Bank ausschließlich im Rahmen der Vorprüfung auf formale Vollständigkeit der Unterlagen eingesetzt, bevor der Antrag durch einen menschlichen Sachbearbeiter weitergeleitet und geprüft wird. Eine Beeinflussung der Kreditentscheidung oder Bewertung der Kreditwürdigkeit finden durch das KI-System nicht statt.

✔ **bereits erbrachte menschliche Tätigkeiten zu verbessern;**

BEISPIEL

Eine KI-Anwendung für Ärzte analysiert Röntgenbilder zur Unterstützung der ärztlichen Einschätzung und weist in diesem Zusammenhang auf mögliche Anomalien hin, nachdem bereits eine Erstdiagnose gestellt wurde.

✔ **Entscheidungsmuster oder von früheren Entscheidungen abweichende Muster zu erkennen, ohne die menschlichen zu ersetzen oder zu beeinflussen;**

BEISPIEL

Die Arbeitsabläufe in einer Produktionsanlage werden mithilfe einer KI-gestützten Software überwacht, die diese Muster und Abweichungen von diesem Muster in den Maschinendaten identifiziert. Werden Abweichungen festgestellt, sendet das System eine Warnung an das zuständige Personal, die dann manuell bewertet werden.

✔ **lediglich eine vorbereitende Aufgabe für Bewertungen im Kontext von Anwendungsfällen aus Anhang III durchzuführen.**

BEISPIEL

Um Risikoindikatoren für Versicherungsverträge zu identifizieren, nutzt ein Versicherungsunternehmen ein KI-Tool zum Sammeln und Auswerten von Informationen aus Kundenanträgen und externen Datenquellen (zum Beispiel Wetterdaten für Schadensrisiken). Die Entscheidung über die Annahme oder Ablehnung eines Antrags wird jedoch von einem Menschen getroffen.

Ob auch in weiteren Fällen eine Ausnahme angenommen werden kann, ist umstritten. Aus unserer Sicht sprechen die besseren Gründe dafür, dass Sie auch jenseits der gerade erläuterten Fallgruppen bei ähnlichen Umständen argumentieren können, dass eben kein erhebliches Risiko droht. Dafür spricht, dass genau das in Art. 6 Abs. 3 Satz 1 KI-VO so vorausgesetzt wird und die besonderen Fallgruppen das in Satz 2 nur weiter ausgestalten, quasi als Beispiele. In diesem Fall sollten Sie die Ausnahme besonders gut dokumentieren und sich überlegen, ob Sie dies zusätzlich mit der Behörde abstimmen. Andere vertreten aber auch eine engere Auffassung und lassen Ausnahmen nur dann gelten, wenn eine der vier Fallgruppen erfüllt ist. Wenn Sie eine Ausnahme jenseits der vier normierten Fälle in Betracht ziehen, sollten Sie das daher rechtlich gut absichern.

Auch wenn Sie zu dem Ergebnis kommen, dass Ihr KI-System zwar eigentlich in einen der Hochrisikobereiche fällt, Sie aber auch annehmen, dass es als Ausnahme gilt, müssen Sie Ihre Prüfung (insbesondere dazu, warum eine Ausnahme anzunehmen ist) dokumentieren und Ihr KI-System registrieren. Denken Sie an diese formalen Anforderungen, um nicht gegen die KI-VO zu verstoßen. Die Pflicht zur Dokumentation und Registrierung bringt einigen Aufwand mit sich, aber auch Rechtssicherheit.

Kommt Ihr KI-System in einem der Hochrisikobereiche aus Anhang III zum Einsatz und nimmt es ein Profiling von Menschen vor, handelt es sich auch dann um ein Hochrisiko-KI-System, wenn eigentlich eine der oben genannten Ausnahmen einschlägig wäre – diese gelten im Zusammenhang mit dem Profiling nämlich nicht!

Von *Profiling* sprechen wir, wenn systematisch Informationen über eine Person gesammelt und ausgewertet werden, um bestimmte Merkmale, Verhaltensmuster oder Vorlieben zu erkennen und ein entsprechendes Profil dieser Person zu erstellen, in der Regel, um Vorhersagen über das zukünftige Verhalten dieser Person zu treffen. Die Definition in der KI-VO ist dieselbe wie in der DSGVO.

Wenn eine KI also persönliche Daten analysiert, um daraus etwas über eine Person abzuleiten – zum Beispiel wie zuverlässig sie ist, wie gesund, wie viel sie verdient, was sie mag oder wo sie sich gerade aufhält –, es also darum geht, Menschen automatisch zu bewerten oder ihr Verhalten vorherzusagen, basierend auf dem, was man über sie weiß, so handelt es sich dabei immer um ein Hochrisiko-KI-System.

Die EU-Kommission hat sich selbst auferlegt, spätestens zum 2. Februar 2026 Leitlinien zur praktischen Umsetzung der Vorgaben für Hochrisiko-KI-Systeme sowie eine Liste mit praktischen Beispielen zu erlassen.

Gleichen Sie die Leitlinien, sobald sie veröffentlicht werden, mit Ihren eigenen Erwägungen ab. Beachten Sie aber: Leitlinien spiegeln nur die Meinung der EU-Kommission wider und dienen zur Orientierung, sie sind – anders als Gesetze – aber nicht verbindlich.

KI-Systeme mit Transparenzpflichten

Je ähnlicher die Leistungen von KI-Systemen denen von Menschen sind (zum Beispiel die direkte Kommunikation, Text, Bilder oder Videos), desto wahrscheinlicher ist, dass die Betroffenen nicht merken, dass sie es mit KI und nicht mit Menschen oder menschlichen Ergebnissen beziehungsweise Abbildungen zu tun haben – damit steigt auch das Risiko, dass sie manipuliert werden.

Wenn Ihr Unternehmen Anbieter beziehungsweise Betreiber eines KI-Systems ist, das in einem der folgenden Zusammenhänge eingesetzt wird, muss es die Transparenzpflichten aus Art. 50 KI-VO erfüllen, das heißt den Benutzern klarmachen, dass diese es mit einem KI-Systeme zu tun haben, um Missverständnisse und Fehlannahmen zu vermeiden.

Konkret geht es um folgende Anwendungen:

- ✔ direkte Interaktion mit Menschen,
- ✔ Erzeugung synthetischer Inhalte, von Deepfakes oder zur Erzeugung oder Manipulation von Text, der die Öffentlichkeit informieren soll,
- ✔ Emotionserkennungssysteme und
- ✔ KI-Systeme zur biometrischen Kategorisierung.

Bei diesen KI-Systemen spricht man auch von »KI-Systemen mit einem begrenzten Risiko«. Das ist deshalb missverständlich, weil die damit verbundenen Transparenz- und Kennzeichnungspflichten zusätzlich auch für Hochrisiko-KI-Systeme gelten können.

Transparenz bedeutet meist Information darüber, dass eine Interaktion mit KI stattfindet oder welche Daten verarbeitet werden.

Kennzeichnung meint die maschinenlesbare und für Menschen erkennbare Markierung künstlich erzeugter Inhalte.

Schauen wir uns die KI-Praktiken, bei denen Sie besondere Maßnahmen zur Transparenz oder Kennzeichnung ergreifen müssen, einmal genauer an:

- **Direkte Interaktion mit Menschen**

  KI-Systeme, die dazu bestimmt sind direkt mit natürlichen Personen zu interagieren, zum Beispiel Chatbots und sonstige sprachverarbeitende Systeme.

  BEISPIEL

  - Ein Onlineshop setzt auf seiner Website einen KI-basierten Chatbot ein, den die Nutzer zur Beratung zu Produkten nutzen können.
  - Bei Anruf einer Kundensupporthotline eines Softwareunternehmens beantwortet ein KI-Sprachassistent die eingehenden Supportanfragen.

  Anbieter von KI-Systemen, die direkt mit Menschen interagieren, müssen ihre Nutzer darüber informieren, dass sie mit einem KI-System interagieren. Die Betroffenen dürfen nicht den Eindruck haben (können), dass sie es mit einem anderen Menschen zu tun haben.

  Eine Information muss nicht erfolgen, wenn das interagierende KI-System durch die Personen, die es nutzen, ohne Weiteres als solches zu erkennen ist. Dies ist zum Beispiel bei einem Roboter der Fall, der im Einzelhandel Kunden berät.

- **Erzeugung synthetischer Inhalte, von Deepfakes und Texten für die Öffentlichkeit**

  Synthetische Inhalte sind zum Beispiel Audio-, Bild-, Video- oder Textmaterial, das künstlich generiert oder bearbeitet wurde. Darunter fallen nicht nur Inhalte, die täuschend echte Manipulationen darstellen (sogenannte *Deepfakes*), sondern jedes Material, das mithilfe von KI-Funktionen erstellt oder verändert wird, unabhängig davon, ob die Abbildungen (zum Beispiel Menschen, Orte, Umstände etc.) tatsächlich existieren. Dabei ist nicht entscheidend, ob Sie täuschen wollen. Es ist auch unerheblich, ob Sie ein Risiko für die Betrachter Ihrer KI-Ergebnisse sehen. Die KI-VO verpflichtet wertungsunabhängig zur Transparenz, wenn die entsprechenden Voraussetzungen erfüllt sind.

Texte für die Öffentlichkeit sind Texte, die veröffentlicht werden, um Menschen über Angelegenheiten von öffentlichem Interesse zu informieren (im weitesten Sinne also Nachrichten).

Bei KI-Systemen zur Erzeugung synthetischer Inhalte haben Anbieter, für Deepfakes und für die Öffentlichkeit bestimmte Informationen die Betreiber (also die Nutzer) die Pflicht, die besagten Inhalte als künstlich erzeugt beziehungsweise manipuliert zu kennzeichnen.

Ausnahmsweise kann das entfallen,

- wenn die KI-Systeme nur unterstützende Funktionen haben oder
- wenn es sich um künstlerische, kreative oder satirische Werke handelt (auch das muss dann aber geeignet offengelegt werden).

BEISPIEL

Ein Bekleidungsunternehmen lässt eine Videowerbekampagne erstellen, deren Protagonisten tanzende Menschen in einem Club sind. Es standen tatsächlich aber keine realen Personen für die Kampagne vor der Kamera, sondern die realistisch wirkenden Figuren wurden mithilfe einer KI-Software synthetisch hergestellt.

Die Kennzeichnungspflicht gilt für Deepfakes, die mit KI erzeugt sind. Dass auch mit Photoshop – ohne KI – Veränderungen erfolgen können, die nach der KI-VO nicht kennzeichnungspflichtig sind, mag Ihnen seltsam vorkommen. Im Ergebnis ist das aber schlicht die Folge davon, dass die KI-VO eben nur KI reguliert. Hier setzt sie an, um für uns alle sicherzustellen, dass wir real von Fiktion auch dann noch unterscheiden können, wenn die KI-Systeme zunehmend perfekt werden.

- ✔ **Emotionserkennungssysteme**

  Betreiber von KI-Systemen, die versuchen, Emotionen aus Gesichtsausdrücken oder Körperhaltungen zu interpretieren, oder biometrische Daten (zum Beispiel Stimme, Gesicht) zur Identifizierung von Personen verwenden, müssen die betroffenen Personen über deren Einsatz informieren.

BEISPIEL

Die Vertriebsabteilung eines Unternehmens verwendet ein KI-System, um während Telefonaten mit potenziellen Kunden deren Gefühlslage zu erkennen, damit die Mitarbeitenden gegebenenfalls ihre Gesprächsstrategie anpassen können.

- ✔ **KI-Systeme zur biometrischen Kategorisierung**

  Betreiber solcher Systeme müssen die betroffenen Personen über deren Einsatz informieren.

BEISPIEL

Ein Automobilhersteller setzt ein System zur biometrischen Kategorisierung ein, um den Zugang zu bestimmten Bereichen des Werkgeländes zu kontrollieren.

In Tabelle 8.2 können Sie sich noch einmal eine Übersicht über die gegebenenfalls bestehenden Transparenz- und Kennzeichnungspflichten und mögliche Ausnahmen verschaffen.

KI-Anwendung	Adressat	Transparenz-/Kennzeichnungspflicht	Ausnahmen
Chatbots, interaktive KI	Anbieter, Betreiber	Hinweis auf KI-Interaktion, Info für Nutzer	wenn offensichtlich für Nutzer
KI-generierte Inhalte Deepfakes	Anbieter, Betreiber	maschinenlesbare und sichtbare Kennzeichnung als künstlich/ manipuliert	Kunst/Satire, Strafverfolgung
Emotionserkennung/ Biometrie	Betreiber	Information an Betroffene	gesetzliche Verwendung mit Schutzmaßnahmen
KI-Texte/-Medien	Anbieter, Betreiber	Kennzeichnung als KI-generiert, außer redaktioneller Kontrolle	redaktionell kontrolliert

Tabelle 8.2: Übersicht Transparenz- und Kennzeichnungspflichten

Denken Sie daran: Die jeweils erforderlichen Informationen müssen spätestens bei der ersten Interaktion in klarer und barrierefreier Form bereitgestellt werden! Eine Information irgendwo auf der Website oder versteckt im Impressum beziehungsweise in den Nutzungsbedingungen beziehungsweise AGB genügt nicht.

KI mit geringem Risiko

Alle KI-Systeme, die weder verboten sind noch einem Hochrisikobereich zugeordnet sind oder den Transparenzpflichten aus Art. 50 KI-VO unterliegen, gelten als KI-Systeme mit geringem Risiko. Solche Systeme unterliegen keinen besonderen regulatorischen Anforderungen.

Auch wenn Sie weder verbotene noch hochriskante oder transparenzpflichtige KI-Systeme anbieten oder nutzen, sondern »nur« KI unter dieser Schwelle, das heißt mit geringem oder keinem Risiko (wobei man wohl davon ausgehen muss, dass es vollständig risikofreie KI nicht gibt) – die KI-VO müssen Sie dennoch beachten. Das bedeutet:

- ✔ Sorgen Sie für angemessene KI-Kompetenz in Ihrem Unternehmen.
- ✔ Dokumentieren Sie die Prüfung zur Risikoklassifizierung Ihrer KI-Anwendung und – falls Sie bei einer potenziellen Hochrisiko-KI-Anwendung zu dem Ergebnis kommen, dass Ihre KI kein hohes Risiko beinhaltet – registrieren Sie das KI-System in der EU-Datenbank.
- ✔ Zudem können Sie auf freiwilliger Basis Verhaltenskodizes erstellen und befolgen. Das kann Vertrauen in Ihre KI fördern und zu Vorteilen etwa im Vertrieb führen.

KI-Kompetenz – Brauchen Sie einen KI-Beauftragten?

Eine wesentliche Pflicht für alle Unternehmen, die KI-Systeme nutzen oder betreiben und zwar unabhängig von deren Risikoklasse, ist, gemäß Art. 4 KI-VO »Maßnahmen zu ergreifen, um nach besten Kräften sicherzustellen, dass ihr Personal und andere Personen, die in ihrem Auftrag mit dem Betrieb und der Nutzung von KI-Systemen befasst sind, über ein ausreichendes Maß an KI-Kompetenz verfügen«.

KI-Kompetenz wird also gesetzlich gefordert – darüber hinaus sollte es aber schon in Ihrem unternehmenseigenen Interesse liegen, für ausreichendes KI-Know-how zu sorgen. Denn:

- ✔ Nur wenn Ihre Mitarbeitenden verstehen, wie KI funktioniert, können Sie deren Ergebnisse richtig einordnen – und Risiken sowie Potenziale frühzeitig erkennen.
- ✔ Fehlbedienung durch Unwissen ist ein reales Haftungsrisiko – gerade bei automatisierten Entscheidungen oder sensiblen Daten.
- ✔ Gut geschulte Mitarbeitende arbeiten sicherer, schneller und souveräner mit KI-Tools – das spart Zeit und reduziert Fehler.
- ✔ KI verändert Rollen und Prozesse – nur wenn Ihr Unternehmen früh Kompetenzen aufbaut, bleibt es wettbewerbsfähig und innovativ.
- ✔ Vertrauen schaffen – intern wie extern: Kunden, Geschäftspartner und Aufsichtsbehörden erwarten, dass Ihr Unternehmen mit neuen Technologien verantwortungsvoll umgeht.

Kurz gesagt: KI-Kompetenz ist kein »Nice-to-have«, sondern ein echter Erfolgsfaktor – für Rechtssicherheit, Effizienz und Zukunftsfähigkeit.

KI-Kompetenz erfordert

- ✔ ein grundsätzliches technisches Verständnis,
- ✔ praktische Kenntnisse über die konkret eingesetzten KI-Systeme und deren Anwendung sowie
- ✔ ausreichend rechtliche Kompetenz, um insbesondere die Einhaltung der KI-VO sicherzustellen.

Wann wissen Sie genug – das ausreichende Maß an Wissen

Doch was meint das Gesetz, wenn es von einem »ausreichenden Maß« an KI-Kompetenz spricht? Als Unternehmen müssen Sie sicherstellen, dass Ihre Mitarbeitenden die eingesetzten Systeme sachkundig und risikobewusst einsetzen können. Eine One-fits-all-Lösung gibt es dafür nicht. Was an KI-Kompetenz ausreichend ist, hängt stark von den individuellen Umständen in Ihrem Unternehmen ab, das heißt, welche KI-Systeme Sie einsetzen, in welchen Bereichen sie eingesetzt werden und wie das Vorwissen der Mitarbeitenden ist, die mit den KI-Systemen zu tun haben.

Folgende Maßnahmen können Sie ergreifen, um in Ihrem Unternehmen ausreichend KI-Kompetenz sicherzustellen:

✔ **Awareness-Kampagnen**

Trotz der Omnipräsenz des Themas in den Medien und des Hypes um KI ist das Bewusstsein für die Risiken und Anforderungen im Umgang mit KI bei vielen Menschen noch erschreckend gering. Wie Sie aber schon aus der IT- und Softwareanwendung in Unternehmen wissen, stellen die eigenen Mitarbeitenden als Anwender häufig das größte Sicherheitsrisiko dar. Schaffen Sie bei Ihren Mitarbeitenden daher Bewusstsein dafür, wo und welche Risiken mit dem Einsatz von KI einhergehen können – möglichst ohne ihnen dabei mit unnötiger Panik die Neugierde und Einsatzbereitschaft zu nehmen.

✔ **Einsatz qualifizierten Personals und Schulungen der Mitarbeitenden**

Sie können die besten KI-Systeme einsetzen und umfangreiche KI-Richtlinien entwerfen – wenn Ihre Mitarbeitenden nicht wissen, wie das KI-System funktioniert und was damit erlaubt ist (und was eben nicht), hilft das wenig. Mitarbeitende müssen rechtzeitig und sinnvoll geschult werden. Der konkrete Schulungs- und Qualifikationsbedarf hängt von verschiedenen Faktoren ab, insbesondere:

- Vorkenntnisse, Erfahrungen und Ausbildung der Mitarbeitenden,
- der Kontext, in dem die KI-Systeme eingesetzt werden sollen, und
- die Personen oder Personengruppen, bei denen die KI-Systeme eingesetzt werden sollen.

Zudem sollten Ihre Mitarbeitenden die Ansprechpartner im Unternehmen kennen, an die sie sich bei Fragen rund um den KI-Einsatz wenden können.

Ermitteln Sie, welche Mitarbeitenden im Unternehmen an welcher Stelle mit welcher Intensität KI-Systeme nutzen, zum Beispiel Marketing nutzt KI zur Content-Erstellung oder Engineering entwickelt eigene KI-Systeme zur Weiterentwicklung der Produkte, die das Unternehmen seinen Kunden anbietet.

Bilden Sie entsprechend Schulungscluster. Dabei gilt: Je wichtiger die KI für das Geschäftsmodell, desto risikobehafteter ist der KI-Einsatz, und je intensiver die Mitarbeitenden mit dem KI-System befasst sind, desto höher sind Anforderungen an die Kompetenz der Mitarbeitenden.

Es gibt nicht die eine Schulung für alle Mitarbeitenden, die die für Ihr Unternehmen erforderliche KI-Kompetenz herstellt. In der Regel bietet es sich an, für alle Mitarbeitenden, die an irgendeiner Stelle entlang der Wertschöpfungskette mit KI in Berührung kommen, zumindest Basisschulungen anzubieten, die die grundlegenden Funktionsweisen, Anwendungsfälle und Risiken behandeln. Entsprechend den jeweiligen Clustern sollten dann unter Berücksichtigung des bereits vorhandenen Wissens, der konkreten Einsatzfelder und den damit verbundenen Risiken Vertiefungsschulungen erfolgen.

Mit einer einmaligen Schulung ist es in der Regel nicht getan. KI entwickelt sich so rasant, dass regelmäßige Updateschulungen erforderlich sind.

Bei entsprechendem Know-how im eigenen Haus können Sie natürlich selbst schulen. Inzwischen gibt es aber auch verschiedene externe Schulungsprogramme auf dem Markt. Schauen Sie da vor allem, welche individuellen Anforderungen Ihr Unternehmen hat und in welchen Bereichen (technisch, praktisch oder rechtlich) Sie den Schwerpunkt setzen wollen. Das Angebot am Markt ist umfangreich und auch Sie werden dort das für Ihr Unternehmen optimale Angebot finden, vielleicht ja sogar bei den Autorinnen dieses Buches.

- **Benennung eines AI Officers oder eines KI-Teams**

  Gerade in größeren oder komplexeren Organisationen beziehungsweise bei intensivem KI-Einsatz kann es sinnvoll sein, einen KI-Beauftragten oder ein KI-Board zu ernennen, welche als zentrale Ansprechstellen fungieren und für die Sicherstellung der ausreichenden KI-Kompetenz im Unternehmen sorgen. Wie man die Rolle eines AI Officers oder eines entsprechenden Organs in Ihrem Unternehmen ausgestalten kann, erfahren Sie im Folgenden.

Der AI Officer

Ein AI Officer sollte selbst über ausreichend Expertise im KI-Bereich verfügen, um seiner Rolle gerecht zu werden. Der AI Officer sollte

- eine vermittelnde Rolle zwischen den relevanten Stakeholdern im Unternehmen einnehmen, um Hindernisse zu beseitigen,
- die KI-Strategie des Unternehmens im Blick haben,
- das Unternehmen bei der Einhaltung der Vorschriften der KI-VO und sonstiger rechtlicher Vorgaben unterstützen,

- die interne Kommunikation und den Austausch zu KI fördern, um Synergien zu nutzen und Doppelarbeit zu vermeiden, und
- Schulungsbedarf zu KI-Themen erkennen und Schulungen fördern.

Nicht jedes Unternehmen braucht zwangsläufig einen eigenen AI Officer (auch: KI-Beauftragter, KI-Manager oder KI-Berater und so weiter). Anders als der Datenschutzbeauftragte, der gemäß Art. 38 DSGVO / § 38 BDSG in bestimmten Fällen zwingend vorgeschrieben ist, schreibt die KI-VO die Ernennung eines KI-Beauftragten nicht vor.

Für viele Unternehmen ist es aber sinnvoll und in einigen Fällen zumindest aus unternehmerischer und strategischer Sicht erforderlich, eine solche Position zu schaffen. Ob Ihr Unternehmen eine Person braucht, die über (mehr als das Mindestmaß an) KI-Kompetenz verfügt und innerhalb des Unternehmens KI-Vorhaben koordiniert, dazu berät und für ausreichende Kompetenzen bei sonstigen Mitarbeitenden sorgt, hängt vor allem davon ab, wie und in welchem Umfang in Ihrem Unternehmen KI zum Einsatz kommt.

In vielen Fällen kann ein AI Officer eine sinnvolle Ergänzung der Unternehmensstruktur sein, um die Einhaltung der regulatorischen Anforderungen zu gewährleisten und die Nutzung von KI im Unternehmen sicher und rechtskonform zu gestalten. Zu sinnvollen Strukturen und weiteren wichtigen Fragen im Zusammenhang mit KI-Governance lesen Sie Kapitel 10.

Je größer Ihr Unternehmen ist beziehungsweise je umfangreicher KI in Ihrem Unternehmen zum Einsatz kommt, desto sinnvoller ist es, ein KI-Team aus verschiedenen Fachbereichen zusammenzustellen, zum Beispiel Recht, Compliance, Datenschutz, HR, Produktentwicklung etc.

Ein AI Officer benötigt nicht nur technisches Verständnis für die eingesetzten KI-Systeme, sondern auch ausreichend rechtliche Kenntnisse, um die Einhaltung der Vorschriften der KI-VO und gegebenenfalls weiterer anwendbarer Gesetze sicherzustellen, und interdisziplinäre Fähigkeiten, um den Gesamtblick aufs Unternehmen zu wahren. Es sind also ausreichende Kenntnisse zu Technologie, Recht und interner Prozesssteuerung erforderlich.

Wo ein AI Officer »angedockt« werden sollte, hängt stark von den individuellen Unternehmenszielen ab. Folgende Optionen sind denkbar:

- **IT-Abteilung oder Informationssicherheit**

  Vorteile sind unter anderem die direkte technische Expertise und Nähe zu den KI-Systemen sowie ein gutes Verständnis für die Implementierung und Integration von KI-Lösungen. Allerdings birgt diese sehr technische Ausrichtung die Gefahr, dass strategische, ethische und rechtliche Aspekte vernachlässigt werden und so insbesondere der Compliance-Aspekt vernachlässigt wird.

- **Rechtsabteilung**

  Die Ansiedlung des AI Officers in der Rechtsabteilung bringt in der Regel eine starke Ausrichtung auf die Einhaltung regulatorischer Anforderungen und ethischer Aspekte mit sich, insbesondere einen hohen Fokus auf Sicherstellung der Compliance mit der KI-VO und sonstigen rechtlichen Vorgaben. In der Regel ist die Rechtsabteilung auch an eine enge Zusammenarbeit mit den Fachbereichen und anderen Compliance-Abteilungen und Datenschutzbeauftragten gewöhnt. Allerdings verfügen viele Rechtsabteilungen nur über ein Mindestmaß an technischem Wissen über KI-Entwicklung.

- **Strategie / Business Development**

  Untersteht der AI Officer dem Bereich Strategie / Business Development, ermöglicht dies einen starken Fokus auf den strategischen Nutzen von KI für die Geschäftsziele und fördert regelmäßig die Identifizierung von Marktchancen und Geschäftsmodellen mit KI sowie einer Innovationskultur im Unternehmen. Auch hier muss aber sichergestellt werden, dass es nicht an ausreichender technischer und regulatorischer Expertise mangelt.

- **Direkte Anbindung an die Geschäftsleitung**

  Je wichtiger KI für das Unternehmen ist, desto attraktiver ist die strategische Verankerung der KI-Kompetenz auf höchster Unternehmensebene. Diese Anbindung ermöglicht direkte Entscheidungsbefugnis und schnelles Eskalationsmanagement und stellt sicher, dass KI-Initiativen auf die Gesamtstrategie des Unternehmens abgestimmt sind. Voraussetzung ist aber auch hier, dass es diesem Teil der Geschäftsleitung nicht an technischen Detailkenntnissen mangeln darf.

- **HR-Bereich**

  Eine Ansiedlung im HR-Bereich kann sinnvoll sein, um sicherzustellen, dass KI-Kompetenzen breit im Unternehmen verankert und die Mitarbeitenden im Umgang mit KI geschult werden. Besonders in Unternehmen, die einen umfassenden Kompetenzaufbau anstreben, kann dieser Ansatz wertvoll sein, um den Kulturwandel hin zu einer KI-affinen Organisation zu unterstützen. Allerdings besteht hier die Gefahr, dass der Schwerpunkt zu sehr auf Schulung und weniger auf strategische Implementierung und rechtliche Compliance gelegt wird.

- **Doppelrolle des Datenschutzbeauftragten**

  Auf den ersten Blick bietet es sich an, den Datenschutzbeauftragten auch direkt zum KI-Beauftragten zu erweitern. Diese Funktion beinhaltet bereits ein hohes Maß an Sensibilität für Datenthemen und die Einhaltung regulatorischer Anforderungen wie der Datenschutz-Grundverordnung (DSGVO). Außerdem bestehen die meisten Synergien zwischen den Anforderungen an den Datenschutz und dem verantwortungsvollen Einsatz von KI. Allerdings ist ein starker Fokus auf datenschutzrechtliche Fragen zu befürchten, was gegebenenfalls technische, strategische und innovative Aspekte vernachlässigt.

Vor allem aber wird bei dieser Variante eines übersehen: Der Datenschutzbeauftragte ist weisungsunabhängig. Er soll eine objektive Kontrolle über die Einhaltung datenschutzrechtlicher Vorschriften ausüben und gerade frei von gegebenenfalls entgegengesetzten wirtschaftlichen Interessen handeln. Der KI-Beauftragte sollte hingegen sicherstellen, dass die Implementierung und Nutzung von KI strategisch und mit den Unternehmenszielen abgestimmt erfolgt. Mit seiner Kontroll- und Beratungsfunktion ist die Rolle des Datenschutzbeauftragten nicht dafür geschaffen, KI operativ und proaktiv im Unternehmen einzubinden.

✔ **Teil eines interdisziplinären Teams**

Im Idealfall agiert der AI Officer als Leiter oder Teil eines möglichst interdisziplinären Teams. Abhängig von den individuellen Begebenheiten und Bedürfnissen des Unternehmens mit Blick auf den KI-Einsatz bietet eine Zusammenarbeit mit verschiedenen Abteilungen (IT, Recht, Datenschutz, Compliance, IT-Security, Engineering, Strategie, Produkt und so weiter) die beste Möglichkeit, um eine ganzheitliche Perspektive zu gewährleisten.

Checkliste: Die wichtigsten Pflichten aus dem AI Act

Pflichten der Betreiber von Hochrisiko-KI-Systemen

[sofern jeweils einschlägig]

✔ **Technische und organisatorische Maßnahmen (TOMs)**

Implementieren Sie robuste technische und organisatorische Maßnahmen (TOMs) zur Gewährleistung eines sicheren und rechtmäßigen Betriebs des Hochrisiko-KI-Systems gemäß den Herstelleranweisungen. Dies kann regelmäßige Schulungen, Audits und eine Überprüfung der internen Prozesse umfassen.

✔ **Aufsicht durch natürliche Personen**

Ernennen Sie spezifische, geschulte Mitarbeiter mit ausreichender Kompetenz und Entscheidungsbefugnis zur Überwachung des KI-Systems. Stellen Sie sicher, dass diese Personen kontinuierliche Schulungen erhalten und Zugang zu relevanten Informationen über das System haben.

✔ **Überwachung des Betriebs und Meldepflichten**

Implementieren Sie ein fortlaufendes Monitoring des KI-Systems. Erstellen Sie Protokolle für den Fall von Betriebsstörungen oder Risiken und entwickeln Sie ein Meldeverfahren, um bei schwerwiegenden Vorfällen den Anbieter, Händler und die zuständige Behörde rechtzeitig zu informieren. Dabei sollten Sie auch darauf achten, dass die Prozesse eine Verwendung des KI-Systems nach Maßgabe der Betriebsanleitung sicherstellen.

- ✔ **Aufbewahrung automatischer Protokolle**

  Richten Sie ein automatisiertes System ein, um die Protokolle des Hochrisiko-KI-Systems für mindestens sechs Monate zu speichern. Stellen Sie sicher, dass diese Daten sicher gespeichert und leicht abrufbar sind, falls eine Überprüfung durch Aufsichtsbehörden erforderlich ist.

- ✔ **Datenqualität und Repräsentativität**

  Entwickeln Sie ein System zur Überprüfung der Eingabedaten, um sicherzustellen, dass sie repräsentativ und für den Verwendungszweck des KI-Systems geeignet sind. Führen Sie regelmäßig Audits durch, um die Datenqualität zu gewährleisten und Verzerrungen oder Fehler zu minimieren.

- ✔ **Information der Mitarbeitenden und Arbeitnehmervertreter**

  Informieren Sie Ihre Mitarbeiter (und gegebenenfalls deren Vertreter) umfassend über den Einsatz von Hochrisiko-KI-Systemen, die sie betreffen. Dies sollte sowohl vor der Einführung als auch während der Nutzung erfolgen und alle relevanten arbeitsrechtlichen Vorgaben einhalten.

- ✔ **Information der Betroffenen**

  Implementieren Sie klare und leicht verständliche Informationsprozesse für Personen, die durch Entscheidungen des KI-Systems betroffen sind. Stellen Sie sicher, dass sie über ihre Rechte informiert werden und, falls erforderlich, einen Ansprechpartner haben, um Bedenken zu äußern.

- ✔ **Zusammenarbeit mit Behörden**

  Bereiten Sie sich darauf vor, mit den zuständigen Aufsichtsbehörden zusammenzuarbeiten. Stellen Sie sicher, dass interne Verfahren zur Dokumentation und Übermittlung aller erforderlichen Informationen vorhanden sind.

- ✔ **Registrierungspflicht (EU-Datenbank)**

  Vor der Verwendung eines Hochrisiko-KI-Systems überprüfen Sie, ob das System in der EU-Datenbank für Hochrisiko-KI-Systeme registriert ist. Entwickeln Sie ein internes Kontrollsystem, um sicherzustellen, dass die Registrierung vor dem Einsatz überprüft und dokumentiert wird.

- ✔ **Gegebenenfalls Datenschutz-Folgenabschätzung (DSFA) und Grundrechte-Folgenabschätzung**

  Nutzen Sie die vom Anbieter bereitgestellten Informationen, um zumindest eine Risikoprüfung, gegebenenfalls aber eine umfassende Datenschutz-Folgenabschätzung gemäß Art. 35 DSGVO durchzuführen, insbesondere wenn das KI-System personenbezogene Daten verarbeitet. In einigen Fällen müssen Sie zudem eine Grundrechte-Folgenabschätzung durchführen, insbesondere wenn Sie Hochrisiko-KI-Systeme betreiben, über die Zugang zu wesentlichen Leistungen gewährt wird. Diese Grundrechte-Folgenabschätzung sollten Sie dann mit der DSFA verbinden.

Pflichten der Anbieter von Hochrisiko-KI-Systemen

[sofern jeweils einschlägig]

✔ **Risikomanagementsystem**

Entwickeln Sie ein kontinuierliches Risikomanagementsystem, das während des gesamten Lebenszyklus des KI-Systems aktiv ist. Integrieren Sie regelmäßige Risikobewertungen, insbesondere für schutzbedürftige Gruppen (wie Kinder), und Testings mit realitätsnahen Szenarien und erstellen Sie eine klare Protokollierung von Maßnahmen zur Risikominderung.

✔ **Daten und Daten-Governance**

Entwickeln Sie klare Daten-Governance-Richtlinien, die die Qualität und Eignung von Trainings-, Validierungs- und Testdatensätzen sicherstellen. Implementieren Sie Verfahren zur Vermeidung von Verzerrungen (Bias) und stellen Sie sicher, dass Ihre Datensätze statistisch repräsentativ und vollständig sind, insbesondere in Bezug auf geografische und verhaltensbezogene Faktoren. Etablieren Sie regelmäßige Prüfungen und Bewertungen der Datensätze, um Verzerrungen frühzeitig zu erkennen und zu beheben.

✔ **Technische Dokumentation**

Erstellen und pflegen Sie eine technische Dokumentation, die den Anforderungen des Anhangs IV des AI Acts entspricht. Für KMUs sollte das vereinfachte Formular verwendet werden, um den Aufwand zu reduzieren.

✔ **Aufzeichnungspflichten**

Implementieren Sie ein sicheres und zuverlässiges Protokollierungssystem, das Ereignisse wie Systemnutzung, Fehler und Anomalien automatisch erfasst.

✔ **Transparenz und menschliche Aufsicht**

Entwickeln Sie klare Anleitungen für Betreiber, die transparent und verständlich Informationen über das KI-System liefern. Stellen Sie zudem sicher, dass menschliche Aufsicht möglich ist, indem Sie Funktionen einbauen, die es Menschen erlauben, die KI zu überstimmen oder zu stoppen, wenn Anomalien oder Fehlfunktionen erkannt werden.

✔ **Sicherstellung von Genauigkeit, Robustheit und Cybersicherheit**

Implementieren Sie technische und organisatorische Maßnahmen, um die Genauigkeit und Robustheit des KI- Systems sicherzustellen und Cybersicherheitsbedrohungen zu verhindern, inklusive Schutzmaßnahmen gegen spezifische KI-Bedrohungen wie »Data Poisoning« und »Adversarial Attacks«. Führen Sie regelmäßige Sicherheitsüberprüfungen und Stresstests durch, um Schwachstellen zu erkennen und diese rechtzeitig zu beheben.

✔ **Konformitätsbewertung**

Führen Sie die notwendige Konformitätsbewertung nach Maßgabe der Vorlagen der KI-VO durch oder lassen Sie diese entsprechend den Anforderungen von einer dritten Stelle durchführen. Dokumentieren Sie die Ergebnisse und denken Sie an die erneute Prüfung etwa bei wesentlichen Änderungen.

✔ **Kennzeichnung und Registrierung**

Stellen Sie sicher, dass das KI-System korrekt gekennzeichnet und registriert ist. Bringen Sie die durch die Konformitätsbewertung erlangte CE-Kennzeichnung an und registrieren Sie das KI-System in der EU-Datenbank für Hochrisiko-KI-Systeme vor der Markteinführung. Beachten Sie, dass Sie Ihr KI-System auch dann dort registrieren müssen, wenn Sie ausnahmsweise trotz Listung in Anhang III wegen geringer Risiken im Einzelfall kein hohes Risiko sehen.

✔ **Qualitätsmanagementsystem**

Etablieren Sie ein umfassendes Qualitätsmanagementsystem, das alle regulatorischen Anforderungen abdeckt, einschließlich der Einhaltung von Konformitätsbewertungen und des Managements von Änderungen. Integrieren Sie kontinuierliche Überwachungsverfahren und entwickeln Sie ein System zur Beobachtung nach der Markteinführung gemäß Artikel 72 oder beauftragen Sie externe Auditoren, um die Einhaltung sicherzustellen.

✔ **Korrekturmaßnahmen und Informationspflichten**

Implementieren Sie ein Verfahren, das es ermöglicht, unverzüglich auf Nichtkonformitäten oder Risiken zu reagieren. Stellen Sie sicher, dass bei erkannten Problemen sofortige Korrekturmaßnahmen eingeleitet und die relevanten Parteien, einschließlich Behörden, informiert werden. Richten Sie ein Meldesystem für schwerwiegende Vorfälle ein, um schnell auf Abweichungen zu reagieren.

Wenn Ihr KI-System eigentlich ein Hochrisikosystem wäre und nur wegen der Ausnahme in Art. 6 Abs. 3 KI-VO herausfällt (etwa weil es nur eine enge Verfahrensaufgabe erfüllt), können Sie die KI-VO nicht »links liegen lassen«.

Für alle KI-Systeme, die unter Anhang III fallen, gilt eine Dokumentations- und Registrierungspflicht, auch wenn Sie über die Ausnahme von den weiteren Hochrisikopflichten befreit sind.

IN DIESEM KAPITEL

Verträge zur Entwicklung und Beschaffung von KI

Vertragsrechtliche Besonderheiten bei KI-Standardangeboten

Datenschutzverträge für KI-Anwendungen

Verträge mit Kunden über KI-Anwendungen

Haftungsrisiken bei der Vermarktung von KI-Anwendungen

Kapitel 9
Ran an die Verträge

Wenn Sie KI-Anwendungen entwickeln und nutzen, werden Sie sich auch mit der Beschaffung und der Vermarktung von KI befassen. Für beide Schritte – die Beschaffung und das Angebot von KI – schließen Sie Verträge mit Entwicklern, KI-Anbietern und Ihren Kunden. Dabei können Sie auf die Ihnen bekannten Verträge für die Beschaffung und die Vermarktung von Softwareprodukten zurückgreifen. Allerdings gibt es diverse Besonderheiten für die Beschaffung und Vermarktung von KI, die Sie in diesem Kapitel kennenlernen.

KI-Anwendungen beschaffen

Sie haben verschiedene Möglichkeiten, KI zu beschaffen:

- ✔ **Individuelle Entwicklung:** Sie können ein KI-Modell und auch ein KI-System vollständig selbst entwickeln oder entwickeln lassen. Das ist aufwendig und häufig weniger gut als der Rückgriff auf im Markt verfügbare KI-Modelle, die mit großen Mengen an Daten trainiert wurden. Der Vorteil ist, dass diese KI rechtssicher und individuell exakt auf Ihre Anforderungen abgestimmt ist. Gerade in besonderen Branchen, zum Beispiel dem Gesundheitswesen, macht dies durchaus Sinn. Für so eine individuelle Entwicklung müssen Sie auch einen individuellen Beschaffungs- und Entwicklungsvertrag erstellen. Prüfen Sie diese intensiv und passen Sie sie auf Ihre Bedürfnisse an, um sicherzustellen, dass die KI-Anwendung tatsächlich Ihren Anforderungen genügt.

- **Customizing:** Deutlich häufiger werden Sie Angebote im Markt finden, bei denen Standard-KI-Modelle und -KI-Systeme für Ihre Anforderungen angepasst werden. Dieses *Customizing* vereint das Beste aus zwei Welten: Sie bauen auf schon entwickelte KI-Anwendungen auf und können so Entwicklungsaufwand einsparen sowie bereits erprobte Produkte nutzen. Zugleich erhalten Sie durch eine Feinjustierung, das Erstellen eines sogenannten RAG (*Retrieval-Augmented Generation*) oder andere Anpassungen für Ihre Anwendungsfälle besonders gut geeignete KI-Anwendungen. Die Nutzungsbedingungen und weitere rechtliche Rahmenbedingungen können Sie bei diesen kundenindividuell angepassten Produkten oft nur geringfügig beeinflussen, vor allem im Hinblick auf die konkrete Individualisierung.

Retrieval-Augmented Generation (RAG) ist eine Methode, bei der zwei Fähigkeiten der KI verbunden werden: Die KI-Systeme generieren dann selbst Inhalte, etwa als Chatbot (»Generation«), beziehen dabei aber ihr aktives Wissen ausschließlich aus einer besonderen externen Datenquelle (»Retrieval«). Die Antwort, die Ihnen die KI gibt, beruht dann also auf der gezielten Suche und Berücksichtigung der Dokumente und Informationen, die Sie im RAG vermerkt haben. Antworten werden dadurch spezifischer und robuster, transparenter und Fehler werden reduziert.

- **Standardprodukte:** Die schnellste und ressourcenschonendste Lösung ist der Rückgriff auf Standardprodukte ohne jedes Customizing. Wenn Sie diese Lösung erwägen, sollten Sie sich einen Überblick über die Softwarelösungen am Markt verschaffen und die KI-Anwendung aussuchen, die für Ihre Zwecke am besten passt. Dies geht zügig und ist mit den geringsten Ressourcen verbunden. Sie beziehen die KI-Anwendung dann aber auch »von der Stange« und nicht angepasst an Ihre individuellen Anforderungen. Auch die Nutzungsbedingungen und weiteren rechtlichen Rahmenbedingungen können Sie bei diesen Standardprodukten meist nicht oder allenfalls geringfügig beeinflussen.

Bedenken Sie schon beim Einkauf, wie Sie die KI-Anwendung später einsetzen wollen. Davon hängt ab, welche Eigenschaften die KI-Anwendung haben muss, etwa

- ob Sie berechtigt sind, die KI-Anwendung selbst in Produkten für Ihre Kunden zu vermarkten und
- mit welchen organisatorischen und technischen Sicherheitsmaßnahmen die KI betrieben wird, das heißt, wie geschützt von Ihnen und Ihren Kunden eingegebene Daten sind.

Verträge zu Entwicklung und Individualisierung

Wenn Sie eine KI-Anwendung für sich entwickeln oder individualisieren lassen, sollten Sie vertraglich detailliert regeln, was Sie benötigen. Wenn Sie die KI entwickeln, gilt umgekehrt: Was genau leisten Sie, in welchem Umfang können Sie dafür auch haften?

Sie können für diese Verträge auf Softwareentwicklungs- oder -beschaffungsverträge aufsetzen, die Sie ohnehin schon in Ihrem Unternehmen verwenden. Für KI müssen Sie aber einige Besonderheiten beachten und zusätzliche Punkte regeln. Das hat seinen Grund in den Besonderheiten von KI im Gegensatz zu klassischer Software: Die KI ist abhängig von passenden (Trainings-)Daten, anpassungsfähig, bringt spezifische Risiken und ist in ihrer Entscheidungsfindung komplex und in besonderem Maße fehleranfällig. Auch wenn es für die konkreten Regelungen im Vertrag immer auf die Umstände des Einzelfalls ankommt, gibt es einige Klassiker, die Sie in Verträgen zur KI-Beschaffung aufnehmen sollten, um sich abzusichern und regulatorische Anforderungen einzuhalten.

Die Top 3 der Vertragsgestaltung für die Beschaffung individueller KI-Lösungen:

- ✔ Leistungsbeschreibung und Zweckbestimmung
- ✔ Nutzungsrechte
- ✔ Haftung

Wenn Sie eine Vorlage für Ihren eigenen Beschaffungsvertrag suchen, können Sie sich an den KI-Mustervertragsklauseln orientieren, die die EU für den Einkauf von KI durch die EU-Institutionen erstellt hat. Diese können Sie meistens nicht eins zu eins weiterverwenden, aber Sie müssen dann nicht mit einem weißen Blatt Papier beginnen, um Ihren eigenen Vertrag zu erstellen.

Die KI-Mustervertragsklauseln finden Sie hier: `https://public-buyers-community.ec.europa.eu/communities/procurement-ai/resources/eu-model-contractual-ai-clauses-pilot-procurements-ai`

Leistungsbeschreibung und Zweckbestimmung

Beschreiben Sie eindeutig,

- ✔ welches KI-System entwickelt oder beschafft werden soll,
- ✔ welchen Zweck es erfüllen soll und
- ✔ in welchem Kontext es eingesetzt wird.

Generative Verträge sind dadurch gekennzeichnet, dass KI für allgemeine Verwendungszwecke – *General Purpose AI* oder *generative KI* – beschafft wird. Sie kann für ganz verschiedene Zwecke verwendet werden und bei der Beschaffung ist meist noch gar nicht klar, in welchen Einsatzbereichen sie eingesetzt werden wird. Auch das muss geregelt werden, sodass allen beteiligten Vertragspartnern klar ist: Hier wird KI beschafft, die allgemein verwendet werden kann. Die Zweckbestimmung ist dann letztlich »alles« (oder beinahe alles, zum Beispiel »Text« oder aber »Audio«).

Eine Zweckbestimmung und damit auch eine Leistungsbeschreibung ist elementar, damit Sie auch das beschaffen, was Sie wirklich brauchen – und damit die regulatorischen Anforderungen auch eingehalten werden.

Wenn Sie zum Beispiel ein KI-System für den Einsatz als Hochrisiko-KI beschaffen, müssen ganz besondere Anforderungen aus der KI-Verordnung erfüllt sein. Welche das sind, lesen Sie in Kapitel 8. Wenn der Zweck »Hochrisiko« schon im Vertrag bestimmt und konkretisiert ist, kann die Nichterfüllung der Anforderungen der KI-Verordnung zu einem Mangel und einem Nacherfüllungsanspruch führen.

Sie sollten auch näher regeln, welche Datengrundlage benötigt wird, damit die Ergebnisse der KI für Sie auch nutzbar sind. Das gelingt mit einer Daten-Governance und Zusammenfassungen der Trainingsdaten, die Ihnen der KI-Entwickler bereitstellen sollte. Diese Informationen benötigen Sie auch, um sicherstellen oder jedenfalls nachvollziehen zu können, wie transparent die Ergebnisse sind, wie hoch das Risiko von Halluzinationen und Bias und wie Sie etwa Diskriminierungen vermeiden können.

Gerade bei individuellen Entwicklungen sollten Sie auch detaillierte Informationen zu Source Code, Modellentscheidungen und der Erklärbarkeit der KI, also wie diese arbeitet und zu ihren Ergebnissen kommt, vorsehen.

Bestimmen Sie so konkret wie möglich, wofür die KI eingesetzt wird. Wenn Sie die KI beschaffen, lassen Sie sich zusichern, dass der KI-verordnungskonforme Einsatz zu diesem Zweck auch möglich ist. So stellen Sie sicher, dass der KI-Anbieter Ihnen die notwendigen Informationen, Dokumentationen und technischen Eigenschaften der KI auch wirklich bereitstellen muss und Sie bei Fehlern diese Mängel auch geltend machen können.

Nutzungsrechte

Stellen Sie sicher, dass das KI-System und seine Ergebnisse auch dazu verwendet werden dürfen, wozu Sie sie verwenden wollen. Sie benötigen dafür die konkreten Nutzungsrechte. Als Betreiber sollten Sie die Rechte an dem Output vollständig und bei einer individuellen Entwicklung auch am KI-System selbst erhalten.

Haftung

Eng verbunden mit der Einräumung der notwendigen Nutzungsrechte ist die Überlegung, ob die Folgen etwaiger Verletzungen von Rechten Dritter beim Training mit geregelt werden: Wenn eine Urheberrechtsverletzung im Training geschieht und das Ergebnis der KI-Nutzung deshalb das entsprechende Urheberrecht verletzt, wer haftet dafür? Bei individuellen Entwicklungen sollten Sie verhandeln, ob der Entwickler den KI-Nutzer von diesen Verletzungsfolgen freistellt.

Die Regelungen zur Haftung erfassen aber noch einen anderen Aspekt: Was passiert, wenn die KI fehlerhafte Ergebnisse liefert? Muss der Entwickler dann für den Schaden bei Ihnen und vielleicht sogar bei Ihren Kunden einstehen? Und muss er nachbessern, nachtrainieren, vielleicht sogar neu entwickeln?

Was hier geschuldet wird, ist Verhandlungssache und eine Frage der Leistungsbeschreibung. Wer eine perfekt funktionierende KI verspricht, haftet auch dafür. Ein solches

Erfolgsversprechen ist aber die Ausnahme (und sollte Sie stutzig werden lassen). Meistens ist es eine Frage des Details und Sie müssen die Leistungsbeschreibung hier sehr genau ausarbeiten.

Die Haftungsklauseln sind oft weniger entscheidend für spätere Zahlungsansprüche als vermutet: Dreh- und Angelpunkt ist die Leistungsbeschreibung. Was dort versprochen wird, muss auch gehalten werden. Wenn Sie in der Leistungsbeschreibung festhalten, dass die Fehlerquote der KI bei 20 Prozent liegen darf, dann wird bei Fehlern in diesem Umfang auch nicht gehaftet.

Für Ihre Abwägung, ob Sie eine Standard-KI beschaffen oder aber sich ein individuelles KI-System entwickeln lassen, müssen Sie viele verschiedene Aspekte abwägen. In Tabelle 9.1 finden Sie einige wichtige Punkte, an denen Sie Ihre Entscheidung ausrichten können.

Standard-KI	Individuelle KI-Entwicklung
begrenzte Anpassungsfähigkeit	bedarfsorientiert
vortrainiert mit großen Datenmengen	Datenqualität für Training muss stimmen und hergestellt werden
oft günstiger	oft mit höheren Investitionen verbunden
planbare Umsetzung	Entwicklungsdauer oft nicht sicher planbar
oft ressourcenschonender	oft umfassende interne Ressourcen notwendig
–	arbeitsrechtliche Risiken (Entwickler als Mitarbeitende?)
mögliche Rechtsverletzungen beim Training, die sich in der Nutzung fortsetzen können	Rechtsverletzungen beim Training können sicherer vermieden werden
Absicherung begrenzt, wenn Anbieter in die Insolvenz geht (Software Escrow)	Absicherung über Quellcode
Cybersecurity für alle gewährleistet	individuelle Absicherung notwendig

Tabelle 9.1: Vor- und Nachteile von Standard-KI und individueller KI

Regelungen im Beschaffungsvertrag

Wenn Sie einen KI-Beschaffungsvertrag für eine individuelle KI erstellen, dann sollten Sie zu folgenden Punkten eine Regelung erwägen und ausfüllen:

- ✔ **Leistungsbeschreibung und Zweckbestimmung:** Dreh- und Angelpunkt des Vertrags
- ✔ **Risikomanagementsystem:** Welche Maßnahmen muss der Entwickler oder Anbieter für das Management der Risiken treffen und wie berichtet er darüber an den Kunden?

- ✔ **Daten und Daten-Governance:** Welche Trainings-, Validierungs- und Testdaten wurden verwendet und wie werden sie dokumentiert, um Transparenz, Quellangaben und die Aufbereitung darzustellen und um abschätzen zu können, wie Halluzinationen, Bias und Diskriminierungen verhindert werden können?

- ✔ **Transparenz und Erklärbarkeit:** Die Konzeption und Entwicklung des KI-Systems müssen so erfolgen, dass das System transparent und nachvollziehbar genutzt werden kann. Erwägen Sie, den Source Code und Modellentscheidungen mit in den Vertrag einzubeziehen, sich aushändigen zu lassen oder sich jedenfalls gegen eine Insolvenz des Entwicklers und Anbieters abzusichern, indem die entscheidenden Informationen (notariell) hinterlegt werden. Definieren Sie auch, wie KI-Ergebnisse transparent als solche gekennzeichnet werden.

- ✔ **Technische Dokumentation, Betriebsanforderungen und Gebrauchsanweisung:** Die Dokumentation ist erforderlich, um die KI-Verordnung im Bereich Hochrisiko und die IT-Sicherheitsanforderungen einzuhalten sowie die Einbindung in Ihrem Unternehmen sicher und operabel zu erreichen.

- ✔ **Aufzeichnung (Protokollierung):** Das KI-System muss Funktionen für die Protokollierung von Ereignissen und Änderungen enthalten, damit die Arbeitsweise und die Entwicklung der Outputs rückverfolgbar und transparent zu monitoren ist. Logdateien werden für die Fehlerkontrolle, Prüfungen, Audits und Reaktionen bei Vorfällen benötigt.

- ✔ **Menschliche Aufsicht:** Wie können die KI, ihre Arbeitsweise und ihre Ergebnisse kontrolliert werden?

- ✔ **Genauigkeit, Robustheit und Cybersicherheit:** Welche Qualität und Sicherheit sind gewährleistet und wie können sie nachvollzogen werden?

- ✔ **Konformität mit gesetzlichen und regulatorischen Vorgaben im Übrigen:** Durch die vorstehenden Regelungen werden die Anforderungen der KI-Verordnung an Hochrisiko-KI und die Transparenz von KI-Systemen schon weitgehend im Vertrag umgesetzt. Überlegen Sie darüber hinaus, ob Sie weitergehende »Catch All«-Regelungen treffen wollen, die absichern, dass auch künftig sich ändernde Anforderungen umgesetzt werden müssen, und die sicherstellen, dass auch alle anderen wesentlichen Gesetze eingehalten werden – etwa, dass das Training ohne Verletzung von Datenschutz und geistigen Eigentumsrechten erfolgen muss.

- ✔ **Pflichten nach erstmaliger Bereitstellung:** Denken Sie auch an die Zukunft. Ist das KI-System einmal in Betrieb, soll es auch funktionsfähig und sicher bleiben. Regeln Sie daher auch, was während der Nutzungsdauer noch an Änderungen, Anpassungen, Neuerungen, Support, Unterstützung, Audits und Kontrollen möglich sein soll.

- ✔ **Haftung, Gewährleistung und Korrekturmaßnahmen:** Wofür wird gehaftet? Gibt es besondere Vorgaben wie Meldepflichten, die Nutzung von Ticketsystemen oder Reaktionszeiten? Hier sollten Sie auch regeln, ob es Freistellungen für Verletzungen von Urheber- oder Datenschutzrechten beim Training gibt.

- **Nutzungs- und Schutzrechte an Daten und Ergebnissen:** Welche Rechte erhält der Kunde?
- **Laufzeit, Beendigung und Folgen:** Wie lange läuft der Vertrag, wie ist er kündbar? Und welche Pflichten und Rechte bestehen dann, etwa auf Herausgabe oder Löschung von Daten?

Beschaffung von KI-Standardprodukten

Wenn Sie KI-Standardprodukte beschaffen, ist Ihre Situation eine ganz andere als bei der Beschaffung individueller KI: Sie werden in den meisten Fällen die Standardbedingungen kaum beeinflussen können, sondern müssen die vom Anbieter gesetzten Nutzungsbedingungen akzeptieren (oder auf eine andere KI-Anwendung ausweichen).

Ihr Fokus liegt daher weniger auf der Vertragsgestaltung als auf der Prüfung, ob Sie die Bedingungen für das von Ihnen ins Auge gefasste KI-System akzeptieren können. Das hängt vor allem davon ab, wie und in welchem Umfeld Sie das KI-System einsetzen wollen.

Die folgenden Aspekte sind dabei in der Regel relevant.

Die Top 3 bei der Beschaffung von Standard-KI-Systemen:

- Leistungsbeschreibung
- Nutzungsrechte: Verwendbar für die von Ihnen geplanten Einsatzbereiche?
- Gesetzeskonformität: Können Sie das Produkt ohne zu große Risiken in Sachen Urheberrecht, Datenschutzrecht und KI-Verordnung einsetzen?

BEISPIEL

Manche KI-Systeme dürfen Sie zwar für gewerbliche Zwecke in Ihrem Unternehmen verwenden, aber nicht an Kunden weitervermarkten. Dafür benötigen Sie das Recht zur Unterlizenzierung. Wenn Sie ein KI-System in Ihre Kundenprodukte einbauen möchten, achten Sie darauf, dass Sie dieses Recht erhalten.

Prüfen und klären Sie, wie das KI-System betrieben wird:

- Planen Sie den Betrieb mit eigenen Kapazitäten, also Ihren eigenen Servern, oder einer von Ihnen kontrollierten Cloud?
- Oder beschaffen Sie das KI-System »as a Service« (KIaaS)? KIaaS bedeutet, dass der KI-Anbieter das KI-System für Sie auf seinen Kapazitäten betreibt und Ihnen als Cloud-Produkt bereitstellt.

Wenn Sie die Nutzungsbedingungen für Standard-KI prüfen, dann achten Sie insbesondere auf folgende Aspekte:

- **Leistungsbeschreibung:** Kann das KI-System das, was Sie benötigen? Welche konkreten Funktionen bietet es und in welchem Umfang kann es zu Fehlern kommen?
- **Rechte an Ergebnissen und KI-System:** Was dürfen Sie mit dem KI-System und den von Ihnen generierten Ergebnissen machen, wie dürfen Sie diese nutzen?

- **Gesetzeskonformität:** Wer trägt das Risiko, wenn bei der Entwicklung des KI-Systems gegen Gesetze verstoßen wurde, zum Beispiel gegen Rechte des geistigen Eigentums oder das Datenschutzrecht? Solche Verstöße können sich im Betrieb fortsetzen und zu besonderen Risiken für den Betreiber führen, wenn der Anbieter – wie häufig – keine Freistellung von diesen Folgen anbietet.
- **Transparenz und Nachvollziehbarkeit:** Ist das KI-System erklärbar und nachvollziehbar, sodass Sie auch Ihre Mitarbeiter und Kunden nach Maßgabe Ihrer gesetzlichen Informationspflichten aufklären können?
- **Daten und Daten-Governance:** Mit welchen Daten wurde die KI trainiert, getestet und validiert? Waren darunter geschützte oder personenbezogene Daten und wenn ja, durften diese verarbeitet werden, gibt es eine Strategie zur Vermeidung von Rechtsverletzung? Gibt es Möglichkeiten zur Trainingskorrektur (Nachtraining)?
- **Sicherheit und Fehlerkontrolle:** Wie robust und wie gut vor Angriffen geschützt ist die KI, wie werden Fehler erkannt und kontrolliert, wie wird darüber informiert? Wie werden erkannte Fehler korrigiert, erfolgen Updates? Wie wird gehaftet, gewährleistet und Mängel beseitigt? Wie können Sie das auditieren und kontrollieren?
- **Betrieb:** Wo wird die KI betrieben, wie sind die Datenflüsse und Zugriffsrechte ausgestaltet?

Datenschutzverträge

Wenn Sie KI-Systeme beim Anbieter betreiben lassen, beziehen Sie die KI »as a Service«, also in der Cloud des KI-Anbieters. »KI as a Service« (KIaaS) ist ein typisches Angebot der großen Akteure wie Microsoft, Google oder OpenAI. All diese Unternehmen bieten Ihnen ihre KI-Systeme zur Nutzung in der Cloud an.

Wenn Sie diese Produkte beziehen, müssen Sie für die datenschutzkonforme Verwendung in aller Regel einen Auftragsverarbeitungsvertrag nach Art. 28 DSGVO abschließen. Fehlt dieser, können Sie in der Regel keine personenbezogenen Daten in die KI-Systeme eingeben, ohne gegen die DSGVO zu verstoßen.

Nicht alle KI-Anbieter stellen diese Auftragsverarbeitungsverträge bereit und akzeptieren, dass sie die von Ihnen eingegebenen Daten nicht zu eigenen Trainingszwecken und für neue Produkte verwenden dürfen.

Regelmäßig gilt, dass Sie nur für die bezahlten Unternehmensangebote auch einen Auftragsverarbeitungsvertrag erhalten. Für den datenschutzkonformen Einsatz eignen sich die kostenfreien Angebote daher regelmäßig nicht. Und auch dann achten Sie darauf, was Sie für den Abschluss des Auftragsverarbeitungsvertrags tun müssen. Etwa bei OpenAI tritt dieser nicht automatisch mit Abonnementabschluss in Kraft, sondern muss gesondert beantragt werden.

Wenn Sie ein KI-System mit personenbezogenen Daten verwenden möchten, achten Sie, wenn Sie es in der Cloud des KI-Anbieters betreiben, darauf, dass auch ein Auftragsverarbeitungsvertrag abgeschlossen wird, der den Anforderungen des Art. 28 DSGVO entspricht. Ein Muster für einen Auftragsverarbeitungsvertrag stellt die EU-Kommission bereit (Durchführungsbeschluss (EU) 2021/915: `https://eur-lex.europa.eu/legal-content/DE/ALL/?uri=CELEX:32021D0915`). Schließen Sie diesen ab, sind Sie auf der sicheren Seite:

Wenn es beim KI-Anbieter zu einer Übermittlung von Daten in einen Drittstaat, also ein Land außerhalb des Europäischen Wirtschaftsraums, kommen kann, müssen Sie auch dies absichern. Eine solche Übermittlung liegt schon dann vor, wenn aus Drittstaaten heraus zu Supportzwecken auf in der EU abgespeicherte Daten zugegriffen werden kann. Eine solche Absicherung bieten typischerweise

- ✔ der Angemessenheitsbeschluss der EU-Kommission,
- ✔ der Abschluss von Standardvertragsklauseln der EU-Kommission (Durchführungsbeschluss (EU) 2021/914: `https://eur-lex.europa.eu/eli/dec_impl/2021/914/oj?locale=de`) und
- ✔ die Durchführung eines *Transfer Impact Assessments*, um die Risiken beim Drittstaatentransfer zu identifizieren und Minimierungsmaßnahmen zu ergreifen.

Wenn Sie eine neue KI-Anwendung beschaffen, legen Sie dafür direkt einen Eintrag in Ihrem KI-Verzeichnis an. Das ist ein wesentlicher Teil einer KI-Governance, die für Rechtssicherheit in Ihrem Unternehmen sorgt. Mehr dazu erfahren Sie in Kapitel 10.

Verträge mit Kunden

Wenn Sie KI in Ihren Leistungen gegenüber Kunden verwenden, zum Beispiel weil der SaaS-Dienst Ihres Unternehmens KI-basierte Funktionen enthält oder weil Sie Produkte anbieten, die mit KI funktionieren, dann gibt es einige Punkte, die in den Verträgen mit Ihren Kunden geregelt sein sollten.

Je nachdem, ob Sie mit Ihrem KI-Produkt neu an den Start gehen oder in Ihre bestehende Software nun auch KI-Funktionalitäten integrieren wollen, sollten Sie in den Verträgen mit Ihren Kunden entsprechende Regelungen ergänzen und gegebenenfalls bestehende Verträge überarbeiten.

BEISPIEL

Typische Praxisbeispiele für Fälle, in denen Unternehmen im Hinblick auf KI gegebenenfalls ihre Verträge mit Kunden überarbeiten sollten:

- ✔ **KI-gestützte Texterstellung in SaaS-Tools:** Ein SaaS-Anbieter ermöglicht es seinen Kunden, mithilfe eines KI-Assistenten automatisierte Produktbeschreibungen zu erstellen.
- ✔ **B2B-Plattform mit KI-gestützter Entscheidungsunterstützung:** Eine Einkaufsplattform bietet automatisierte Vorschläge für die Auswahl des passenden Lieferanten oder Preisoptimierung auf Basis von KI-Analysen.

- **KI-Integration in HR-Software zur Bewerberauswahl:** Ein HR-Tool analysiert Bewerbungen mithilfe von KI und gibt Empfehlungen zur Vorauswahl.
- **KI-unterstützte Bildverarbeitung in Software für medizinische Diagnostik:** Eine Software für Radiologen verwendet KI zur Voranalyse von Röntgenbildern.
- **Onlinesprachschule mit KI-gestütztem Feedback:** Eine Sprachlernsoftware setzt KI ein, um Grammatik- und Aussprachefehler der Nutzenden zu erkennen und zu bewerten.

Die Anpassung von Verträgen, allgemeinen Geschäftsbedingungen (AGB) oder Nutzungsbedingungen gilt immer mit Wirkung für die Zukunft. Das ist mit neuen Kunden kein Problem – hier sind Sie jederzeit frei, Ihre Verträge anzupassen und neuen Kunden andere Vertragskonditionen anzubieten, als Sie das bisher getan haben.

Wenn Sie aber bereits laufende Verträge mit Ihren Kunden haben, gilt: »Pacta sunt servanda.« Das bedeutet: Geschlossene Verträge sind einzuhalten!

Sie können bereits Vereinbarungen mit Bestandskunden also in der Regel nicht einfach einseitig anpassen. Dazu braucht es immer die Zustimmung des anderen Vertragspartners! Eine reine Information à la »Wir haben unsere AGB angepasst. Durch die weitere Nutzung unserer Dienste stimmen Sie den neuen AGB zu.« reicht nicht aus.

Wenn Sie laufende Verträge, AGB oder Nutzungsbedingungen anpassen und um die neue KI-Integration ergänzen möchten, tun Sie Folgendes:

- Wenn Sie ganz sichergehen wollen, bitten Sie Ihre Kunden um Zustimmung zu den neuen Bedingungen und dokumentieren Sie diese Zustimmung. Für Kunden, die nicht zustimmen, gelten die alten AGB fort und Sie müssen überlegen, ob Sie Ihnen die KI-Funktion dennoch anbieten können und wollen.
- Sofern die KI-Integration mit einer extra buchbaren Funktion einhergeht, können Sie die neuen Regelungen auch wirksam vereinbaren, indem Sie die Zustimmung zu den eigenen KI-Bedingungen oder den ergänzten Standardbedingungen einholen. Dazu können Sie zum Beispiel auf der Buchungsseite direkt über dem Bestellbutton unter Verlinkung auf die neuen Bedingungen eine Formulierung ergänzen wie »Es gelten unsere allgemeinen Geschäftsbedingungen«. Eine Hervorhebung der Änderungen ist nicht erforderlich.
- Ist es nicht praktikabel, die AGB oder sonstigen Bedingungen neu zu vereinbaren, prüfen Sie, welche Vereinbarung zur Anpassung der Bedingungen ursprünglich getroffen wurde. Ist dieser Fall, zum Beispiel in den AGB, vorgesehen (und vorausgesetzt, er ist entsprechend des geltenden AGB-Rechts wirksamen vereinbart), halten Sie sich an die vereinbarten Schritte, um die neuen Bedingungen zur Geltung zu bringen. Dokumentieren Sie auch diese Schritte, um sie später gegebenenfalls nachweisen zu können.

Welche konkreten Vereinbarungen oder Ergänzungen von Vereinbarungen Sie in Ihren Verträgen vorsehen sollten, hängt von der jeweiligen Leistung und KI-Integration ab. Es gibt aber ein paar Klassiker, die Sie im Zusammenhang mit KI in Verträgen mit Kunden nicht vergessen sollten:

Die Top 3 der Vertragsgestaltung mit Kunden bei KI-Einsatz:

- ✔ Leistungsbeschreibung und -umfang
- ✔ Haftung
- ✔ Leistungs- und Mitwirkungspflichten der Kunden

Leistungsbeschreibung und -umfang

Wie in allen Verträgen gilt: Mit einer klaren Leistungsbeschreibung vermeiden Sie Vertragsauslegungen zu Ihren Ungunsten. Bei der vertraglichen Leistungsbeschreibung sollten Sie transparent formulieren, was Sie zu leisten bereit und in der Lage sind – und was (gegebenenfalls ausdrücklich) nicht Teil des Leistungsumfangs sein soll. Letzteres ist häufig besonders wichtig, insbesondere wenn wie derzeit gegebenenfalls überhöhte Erwartungen an KI-Leistungen gestellt werden. Denken Sie in Szenarien und überlegen Sie, was ein Kunde möglicherweise zu Unrecht erwarten könnte – und schließen sie diese dann ausdrücklich aus.

Halten Sie sich bei der Formulierung der vertraglichen Leistungsbeschreibung an die Realität und versprechen Sie nichts, was Sie nicht leisten wollen oder können. Haben Sie dabei auch Ihre Drittanbieterverträge im Blick und berücksichtigen Sie, was Ihnen Ihre Dienstleister zugesagt haben. Beruhen Ihre Leistungen auf deren Services, versprechen Sie Ihren eigenen Kunden nie mehr als Ihnen gegenüber vertraglich zugesichert ist!

Auch Nutzungsbeschränkungen sollten Sie bedenken. Dürfen Ihre Kunden mit dem Output Ihrer SaaS-Dienste zum Beispiel frei verfahren oder ist die Nutzung auf das private Umfeld beschränkt?

Herausforderung Haftung

Die vertragliche Regelung der Haftung, insbesondere der (wirksamen) Haftungsbeschränkung oder des -ausschlusses ist nicht nur bei KI-Bezug komplex.

Unternehmen haften für ihre KI – sei es beim Einsatz von KI-basierten Chatbots, der Bereitstellung von Reports, die mithilfe von KI erstellt wurden, oder bei der Veröffentlichung KI-generierter Inhalte. Zur Vertiefung lesen Sie Kapitel 5.

Daher ist es häufig sinnvoller, sich bei der Formulierung der Leistungsbeschreibung inklusive der verfügbaren Funktionalitäten besondere Mühe zu geben (siehe oben) – denn was nicht Teil der versprochenen Leistung ist, dafür müssen Sie regelmäßig auch nicht haften!

In Deutschland gilt der Grundsatz der Vertragsfreiheit. Das bedeutet, dass Sie mit Ihren Vertragspartnern grundsätzlich vereinbaren können, was Sie möchten. Wird nichts vereinbart, gilt das Gesetz. In Sachen Haftung gelten in diesem Fall die allgemeinen Haftungsgrundsätze (siehe dazu Kapitel 5).

Allerdings sieht das BGB auch Schranken dieser Vertragsfreiheit vor, insbesondere wenn es um AGB geht. Eine dieser Schranken betrifft die Beschränkung beziehungsweise den Ausschluss der Haftung. Der Unternehmer darf seine Haftung insbesondere in Folgendem nicht ausschließen oder nach Belieben beschränken:

- ✔ Verletzung von Leben, Körper, Gesundheit von Menschen,
- ✔ bei grobem Verschulden,
- ✔ dem Recht des Kunden, sich vom Vertrag zu lösen, oder
- ✔ bei Mängeln.

Vereinbarungen in den AGB sind generell unwirksam, wenn sie Ihren Vertragspartner »entgegen den Geboten von Treu und Glauben unangemessen benachteiligen«. Dies ist zum Beispiel der Fall, wenn die Regelung nicht eindeutig oder unverständlich ist, mit wesentlichen Grundgedanken des Gesetzes in Widerspruch steht oder den Vertragszweck gefährdet.

Verstoßen Klauseln Ihrer AGB gegen das AGB-Recht, zum Beispiel weil sie eine unwirksame Haftungsbeschränkung für Ihr KI-Tool beinhalten, können Sie sich Ihren Kunden gegenüber nicht darauf berufen. Es gelten dann (im Zweifel zu Ihrem Nachteil) die allgemeinen gesetzlichen Haftungsregeln.

Darüber hinaus können unwirksame Haftungsbeschränkungen zu kostenpflichtigen Abmahnungen führen.

Sinnvolle und wirksame Regelungen zur Haftung bei KI sind zum Beispiel:

- ✔ die Beschränkung der Haftung, soweit sie nach dem Gesetz erlaubt ist,
- ✔ ein Haftungsausschluss für fehlerhafte Ergebnisse. Das ist nur möglich, wenn der Kunde für etwaige fehlerhafte oder unerwünschte Ergebnisse des KI-Systems verantwortlich ist, etwa wenn sie durch unzulässigen Input oder unsachgemäße Nutzung des Outputs verursacht sind (siehe dazu auch im Folgenden die Pflichten der Kunden).

Die sichere und wirksame Vereinbarung von Haftungsbeschränkungen und -ausschlüssen ist komplex. Lassen Sie sich bei der Formulierung daher im Zweifel von einer erfahrenen Rechtsanwältin oder einem erfahrenen Rechtsanwalt beraten!

Das sogenannte *AGB-Recht* der §§ 305 ff. BGB gilt grundsätzlich nur im Verhältnis zwischen Unternehmern und Verbrauchern (B2C), Sie sollten es aber auch im B2B-Verhältnis beachten. Das bedeutet, dass Sie auch dann in der freien Gestaltung Ihrer AGB-Klauseln beschränkt sein können, wenn Ihr Unternehmen nur Verträge mit anderen Unternehmern schließt!

Leistungs- und Mitwirkungspflichten der Kunden

Regeln Sie nicht nur, welche Leistungen Ihr Unternehmen dem Kunden verspricht, sondern nutzen Sie in Verträgen auch die Möglichkeit, die Pflichten Ihrer Vertragspartner zu definieren, besonders bei der Haftung.

Neben den üblichen Pflichten zur Zahlung des vereinbarten Preises oder der Angabe zutreffender Informationen kann zum Beispiel sinnvoll sein zu regeln, dass der Kunde

- ✔ das KI-System nur im Rahmen der vertraglich festgelegten Zwecke verwenden darf,
- ✔ nur Input verwenden darf, an dem er Rechte hat (insbesondere wenn Sie den Input zu Trainingszwecken verwenden),
- ✔ keinen Input eingeben darf, der gegen geltendes Recht verstößt (zum Beispiel pornografisches, volksverhetzendes oder menschenverachtendes Material),
- ✔ den Output prüfen muss, bevor er ihn verwendet oder weitergibt,
- ✔ den KI-Output nicht für die Nachbildung des zugrunde liegenden Modells verwenden oder das Modell durch Reverse Engineering rekonstruieren darf,
- ✔ die Vorgaben zur sachgemäßen Nutzung der KI befolgen muss oder
- ✔ in angemessenem Umfang zur Kooperation verpflichtet ist, wenn Probleme oder Fehler des KI-Systems auftreten.

Scheuen Sie sich nicht vor einer Regelung, nach der Ihr Vertragspartner bei der schuldhaften Verletzung konkreter, ganz wesentlicher Leistungs- und Mitwirkungspflichten zur Zahlung einer angemessenen Vertragsstrafe verpflichtet wird. Zumindest aber sollten Sie sich in solchen Fällen von Ihren Kunden gegenüber Ansprüchen Dritter umfassend freistellen lassen.

Viele unserer Mandanten scheuen sich davor, weil sie Pushbacks ihrer Kunden befürchten. Häufig lassen sich Vorbehalte aber klären.

Bedenken Sie: Ohne eine vertragliche Vereinbarung zur Zahlung einer Vertragsstrafe und Freistellung fallen Sie in dem Fall, dass Ihr Vertragspartner seine Pflichten schuldhaft verletzt, auf die gesetzlichen Regelungen zurück. Die Hürden für Ansprüche nach dem Gesetz sind häufig höher und das Vorliegen der Voraussetzungen nicht selten deutlich schwerer nachzuweisen.

Was es sonst noch zu beachten gibt

Wenn Sie Ihre AGB, Nutzungsbedingungen oder sonstige Verträge anpassen und dabei unsere bisherigen Tipps beachten, sind Sie schon gut aufgestellt. Hier noch ein paar weitere Tipps, die Sie im Zusammenhang mit den Verträgen über KI mit Ihren Kunden nicht vergessen sollten:

- ✔ Führen Sie ein Risk Assessment mit Bezug auf Ihr Vorhaben durch und dokumentieren Sie die Ergebnisse.
- ✔ Evaluieren Sie die Risikoaffinität Ihres Unternehmens und berücksichtigen Sie diese bei der Vertragsgestaltung.
- ✔ Spiegeln Sie die Verträge Ihrer KI-Anbieter mit den Verträgen mit Ihren Kunden.
- ✔ Berücksichtigen Sie Themen wie Zukunftssicherheit und Flexibilität und bedenken Sie zukünftige Veränderungen im Unternehmen oder bei rechtlichen Anforderungen (zum Beispiel Updates, neue Features, regulatorische Anpassungen) – gegebenenfalls müssen die Bedingungen auch mit neuen Vertragsanpassungsklauseln ausgestattet werden.
- ✔ Schulen Sie Ihre Mitarbeitenden mit Blick auf Ihre KI-Produkte und die entsprechenden Vertragsbedingungen, insbesondere im Vertrieb und Support.

Teil III
KI-Governance – KI rechtssicher im Unternehmen umsetzen

IN DIESEM TEIL …

Jetzt machen wir uns an die Umsetzung. Sie haben anhand der vorherigen Kapitel einen fundierten Überblick über die rechtlichen Rahmenbedingungen erhalten. Aber (rechtliche) Theorie muss auch in die (unternehmerische) Praxis umgesetzt werden.

In Teil III beschäftigen wir uns daher mit Fragen der KI-Governance.

Dazu diskutieren wir in Kapitel 10, welche konkreten Maßnahmen Sie umsetzen müssen, damit KI in Ihrem Unternehmen rechtssicher, ethisch und zur Unterstützung Ihrer unternehmerischen Ziele implementiert wird. Dazu gehören neben einer guten KI-Strategie die Schaffung sinnvoller Strukturen und Prozesse sowie ein effektives Projektmanagement und nicht zuletzt ein praktikables rechtliches Framework.

In Kapitel 11 schauen wir uns dann die KI-Richtlinie genauer an – natürlich inklusive eines Musters und praktischer Hinweise, wie Sie dieses individuell an Ihre Unternehmensinteressen anpassen können.

IN DIESEM KAPITEL

KI-Governance im Unternehmen

KI-Strategie

Strukturen und Prozesse

Projektmanagement von KI-Governance-Projekten

Strategisches Management von KI-Projekten

Rechtliches Regelwerk bei KI-Governance

Kapitel 10
KI-Governance: Compliance und Co

Damit Sie KI in Ihrem Unternehmen strategisch, pragmatisch und trotzdem rechtskonform entwickeln und/oder nutzen können, brauchen Sie ein funktionierendes und auf die Bedürfnisse Ihres Unternehmens abgestimmtes System zur Integration und Steuerung der KI-Anwendungen – also eine effektive *KI-Governance*.

KI-Governance sorgt dafür, dass Unternehmen mit ihren KI-Systemen oder KI-Anwendungen nicht einfach wild »draufloswerkeln«, sondern sich dabei an relevante Gesetze, gesellschaftliche Werte und Unternehmensziele halten – mit klaren Regeln, klugen Prozessen und praktischen Tools.

KI-Governance meint ein System von Regeln, Maßnahmen, Strukturen, Praktiken und Prozessen, die die Implementierung von KI-basierten Systemen im Unternehmen unter Einhaltung der rechtlichen Anforderungen, ethischer Prinzipien und strategischer Ziele sicherstellt.

Folgende Bereiche, die wir im Anschluss genauer betrachten werden, sollten mindestens auf Ihrer Compliance-Liste stehen:

- ✔ Positionierung,
- ✔ Strukturen,

- ✔ Prozesse,
- ✔ Kosten und Ressourcen,
- ✔ rechtliches Framework und
- ✔ Compliance.

Schauen wir uns die einzelnen Bereiche nun genauer an.

Positionierung des Unternehmens

Bevor Sie sich mit den rechtlichen Fragen oder der konkreten Umsetzung von Regelungen zu KI in Ihrem Unternehmen beschäftigen, müssen Sie einige Grundsatzfragen klären. Unternehmen, die KI nur nutzen, weil das gerade alle tun, und die sich keine Gedanken über das »Warum?« und »Wie« des KI-Einsatzes machen, werden sich verzetteln und unnötig Ressourcen und Potenziale verschenken. Es empfiehlt sich, diese Fragen auf mindestens drei Unternehmensebenen zu verteilen:

1. Führungsebene (Vorstand/C-Level) zur Festlegung der KI-Strategie,
2. Fachbereiche für die Fragen der operativen Umsetzung sowie
3. AI Officer beziehungsweise ein KI-Team beziehungsweise KI-Board als Koordinationsstelle beziehungsweise Projektleitung.

Fragen zur Positionierung Ihres Unternehmens in Sachen KI

Folgende Fragen sollten Sie für eine erfolgreiche Positionierung Ihres Unternehmens in einem ersten Schritt auf den jeweiligen Ebenen beantworten (lassen):

Vorstand/C-Level: KI-Strategie

- ✔ Welche strategischen Ziele verfolgen Sie mit dem Einsatz von KI?
- ✔ Welche Chancen und Risiken ergeben sich für Ihr Geschäftsmodell durch KI?
- ✔ Welchen Einfluss hat KI auf Ihre Unternehmenskultur und Ihre Mitarbeitenden?
- ✔ Wie messen Sie den Erfolg Ihrer KI-Strategie?
- ✔ Welches Budget und welche Ressourcen stellen Sie für die Umsetzung und Governance von KI bereit?

Fachbereiche: Operative Umsetzung

- ✔ Für welche konkreten Anwendungsfälle (Use Cases) wollen Sie KI einsetzen und warum?

- ✔ Welche internen Prozesse müssen Sie anpassen, um KI effizient zu integrieren?
- ✔ Wie identifizieren und minimieren Sie mögliche Risiken?
- ✔ Wie gestalten Sie die Schnittstellen zwischen KI-Systemen und menschlichen Entscheidungen?

KI-Officer/KI-Board als Koordinationsstelle/Projektleitung

- ✔ Wie etablieren Sie ein effektives KI-Governance-Framework im Unternehmen?
- ✔ Wie fördern Sie den internen Wissensaustausch und stellen KI-Kompetenz sicher?
- ✔ Welche Rollen und Verantwortlichkeiten benötigen Sie für den konkreten KI-Einsatz?
- ✔ Welche Standards / Best Practices setzen Sie im Unternehmen um?
- ✔ Wie erfolgt die Zusammenarbeit der Fachabteilungen mit IT, Legal, Datenschutz, Compliance etc. bei der Implementierung von KI?

Strukturen innerhalb des Unternehmens

Eine erfolgreiche KI-Governance braucht funktionierende Strukturen. Es sollte stets klar sein, wer auf organisatorischer Ebene was zu tun hat (»Wer macht was?«). KI-Governance-Strukturen betreffen daher die Einbindung in bestehende Unternehmensstrukturen, Zuständigkeiten und Rollen sowie Entscheidungsbefugnisse und Berichtswege.

Wenn Sie geeignete Strukturen schaffen möchten, sollten Sie sich die Frage stellen, ob die KI-Governance in Ihrem Unternehmen zentral, dezentral oder hybrid aufgesetzt werden soll.

- ✔ **Zentrale Struktur:** Alle KI-Projekte müssen vor Einführung durch die zentrale KI-Governance-Abteilung geprüft und freigegeben werden.
- ✔ **Dezentrale Struktur:** Jede Fachabteilung durchläuft einen eigenen Prüfprozess unter Beachtung der jeweiligen Vorgaben beziehungsweise unter Einbeziehung einzelner Abteilungen wie Legal, Datenschutz, IT-Sec.
- ✔ **Hybride Struktur:** Eine zentrale KI-Governance-Abteilung gibt allgemeine Richtlinien vor, die Fachbereiche setzen eigene Prozesse innerhalb dieses Rahmens um.

Auch hier gibt es keine One-fits-all-Lösung! Die Wahl zwischen einer zentral, dezentral oder hybrid organisierten KI-Governance hängt von der Unternehmensgröße, Branche, vorhandenen Strukturen und dem Reifegrad beim KI-Einsatz ab. Vielleicht passt für Ihr Unternehmen auch eine andere, aus verschiedenen Teilen der genannten Strukturen zusammengesetzte Struktur noch besser.

Schauen wir uns die drei vorgeschlagenen möglichen Governance-Strukturen mal genauer an.

Zentrale KI-Governance

Eine zentrale Strukturierung meint die Organisation über eine eigenständige KI-Governance-Einheit, wie sie in Abbildung 10.1 dargestellt ist.

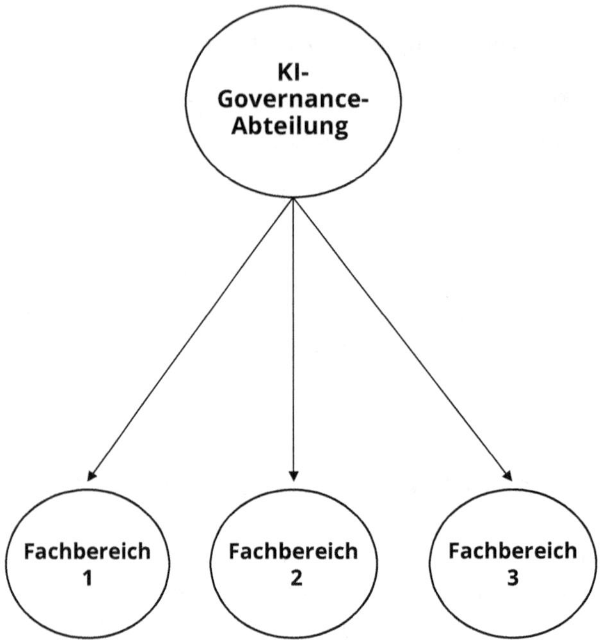

Abbildung 10.1: Zentrale KI-Governance-Struktur

Bei der zentralen KI-Governance-Struktur wird eine eigenständige Abteilung (zum Beispiel eine KI-Governance-Abteilung) geschaffen, die für KI-Governance verantwortlich ist, die zentrale Prüfung aller KI-Projekte im Unternehmen übernimmt und über die Freigabe entscheidet.

Eine zentrale KI-Governance kann folgende Vor- und Nachteile haben.

Vorteile sind:

- ✔ **Konsistente Standards und Kontrolle:** einheitliche Vorgaben für den gesamten KI-Einsatz und Vermeidung von Silodenken
- ✔ **Effektive Compliance und Risikomanagement:** bessere Überwachung regulatorischer Anforderungen (AI Act, Datenschutz, IT-Security etc.)
- ✔ **Bündelung von Fachwissen:** spezialisiertes Team mit umfassendem Überblick über KI-Initiativen und Innovationen
- ✔ **Zentrale Entscheidungsfindung:** schnelles und koordiniertes Vorgehen, klare Zuständigkeiten

- **Effiziente Schulung und Awareness:** einheitliche Weiterbildung für alle Fachbereiche, Förderung von Best Practices

Es gibt aber auch die folgenden Nachteile:

- **Langsamere Umsetzung:** Bürokratiegefahr, da Fachabteilungen erst Genehmigungen einholen müssen
- **Entkopplung vom operativen Geschäft:** KI-Einheit könnte als »Flaschenhals« wahrgenommen werden, wenn sie nicht eng mit den Fachabteilungen zusammenarbeitet.
- **Erhöhter Ressourcenaufwand:** Einrichtung einer neuen Einheit erfordert zusätzliches Personal und Budget.
- **Widerstand in Fachabteilungen:** Gefahr, dass Abteilungen KI-Initiativen eher inoffiziell verfolgen (*Shadow AI*)

Mit *Shadow AI* oder auch *Schatten-KI* sind KI-Tools gemeint, die vom Unternehmen nicht auf dem vorgesehenen Weg freigegeben wurden – also unkontrollierter Einsatz von künstlicher Intelligenz durch Mitarbeitende in Unternehmen. Der Einsatz von nicht autorisierten KI-Tools wie ChatGPT, Midjourney oder anderen ohne Freigabe durch die IT oder Rechtsabteilung – im schlimmsten Fall noch in der privaten, kostenfreien Variante – ist für Unternehmen höchst riskant.

Dezentrale KI-Governance

Eine dezentrale Organisation meint die Integration von KI-Governance in bereits bestehende Einheiten, zum Beispiel wie in Abbildung 10.2 dargestellt.

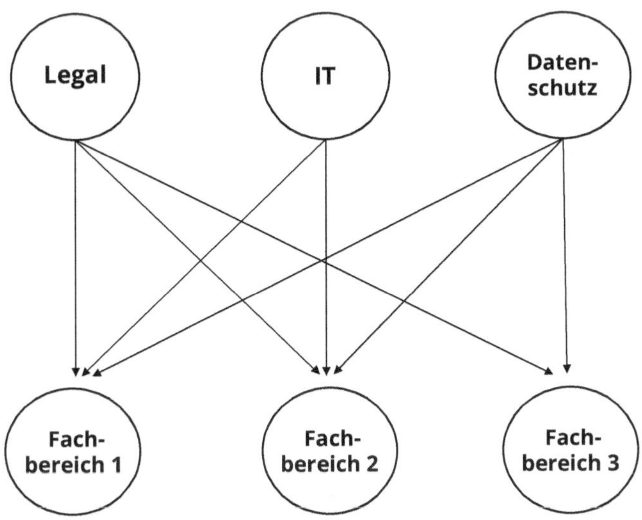

Abbildung 10.2: Dezentrale KI-Governance-Struktur

Es wird also keine eigene KI-Abteilung aufgebaut, sondern die jeweiligen Aufgaben werden bei geeigneten Abteilungen des Unternehmens angedockt. Das ergibt insbesondere dann Sinn, wenn es im Unternehmen schon bestehende und gut funktionierende Governance-Strukturen gibt. Diese bestehenden Abteilungen übernehmen einzelne Aufgaben der KI-Governance, die Entscheidung trifft hingegen der jeweilige Fachbereich. So prüft zum Beispiel die Rechtsabteilung die Anforderungen aus der KI-VO und Verträge, der Datenschutzbeauftragte die Einhaltung der datenschutzrechtlichen Vorgaben, die IT die technikseitigen Anforderungen und so weiter und der jeweilige Fachbereich entscheidet nach Rückmeldung der jeweiligen Abteilungen. Auch das hat Vor- und Nachteile.

Vorteile sind:

- ✔ **Hohe Flexibilität und Agilität:** Fachbereiche können KI-Projekte selbst vorantreiben, weniger Bürokratie.
- ✔ **Praxisnahe Umsetzung:** KI-Governance ist direkt in die Geschäftsprozesse integriert, Entscheidungen werden näher an der operativen Realität getroffen.
- ✔ **Bessere Akzeptanz:** weniger Widerstand, da bestehende Verantwortlichkeiten genutzt werden
- ✔ **Geringerer Ressourcenaufwand:** keine neue Einheit erforderlich, stattdessen Nutzung vorhandener Strukturen

Und diese Nachteile:

- ✔ **Fehlende Konsistenz:** unterschiedliche Standards in den Abteilungen, Risiko von Silodenken
- ✔ **Höheres Compliance-Risiko:** Fehlende Gesamtverantwortung könnte zu rechtlichen oder ethischen Verstößen führen.
- ✔ **Erhöhter Abstimmungsaufwand:** Viele Schnittstellen zwischen Abteilungen erfordern enge Koordination, um Fragmentierung zu vermeiden.
- ✔ **Fehlende zentrale Steuerung:** Kein übergreifender Überblick über alle KI-Projekte, Innovationspotenziale bleiben möglicherweise ungenutzt.

Hybride Lösung als Mittelweg

Denkbar ist auch, hybride Strukturen zu implementieren, indem Sie in Ihrem Unternehmen eine zentrale Steuerung mit dezentraler Umsetzung schaffen. Das kann wie in Abbildung 10.3 aussehen.

Bei diesem Modell gibt ein zentrales KI-Governance-Team (zum Beispiel ein aus verschiedenen Bereichen zusammengesetztes KI-Board) Leitlinien, Standards und Risikobewertungen

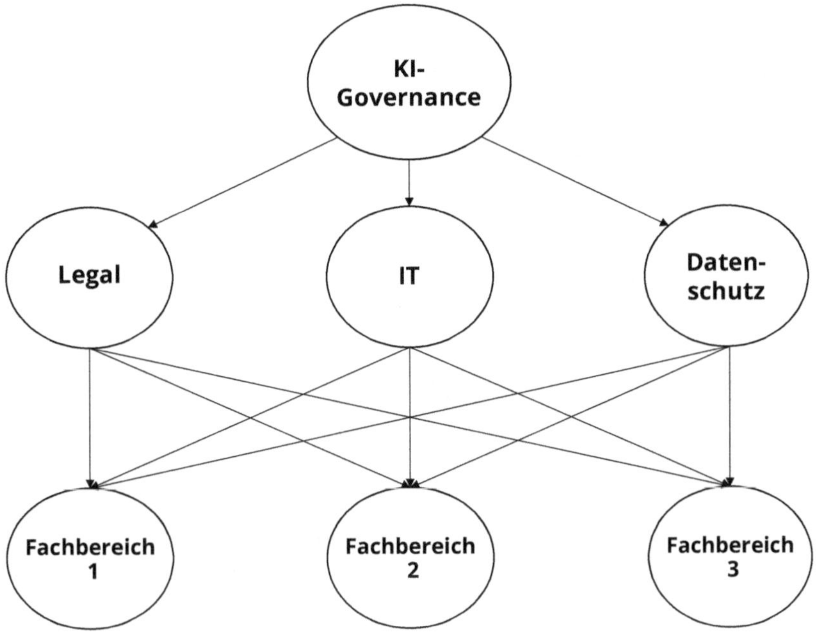

Abbildung 10.3: Hybride KI-Governance-Struktur

vor, während dezentrale KI-Teams in den jeweiligen Fachbereichen für die operative Umsetzung verantwortlich sind. Fachabteilungen unterstützen mit ihrer jeweiligen fachlichen KI-Expertise.

Auch hier sollten Sie sich stets anschauen, welche bestehenden Governance-Strukturen es in Ihrem Unternehmen bereits gibt und inwiefern Sie an bestehende Strukturen, insbesondere bei Legal, Datenschutz, IT-Security und so weiter, gegebenenfalls andocken können.

Vorteile einer hybriden Struktur sind:

- ✔ **Balance zwischen Kontrolle und Flexibilität:** Zentrale Vorgaben sorgen für Konsistenz, während Fachbereiche agil handeln können.
- ✔ **Optimale Ressourcennutzung:** Fachabteilungen behalten ihre KI-Expertise, während zentrale Vorgaben für Konsistenz sorgen.
- ✔ **Integration bestehender Strukturen:** Nutzung vorhandener Governance-Strukturen (Legal, Datenschutz, IT-Security), ohne doppelte Strukturen aufzubauen
- ✔ **Effiziente Kommunikation und Wissenstransfer:** Austausch zwischen zentralem KI-Team und dezentralen Einheiten fördert Best Practices.
- ✔ **Effektive Umsetzung:** Fachbereiche können ohne langwierige Freigaben arbeiten, solange sie sich an zentrale Vorgaben halten.

Nachteile sind:

- **Hoher Koordinationsaufwand:** Erfordert regelmäßige Abstimmung zwischen zentraler Steuerung und Fachbereichen.
- **Gefahr von Kompetenzüberschneidungen:** Unklare Zuständigkeiten können zu Ineffizienzen führen, wenn zentrale und dezentrale Einheiten nicht klar abgegrenzt sind.
- **Abhängig von Unternehmenskultur:** Funktioniert nur, wenn Transparenz, Kommunikation und Kooperationsbereitschaft gegeben sind.

Welche Struktur für wen?

Doch was ist denn nun die richtige Struktur für Ihr Unternehmen? Bei der Suche der für Ihr Unternehmen richtigen Struktur bedenken Sie Folgendes:

- **Kleine und mittelständische Unternehmen** mit spezifischen, abgegrenzten KI-Anwendungen in einzelnen Abteilungen profitieren oft von *dezentralen Strukturen*, da sie flexibler agieren können.
- **Große Unternehmen** mit hohem KI-Reifegrad, komplexen Compliance-Anforderungen und sektorübergreifenden KI-Projekten sowie stark regulierte Branchen (zum Beispiel Finanzwesen, Gesundheitswesen, öffentliche Verwaltung) benötigen meist eine *zentrale KI-Governance*, um die erhöhten Compliance-Anforderungen erfüllen zu können.

Eine *hybride Lösung* kann die Vorteile beider Modelle kombinieren, indem sie strategische Steuerung mit operativer Agilität verbindet. Sie eignet sich besonders für große Unternehmen mit verschiedenen KI-Use-Cases, aber Bedarf an einer strategischen KI-Steuerung, und Unternehmen, die Agilität mit regulatorischer Sicherheit verbinden wollen.

Prozesse

Um Ihr Unternehmen bei der KI-Nutzung sicher aufzustellen, sollten Sie Abläufe etablieren, die eine funktionierende KI-Governance in der Praxis gewährleisten:

- **Prüf- und Freigabeprozesse:** Wie wird sichergestellt, dass KI-Projekte den regulatorischen Anforderungen entsprechen?
- **Kommunikations- und Abstimmungsprozesse:** Wie arbeiten zentrale und dezentrale Einheiten zusammen? Wie werden Informationen geteilt?
- **Risikomanagementprozesse:** Wie werden potenzielle Risiken (Bias, Datenschutz, Sicherheitslücken) identifiziert und minimiert?

- **Monitoring und Audit-Prozesse:** Wie wird sichergestellt, dass KI-Systeme regelmäßig überprüft und angepasst werden?
- **Meldestrukturen für KI-Probleme:** Wie können Mitarbeitende Probleme oder unerwartete KI-Entscheidungen melden?

Einbindung in bestehende Risk-und-Compliance-Prozesse

- KI-Risikoanalysen anhand von Checklisten
- Datenschutz- oder IT-Sicherheitsrichtlinien
- Einbindung in Produktentwicklungs- und IT-Prozesse
- automatisierte KI-Testumgebung vor Deployment (zum Beispiel über MLOps-Framework)
- KI-Modelle durchlaufen Security-Check vor Implementierung (Bias-Tests, Auditierbarkeit, Black-Box-Analyse)
- Einbindung in bestehende Softwareentwicklungs- und Qualitätsmanagementprozesse
- regelmäßiges Review der Chatbot-Entscheidungen durch menschliche Prüfer
- Dokumentation von Hochrisiko-KI-Einsatz (zum Beispiel Dokumentation Trainingsdaten)

Strukturen und Prozesse müssen zusammenpassen, damit *KI-Governance* wirksam und *praxistauglich* ist:

- Eine gute Struktur ohne klare Prozesse führt zu Chaos: Alle wissen, wer zuständig ist, aber niemand weiß, was genau zu tun ist.
- Gute Prozesse ohne klare Struktur führen zu ineffizienter Umsetzung: Es gibt klare Abläufe, aber niemand weiß genau, welche einheitlichen Vorgaben zu beachten sind.

Kosten und Ressourcen

Viele Unternehmen sind unsicher, wie viel Geld und Kapazitäten sie für den Aufbau einer KI-Governance investieren müssen. Eine pauschale Antwort haben wir für Sie nicht, denn auch hier gilt: Es gibt *keine One-fits-all-Lösung*.

Wie hoch der Ressourceneinsatz sein muss, hängt von verschiedenen Faktoren ab, insbesondere von

- ✔ der bestehenden IT- und Compliance-Infrastruktur,
- ✔ der Branche des Unternehmens,
- ✔ den Risiken des konkreten KI-Einsatzes und
- ✔ der strategischen Bedeutung von KI für das Geschäftsmodell.

Wenn Sie in einer stark regulierten Branche wie dem Finanz- oder Gesundheitswesen unterwegs sind oder Ihr Unternehmen KI in sensiblen Bereichen einsetzt, sind höhere Investitionen nötig.

Schritt für Schritt zu einer skalierbaren KI-Governance

Sie können in Ihrem Unternehmen Kosten sparen und eine skalierbare KI-Governance etablieren, indem Sie schrittweise vorgehen:

1. **Quickstart: Erste Grundlagen schaffen**
   - Struktur: Verantwortlichkeiten und Zuständigkeiten festlegen (zum Beispiel KI-Officer, Fachabteilungen, Compliance-Teams)
   - Prozesse: erste Richtlinien und Standards anhand des konkreten Bedarfs erstellen
2. **Pilotprojekt: KI-Governance an einem konkreten Anwendungsfall testen, um Prozesse zu validieren**
   - einfaches, konkretes KI-Projekt auswählen, um Governance-Prozesse risikoarm zu erproben
   - Mechanismen für Prüfung, Monitoring und Risikobewertung im kleinen Rahmen testen
   - Erfahrungen sammeln und Anpassungen vornehmen, bevor die Governance skaliert wird
3. **Skalierung auf das Gesamtunternehmen: erfolgreiche Elemente auf weitere KI-Projekte und Abteilungen ausweiten**
   - bewährte Prozesse und Strukturen auf weitere KI-Anwendungsfälle und Abteilungen übertragen
   - Governance-Prozesse mit bestehenden Unternehmensstrukturen verzahnen (zum Beispiel Datenschutz, IT-Security, Compliance)
   - regelmäßige Evaluierung und kontinuierliche Verbesserungsmodelle

Ob Sie bei der KI-Governance besser auf den internen Kompetenzaufbau setzen oder sich lieber gezielt Expertise einkaufen sollten, sollten Sie anhand einer Abwägung entscheiden:

- ✔ **Unternehmen, die eigene Kompetenzen aufbauen,** sichern sich nachhaltige Expertise im Unternehmen, haben aber initial einen höheren Schulungsaufwand.
- ✔ **Unternehmen, die externe Expertise einkaufen,** haben schneller Zugang zu Know-how, sind jedoch gegebenenfalls abhängig von externen Partnern und haben langfristig höhere Kosten.

Die optimale Lösung liegt oft in einer Kombination: Bauen Sie im Unternehmen schrittweise ein fähiges KI-Governance-Team auf, das durch externe Fachleute gezielt unterstützt und »enabled« wird. Externe Unterstützung bietet im Idealfall nicht nur Antworten auf konkrete Fragen, sondern stattet Ihre Mitarbeitenden auch mit Know-how (zum Beispiel in Form von Checklisten und Ähnlichem) aus.

Hilfe bei der KI-Governance für KMUs und Start-ups – das KI-Service Desk der Bundesnetzagentur

Für Start-ups und viele kleine und mittelständische Unternehmen (KMUs) kann die Umsetzung der Compliance-Anforderungen rund um den rechtskonformen KI-Einsatz eine Mammutaufgabe sein – vielen fehlen schlicht Budget und Kapazitäten, um sich insbesondere mit Blick auf die Anforderungen aus der KI-VO zu orientieren und sicher aufzustellen.

Grundsätzlich gelten die Anforderungen aus der KI-VO für alle Unternehmen, auch für KMUs. Umfang und Intensität der Regulierung hängt nicht von der Größe des Unternehmens, sondern davon ab, wie hoch das Risiko eines KI-Systems ist und welche Rolle das Unternehmen in der KI-Wertschöpfungskette konkret einnimmt.

Inwieweit die KI-VO die Besonderheiten von KMUs dennoch berücksichtigt, können Sie in Kapitel 7 nachlesen.

Wenn Ihr Unternehmen ebenfalls ein kleines oder mittleres Unternehmen oder Start-up ist, hoffen wir natürlich, dass Ihnen dieses Buch dabei hilft, sich im KI-Rechtsdschungel zurechtzufinden. Aber auch die Bundesnetzagentur als (voraussichtliche) deutsche Aufsichtsbehörde will KMUs unterstützen und hat dafür das *KI-Service Desk*, abrufbar unter `https://www.bundesnetzagentur.de/DE/Fachthemen/Digitales/KI/start_ki.html`, ins Leben gerufen.

Seit Juli 2025 bietet die Bundesnetzagentur mit dem neuen KI-Service Desk ein Onlineportal an, das als zentrale Anlaufstelle für Unternehmen dienen soll, die KI-Systeme entwickeln oder nutzen. Ziel ist es, vor allem kleine und mittlere Unternehmen, Start-ups und Unternehmen ohne eigene Rechtsabteilung bei der Umsetzung der KI-Verordnung zu unterstützen.

Das KI-Service Desk soll über das Onlineportal folgende Leistungen erbringen:

- ✔ erste Einschätzung, ob eine Anwendung von KI durch das Unternehmen reguliert ist,
- ✔ Unterstützung bei der Orientierung zu Transparenzpflichten, Risikoklassen und Verboten sowie
- ✔ Erläuterungen zentraler KI-Begriffe in verständlicher Sprache.

Dazu umfasst das Portal die folgenden vier zentralen Bausteine:

- ✔ **Selbsteinschätzungstool** (Compliance-Kompass): unterstützt bei der groben Einordnung, ob ein KI-System vom AI Act betroffen ist
- ✔ **Informationsangebot:** beinhaltet kompakte Erläuterungen zu Pflichten, Definitionen, Verboten und Beispielen
- ✔ **Kontaktfunktion:** Möglichkeit, sich bei offenen Fragen direkt mit einer Anfrage an die Behörde zu wenden
- ✔ **Schulungen:** hilft mit Hinweisen zu kostenlosen Weiterbildungsangeboten zur KI-Regulierung

Im Ergebnis kann das Angebot der Bundesnetzagentur sicher ein guter erster Einstieg ein – das KI-Service Desk ersetzt aber keine fundierte rechtliche Bewertung. Als Unternehmen sollten Sie bei der Nutzung Folgendes berücksichtigen:

- ✔ Die Informationen sind unverbindlich, die Bundesnetzagentur übernimmt insbesondere keine rechtliche Haftung für die über das Portal erlangten Einordnungen.
- ✔ Das Selbsteinschätzungstool eignet sich gegebenenfalls für eine erste Orientierung – das kann bei eindeutigen Fällen hilfreich sein, für komplexe oder grenzwertige Szenarien eignet es sich hingegen nicht.

Auch KMUs sollten KI-Compliance als wichtiges Ziel und Chance begreifen. Nutzen Sie als KMU oder Start-up daher das KI-Service Desk für eine erste Orientierung.

Wenn Sie KI-Compliance aber strategisch angehen wollen – und das sollten Sie –, stellen Sie sicher, dass Sie

- ✔ alle im Unternehmen eingesetzten KI-Systeme systematisch erfassen und mit dem Compliance-Kompass prüfen,
- ✔ die eigenen Rollen und damit einhergehende Pflichten klären (insbesondere Anbieter versus Betreiber),
- ✔ Mitarbeitende frühzeitig schulen und
- ✔ interne Leitlinien erstellen und fortlaufend updaten.

Parallel zum Angebot der Bundesnetzagentur plant übrigens auch die EU-Kommission ein eigenes *AI Act Service Desk*, um eine möglichst reibungslose Umsetzung der KI-VO zu ermöglichen und Fragen zu seiner Einführung und Umsetzung zu beantworten. Geplant ist eine zentrale Informationsplattform mit interaktiven Onlinetools. Angekündigt war die Einrichtung des AI Act Service Desk für den Sommer 2025 – bis zum Redaktionsschluss dieses Buches im August 2025 gab es das Angebot jedoch noch nicht.

Rechtliches Regelwerk

Die besten und kosteneffizientesten Strukturen und Prozesse helfen Ihnen nicht, wenn Ihre Mitarbeitenden nicht wissen, an welche Regeln sie sich zu halten haben. Gute KI-Governance setzt daher auch gutes rechtliches Regelwerk voraus. Folgende Dokumente sollten Sie erstellen:

✔ **Prozessvorgaben zur Einführung von KI-Tools**

- Wie können Mitarbeitende neue KI-Tools einführen?
- Welche Abteilungen müssen involviert, welche Zustimmungen eingeholt werden?
- Welche Informationen müssen Mitarbeitende mitliefern?

✔ **Gegebenenfalls Richtlinie für Entwicklung von KI** (sofern Ihr Unternehmen KI-Systeme selbst entwickelt)

- Welche Grundsätze und Anforderungen müssen Entwickler beachten?
- Welche Tools dürfen bei der Entwicklung eingesetzt werden?
- Was muss wie dokumentiert werden?

✔ **Rechtlicher Leitfaden für die Compliance-Prüfung**

- Welche rechtlichen Fragen sind zu klären?
- Welche Schritte sind für die rechtliche Prüfung vorzunehmen

✔ **Allgemeine KI-Richtlinie zur KI-Nutzung**

- An welche Regeln müssen sich Mitarbeitende bei der Nutzung von KI halten?
- Welche Vorgaben gibt es hinsichtlich der Einsatzfelder von KI?
- Gibt es verbotene/erlaubte KI-Tools?

✔ **Gegebenenfalls ergänzende Nutzungshinweise für konkrete Tools**

- Welche ergänzenden oder abweichenden Vorgaben gibt es bei der Nutzung bestimmter Tools?

IN DIESEM KAPITEL

Wann Sie eine KI-Richtlinie benötigen

Inhalte eine KI-Richtlinie

Wie Sie eine KI-Richtlinie erstellen können

Muster für eine KI-Richtlinie

Kapitel 11
KI-Richtlinie: Der Umgang Ihres Unternehmens mit künstlicher Intelligenz

Wenn Sie KI im beruflichen Umfeld entwickeln oder nutzen, müssen Sie eine Vielzahl rechtlicher Vorgaben einhalten. Die KI-Richtlinie ist dabei ein Instrument, um zum einen diese Vorgaben zu managen und zum anderen den Mitarbeitenden die strategischen Ziele und ethischen sowie die an den Unternehmenszielen orientierten Rahmenbedingungen vorzugeben. Eine KI-Richtlinie bietet einen strukturierten Rahmen, der den sicheren, effizienten und gesetzeskonformen Einsatz von KI-Technologien fördert.

Eine KI-Richtlinie ist wie eine Bedienungsanleitung für KI-Anwendungen in Ihrem Unternehmen: Die KI-Richtlinie bringt – hands-on und auf einem praktischen und einfach anwendbaren Niveau – auf den Punkt, wann welche KI-Anwendungen wie genau verwendet werden dürfen. Mit einer KI-Richtlinie erklären Sie den Mitarbeitenden, was sie dürfen (und was nicht), reduzieren das Risiko für Ihr Unternehmen und können sich so auf die Chancen und Innovationspotenziale von KI fokussieren.

Viele Unternehmen scheuen sich davor, KI-Richtlinien aufzusetzen, weil sie den Ruf haben, die Flexibilität und Innovationsfreude innerhalb des Unternehmens zu beschränken. Mit einer gut gemachten KI-Richtlinie können Sie diese vermeintlichen Nachteile aber überwinden und sogar noch positive Effekte erreichen, wenn

- ✔ Sie ausreichende Spielräume bieten, zum Beispiel jede und jeder Mitarbeitende ein Vorschlagsrecht erhält, neue KI-Anwendungen zu entwickeln oder einzuführen oder
- ✔ Sie einen dynamischen und schnellen Freigabeprozess etablieren.

Damit Ihre Mitarbeitenden die KI-Richtlinie nicht einfach überfliegen oder wegklicken, sondern wirklich verstehen, worum es geht, empfehlen wir Folgendes: Stellen Sie die Richtlinie nicht nur im Intranet bereit und lassen Sie sich die Kenntnisnahme nicht nur per Klick bestätigen. Besser ist es, die Einführung mit einem (gegebenenfalls digitalen) Workshop zu begleiten, in dem Sie die Mitarbeitenden durch die Richtlinie begleiten und offene Fragen beantworten. So prägen Sie aktiv die Haltung, mit der KI in Ihrem Unternehmen eingeführt wird – auf der Tonspur funktioniert das oft besser als schriftlich. Den Workshop können Sie aufzeichnen und später allen zur Verfügung stellen, die nicht teilnehmen konnten oder neu ins Unternehmen kommen.

Inhalte einer KI-Richtlinie

Für eine wirksame KI-Richtlinie sollten Sie klare Vorgaben und Kontrollmechanismen schaffen. Folgende Fragen sollten Sie vor der Erstellung intern diskutieren und beantworten:

- ✔ Was ist Sinn und Zweck der Richtlinie?
- ✔ Welcher Teil der Unternehmensprozesse wird durch die Richtlinie abgedeckt?
- ✔ Wer muss die Richtlinie beachten? Für wen gilt sie gegebenenfalls nicht?
- ✔ Welche Begriffe müssen definiert oder für welche muss ein gemeinsames Verständnis geschaffen werden?
- ✔ Welche Technologien und Systeme fallen unter die Richtlinie?
- ✔ Wer ist im Unternehmen wofür verantwortlich und muss wann einbezogen werden?
- ✔ Whitelist versus Blacklist: Dürfen nur freigegebene KI-Tools eingesetzt werden oder alle, die nicht verboten sind? Oder sollen Ihre Mitarbeitenden hier gar keine Vorgaben beachten müssen?
- ✔ Wann und wie muss die Nutzung von KI-Systemen und der zugehörigen Datenprozesse offengelegt werden? Gibt es interne oder externe Kennzeichnungspflichten?
- ✔ Welche Maßnahmen werden ergriffen, um Risiken zu identifizieren beziehungsweise zu verringern und die Einhaltung der KI-Verordnung zu ermöglichen?
- ✔ Welche KI-gestützten Entscheidungen brauchen menschliche Kontrolle?
- ✔ Welche ethischen Standards müssen eingehalten werden und wie?
- ✔ Welche konkreten rechtlichen Vorgaben müssen Ihre Mitarbeitenden für die Nutzung von KI-Systemen beachten? Dazu gehören insbesondere:
  - Unter welchen Voraussetzungen dürfen welche personenbezogenen Daten und vertraulichen Informationen in das KI-System eingegeben werden?

- Welche Inhalte dürfen zum Beispiel als Prompts in das KI-System eingegeben werden und wie ist mit Blick auf die Nutzungsrechte mit dem Output zu verfahren?
- Wie wird die Qualität von KI-Ergebnissen sichergestellt?

Wenn Sie in Ihrem Unternehmen einen Betriebsrat haben, beziehen Sie diesen rechtzeitig mit ein – insbesondere bei der Erstellung der KI-Richtlinien.

Das kann zum einen aus rechtlicher Sicht erforderlich sein, hilft aber zum anderen auch bei der Vertrauensbildung und Akzeptanz von KI-Systemen bei Ihren Mitarbeitenden.

KI-Richtlinien sind »lebendige Dokumente«, das bedeutet vor allem:

✔ Regelmäßige Schulungen zur Förderung der KI-Kompetenz innerhalb des Unternehmens bleiben weiterhin Pflicht!

✔ Ergreifen Sie unbedingt Maßnahmen zur Überprüfung, Aktualisierung und Weiterentwicklung der KI-Richtlinie.

Muster für eine interne KI-Richtlinie Ihres Unternehmens

Eine KI-Richtlinie kann die unterschiedlichsten Gestalten annehmen und sollte dies auch: Am wirksamsten ist eine individuell angepasste KI-Richtlinie, die spezifisch auf Ihr Unternehmen zugeschnitten ist.

Ihre KI-Richtlinie müssen Sie nicht auf einem weißen Blatt Papier beginnen – Sie können das Beispiel am Ende dieses Kapitels als Ausgangspunkt verwenden.

Passen Sie die KI-Richtlinie individuell an die Gegebenheiten bei Ihnen und Ihre KI-Strategie an. Stellen Sie sich die bereits genannten Fragen, beantworten Sie sie für Ihr Unternehmen und formulieren Sie diese Antworten in verständlicher Form für Ihre Mitarbeitenden.

Nur eine gelebte und passende KI-Richtlinie kann ihr Ziel erreichen, für den rechtssicheren und gewinnbringenden Einsatz von KI in Ihrem Unternehmen zu sorgen.

Das folgende Muster einer KI-Richtlinie ist ein Beispiel für eine mögliche Gestaltung einer KI-Richtlinie. Sie gibt eine erste Basisstruktur vor. Diese KI-Richtlinie dient vor allem für die Erlaubnis von Standard-Tools für allgemeine Zwecke, zum Beispiel Copilot oder ChatGPT.

Folgende Abwägungen müssen Sie selbst treffen:

✔ Auf welchem Risikolevel setzen Sie KI in Ihrem Unternehmen ein?

✔ Welche Strategie verfolgen Sie?

✔ Welcher ethische Rahmen soll bei Ihnen gelten?

Unser Muster ist ein Beispiel dafür, welches Risiko zugunsten von Innovationsmöglichkeiten akzeptiert werden könnte.

Sie müssen keine KI-Richtlinien aufstellen und es gibt auch keine vorgeschriebene Form dafür.

Fragen Sie sich: Welche Art von KI-Regelung passt in Ihr Unternehmen? Das kann auch ein KI-Playbook sein anstelle einer KI-Richtlinie, das offener und motivierender wirken kann.

Checkliste für Ihre KI-Richtlinie

Wenn Sie eine KI-Richtlinie für Ihr Unternehmen erstellen möchten, hilft Ihnen vielleicht folgende Checkliste:

- ✔ **Zweck der Richtlinie**

  Erklären Sie hier kurz, warum es diese Richtlinie gibt und was mit dem Einsatz von KI bezweckt wird. Holen Sie Ihre Mitarbeitenden ab und verknüpfen Sie den Zweck der Richtlinie beispielsweise mit den Unternehmenszielen.

- ✔ **Persönlicher und sachlicher Anwendungsbereich**

  Legen Sie fest, für wen aus dem Unternehmen und für was (also welche KI-Anwendungen) die Richtlinien gelten sollen.

- ✔ **Begriffsbestimmungen und Definitionen**

  Bedenken Sie: Nicht alle Mitarbeitenden sind mit den in der Richtlinie verwendeten Begriffen vertraut. Erklären Sie daher kurz und verständlich wichtige Begriffe, wie sie im Unternehmen und insbesondere der Richtlinie verstanden werden sollen.

- ✔ **Verantwortlichkeiten und Rollen**

  Listen Sie auf, wer im Unternehmen im Zusammenhang mit dem Einsatz von KI wofür verantwortlich ist – wen können die Mitarbeitenden für welche Themen/Fragen ansprechen?

- ✔ **Ethik und Fairness**

  Als Unternehmen sollten Sie auch klar und nachvollziehbar formulieren, unter welchen ethischen Grundsätzen KI bei Ihnen im Einsatz sein soll. Zur Orientierung empfehlen wir die Ethikleitlinien für eine vertrauenswürdige KI der EU-Kommission, 2019, abrufbar unter `https://data.europa.eu/doi/10.2759/22710` (Stand: 3. Mai 2025).

✔ **Gegebenenfalls Liste verbotener und/oder erlaubter Tools**

Je nachdem, ob Sie mit Blacklists, Whitelists oder ganz ohne Vorgaben zu konkreten KI-Anwendungen arbeiten wollen, sollten Sie dies Ihren Mitarbeitenden klar mitteilen und gegebenenfalls auf entsprechende Listen verlinken.

✔ **Vorgaben für Einsatzfelder von KI**

Definieren Sie die zulässigen Anwendungsbereiche für KI-Systeme im Unternehmen und legen Sie fest, unter welchen Bedingungen und in welchen Prozessen KI-Technologien eingesetzt werden dürfen, zum Beispiel alle Bereiche versus Marketing/HR/Legal und so weiter.

✔ **Rechtliche Vorgaben für die Nutzung von KI-Systemen**

Damit Ihre Mitarbeitenden die rechtlichen Vorgaben einhalten können, müssen sie sie kennen. Erklären Sie daher im Folgenden, was Ihre Mitarbeitenden dürfen und was nicht. Hierbei kann es hilfreich sein, zunächst den Hintergrund kurz zu skizzieren und sodann konkrete Vorgaben zur Umsetzung zu machen.

- **Eingabe von personenbezogenen Daten**

  Schauen Sie hierzu noch mal in Kapitel 3 nach und überlegen Sie, welche Vorgaben sich dafür konkret für Ihre Mitarbeitenden ergeben.

- **Eingabe von Geschäftsgeheimnissen**

  Hier sollten Sie den Mitarbeitenden die verschiedenen Stufen der Sensibilität von Daten vor Augen führen (in der Regel sind das mindestens: öffentlichen Informationen, interne Informationen, vertrauliche Informationen und Geschäftsgeheimnisse) und erklären, wann welche Informationen wie als Input oder im Output verwendet werden dürfen. Im Idealfall knüpfen Sie hier an das bestehende Vertraulichkeitskonzept in Ihrem Unternehmen an.

- **Eingabe und Nutzung urheberrechtlich geschützter Inhalte**

  Falls Sie hierzu Ihr Wissen noch einmal auffrischen wollen, empfehlen wir, Kapitel 4 erneut zu überfliegen.

- **Gegebenenfalls Nutzung in besonders sensiblen Bereichen**

  In sensiblen Bereichen, wie zum Beispiel im Bewerbungsverfahren oder im HR-Management, kann es besondere Vorgaben für Mitarbeitende geben – nutzen Sie die KI-Richtlinien, um Mitarbeitende dafür erneut zu sensibilisieren.

✔ **Überprüfung von KI-generierten Arbeitsergebnissen**

Erklären Sie, dass die Qualität der Arbeitsergebnisse, die von oder mithilfe von KI-Systemen erstellt werden, immer auch vom Input abhängt und welche Maßnahmen zur Qualitätssicherung ergriffen werden sollen.

✔ **Einhaltung von Nutzungsbedingungen**

Wenn Sie im Unternehmen KI-Anwendungen von Dritten (zum Beispiel OpenAI, Microsoft und so weiter) einsetzen, sehen die Nutzungsbedingungen der jeweiligen KI-Anbieter gegebenenfalls Nutzungsbedingungen vor, die Sie an Ihre Mitarbeitenden weitergeben sollten.

Formulieren Sie Ihre KI-Richtlinien motivierend, zugewandt und vor allem auch für juristische Laien verständlich. Die Richtlinien sind kein juristisch formeller Vertrag, sondern eine Handlungsanweisung. Die besten Regeln nützen nichts, wenn Ihre Mitarbeitenden sie nicht verstehen!

Sie können als Arbeitgeber den Einsatz von KI-Anwendungen im Rahmen des Weisungsrechts vorgeben oder auch verbieten. Wenn Ihr Unternehmen einen Betriebsrat hat, müssen Sie ihn je nach Art und Umfang des KI-Einsatzes und Formulierung der KI-Richtlinie auch bei der Implementierung der KI-Richtlinie einbinden. Viele KI-Anwendungen sind mitbestimmungspflichtig, zum Beispiel dann, wenn über einen arbeitnehmerspezifischen Login nachvollzogen werden kann, wer wann mit einer KI-Anwendung gearbeitet hat. Und auch die KI-Richtlinie selbst kann mitbestimmungspflichtig sein, wenn sie das Verhalten der Mitarbeitenden über eine reine Konkretisierung der gesetzlichen Pflichten hinaus steuern will.

Binden Sie die KI-Richtlinie in Ihre bestehenden Unternehmensrichtlinien ein und verzahnen Sie beide miteinander. Berührungspunkte gibt es zwischen der IT-Richtlinie und der Richtlinie zur Informationssicherheit, aber auch mit der Datenschutzrichtlinie und Vorgaben zur Softwareeinführung.

Beispiel einer KI-Richtlinie

Zweck der Richtlinie

Wir begrüßen und fördern die Nutzung von KI-Anwendungen im Unternehmen zum Vorteil unserer Mitarbeitenden und dem Unternehmen insgesamt, um unsere Arbeit effizienter und innovativer zu gestalten.

Neben den Chancen von KI ist die Nutzung auch mit Herausforderungen und Risiken verbunden, beispielsweise der Einhaltung rechtlicher Anforderungen aus den Bereichen des Datenschutzes, des Urheberrechts oder der KI-Verordnung.

KI-Anwendungen dürfen daher nur im Rahmen der Vorgaben dieser KI-Richtlinie und dem gesetzlichen Rahmen eingesetzt werden, um den bestmöglichen Erfolg abzusichern und den Einsatz insbesondere rechtskonform zu gestalten. Diese Richtlinie legt die Grundsätze und Vorgaben für den verantwortungsvollen und rechtskonformen Einsatz bei uns fest.

Persönlicher und sachlicher Anwendungsbereich

Diese KI-Richtlinie gilt für alle Beschäftigten sowie leitenden Angestellten des Unternehmens. Auch externe Mitarbeitende, die für das Unternehmen tätig sind und KI-Anwendungen einsetzen, sind verpflichtet, den Regelungen in dieser KI-Richtlinie zu folgen. Diese Richtlinie ist allgemein verbindlich einzuhalten und nicht nur auf die Räumlichkeiten des Unternehmens beschränkt, sondern auch zu befolgen, wenn Tätigkeiten außerhalb dieser Räumlichkeiten wahrgenommen werden.

Diese Richtlinie ergänzt die folgenden bestehenden Unternehmensvorgaben:

- ✔ IT-Richtlinie
- ✔ Informationssicherheitsrichtlinie
- ✔ (...)

Begriffsbestimmungen und Definitionen

Begriff	Definition/Erklärung
personenbezogene Daten	Alle Informationen, die sich auf eine identifizierte oder identifizierbare natürliche Person beziehen; als identifizierbar wird eine natürliche Person angesehen, die direkt oder indirekt, insbesondere mittels Zuordnung zu einer Kennung wie einem Namen, zu einer Kennnummer, zu Standortdaten, zu einer Onlinekennung oder zu einem oder mehreren besonderen Merkmalen, die Ausdruck der physischen, physiologischen, genetischen, psychischen, wirtschaftlichen, kulturellen oder sozialen Identität dieser natürlichen Person sind, identifiziert werden kann (Art. 4 Nr. 1 DSGVO). *Personenbezogene Daten* sind zum Beispiel Name, Kontaktdaten (zum Beispiel E-Mail-Adresse, Telefonnummer, Adresse), Beschäftigteninformationen, An- und Abwesenheiten (...).
(...)	(...)

Verantwortlichkeiten und Rollen

Im Zusammenhang mit dem Einsatz von KI-Systemen in diesem Unternehmen haben folgende Personen/Abteilungen die folgenden Aufgaben und Verantwortlichkeiten:

- ✔ **KI Board:** Überwacht und steuert die strategische Ausrichtung und Implementierung von KI-Initiativen im Unternehmen.

  Ansprechpartner: (...)

- ✔ **IT:** Verantwortet die technische Implementierung, Integration und Wartung von KI-Systemen sowie die Sicherstellung der IT-Sicherheit und Systemkompatibilität.

  Ansprechpartner: (…)

- ✔ **Datenschutzbeauftragter:** Überwacht die Einhaltung der Datenschutzgesetze und stellt sicher, dass der Einsatz von KI-Systemen den geltenden datenschutzrechtlichen Vorgaben entspricht.

  Ansprechpartner: (…)

- ✔ (…)

Ethik und Fairness

Bei der beruflichen Nutzung von KI-Anwendungen sind folgende Leitlinien stets einzuhalten:

1. **Transparenz:** Werden KI-Anwendungen genutzt, ist dies transparent und offen zu kommunizieren. Wenn ein Ergebnis durch KI erzeugt wurde, ist dies ebenfalls zu dokumentieren. Der Einsatz von KI soll erklärbar sein.

2. **Verantwortung:** KI-Anwendungen werden unter menschlicher Aufsicht und mit menschlicher Letztentscheidung eingesetzt. Es dürfen keine KI-basierten, automatisierten Entscheidungen ohne menschliche Überprüfung verwendet werden. Die Verantwortung für jede Eingabe und jedes Ergebnis bleibt in menschlicher Hand. Ein- und Ausgaben sind zu kontrollieren, um die Einhaltung der Vorgaben dieser KI-Richtlinie und eine rechtskonforme Nutzung der KI-Anwendungen sicherzustellen.

3. **Ethik und Rechtskonformität:** KI-Anwendungen sind stets ethisch, nicht diskriminierend, fair und rechtskonform einzusetzen. Wir achten die Menschenrechte, die demokratischen Grundwerte und schützen das geistige Eigentum. Es dürfen nur KI-Anwendungen eingesetzt werden, die die Einhaltung dieser Grundsätze ermöglichen.

4. **Erhalt unserer Unternehmenswerte:** KI-generierte Arbeitsergebnisse sind oft nicht urheberrechtlich zu schützen: Es sind in vielen Fällen keine persönlichen geistigen Schöpfungen! Es kann den Unternehmenswert auf Dauer erheblich beeinträchtigen, wenn wir bei uns generierte Ergebnisse und bei uns generiertes Know-how nicht mehr schützen können. Wir setzen KI-Anwendungen daher nicht ein, wenn dies wegen der fehlenden Schutzfähigkeit der Ergebnisse zu Nachteilen für unser Unternehmen führen würde.

5. **Regelmäßige Überprüfung und Anpassung:** Der Einsatz von KI-Anwendungen wird regelmäßig evaluiert und überprüft, unter anderem dahingehend, ob diese KI-Richtlinie eingehalten wird, ob eine Anpassung des Einsatzes der KI-Anwendungen und infolgedessen auch dieser KI-Richtlinie geboten ist.

Liste erlaubter KI-Tools

KI-Anwendungen dürfen sowohl als Webbrowser-Versionen als auch als Download-Versionen oder Apps, egal ob frei zugänglich oder registrierungs- oder kostenpflichtig, nur verwendet werden, wenn diese ausdrücklich zur Verwendung im Unternehmen freigegeben sind. Welche KI-Anwendungen freigegeben sind, ist in den Anlagen aufgeführt. Dort ist auch angegeben, ob beim Einsatz der jeweiligen KI-Anwendung besondere Anforderungen gelten.

Vorgaben für Einsatzfelder von KI

Die freigegebenen KI-Tools dürfen in allen Bereichen des Unternehmens eingesetzt werden, sofern dies nicht im Einzelfall ausdrücklich ausgeschlossen wird.

Vorgaben für die Nutzung von KI-Systemen

Das Unternehmen hat für die freigegebenen KI-Tools angemessene technische, organisatorische und vertragliche Schutzmechanismen umgesetzt, insbesondere (…).

Trotz der genannten Vorteile und Schutzmechanismen bleiben die Mitarbeitenden verantwortlich dafür, KI-Tools konform, sicher und ethisch vertretbar zu nutzen. Vor der Nutzung sollten Sie daher stets folgende Punkte beachten:

✔ **Eingabe von personenbezogenen Daten**

Bei der Eingabe von Abfragen in eine generative KI-Anwendung muss der Schutz personenbezogener Daten beachtet werden. Wir sind für die Verarbeitung personenbezogener Daten beim Einsatz von KI-Anwendungen datenschutzrechtlich verantwortlich. Personenbezogene Daten dürfen über die KI-Anwendung nur bei Vorliegen eines entsprechenden Erlaubnistatbestands verarbeitet werden. Außerdem sind die Betroffenen über die Verarbeitung zu informieren und die weiteren Datenverarbeitungsgrundsätze sind stets einzuhalten, zum Beispiel eine angemessene Datensicherheit. Details dazu finden Sie in der Datenschutzrichtlinie, die uneingeschränkt auch für KI-Anwendungen gilt.

Geben Sie im Zweifel keine personenbezogenen Daten in KI-Anwendungen ein. Anonymisieren Sie Namen und verwenden Sie keine individuellen Kennungen etc.

Bei Unsicherheiten darüber, ob beziehungsweise wie die vorstehenden Vorgaben eingehalten werden, kann jederzeit der Datenschutzbeauftragte kontaktiert werden.

✔ **Eingabe von Geschäftsgeheimnissen**

Bei der Eingabe von Abfragen in eine KI-Anwendung muss der Geheimnisschutz beachtet werden. Dies betrifft sowohl Daten und Informationen, die wir im Interesse unseres eigenen Unternehmens geheim halten wollen. Dies betrifft auch Daten und Informationen, zu deren Geheimhaltung wir durch Vertraulichkeitsvereinbarungen verpflichtet sind.

Vertrauliche Daten und Informationen sind alle Informationen, die weder insgesamt noch in der genauen Anordnung und Zusammensetzung ihrer Bestandteile außerhalb unserer Unternehmensgruppe oder den betreffenden Geschäftspartnern allgemein bekannt oder ohne Weiteres zugänglich sind und daher von wirtschaftlichem Wert sind. Hierzu zählen auch solche Informationen, deren Vertraulichkeit vertraglich vereinbart ist.

Es ist davon auszugehen, dass die KI-Anwendung eingegebene Daten und Informationen weiterverwenden wird, unter anderem für Trainingszwecke. Es gilt daher:

Geben Sie im Zweifel keine vertraulichen Daten und Informationen in KI-Anwendungen ein.

✔ **Eingabe und Nutzung urheberrechtlich geschützter Inhalte**

Geschützte Inhalte dürfen ohne Zustimmung des Urhebers, das heißt ohne eine entsprechende Lizenz, außerhalb der privaten Sphäre nicht verwendet werden. Dazu gehört auch die Eingabe oder das Hochladen dieser Inhalte oder Teile davon in KI-Tools im Rahmen des *Prompts*. Daten, Informationen und andere Inhalte, für die wir nicht die Nutzungsrechte haben, diese in KI-Anwendungen einzugeben, dürfen nicht eingegeben werden. Denkbar ist auch, dass Teile von geschützten Werken sich im *Output* wiederfinden.

Folgende Inhalte dürfen als Prompts eingegeben werden, auch wenn sie urheberrechtlich geschützt sind:

- Inhalte, die von Mitarbeitenden im Rahmen ihrer Tätigkeit bei uns im Unternehmen erstellt wurden, sofern die Daten- und Geheimnisschutzvorgaben (siehe oben) eingehalten sind. Dazu gehören zum Beispiel Präsentationen, E-Mails, interne Protokolle, Werbetexte, Fotos, Grafiken und so weiter.
- Inhalte, die durch Dritte erstellt wurden und die gegebenenfalls urheberrechtlich geschützt sind, dürfen eingegeben werden, sofern hierfür eine gültige Lizenz oder ausdrückliche Zustimmung des Urhebers vorliegt.

Ergebnisse von KI-Anwendungen sind oft nicht schutzfähig. Wenn beispielsweise mit KI-Anwendungen Software programmiert wird, so besteht im Zweifel kein wirksamer Schutz und die Software ist deutlich weniger wert. Dies hat in anderen Fällen bereits zu negativen Auswirkungen auf den Unternehmenswert geführt. Es gilt daher:

Geben Sie keine Daten, Informationen und andere Inhalte ein, an denen uns nur Nutzungsrechte zustehen und diese nicht die Nutzung innerhalb der KI-Anwendungen erfassen. Verwenden Sie keine KI-Anwendungen, um Ergebnisse zu generieren, deren Schutzfähigkeit für unser Unternehmen wesentlich ist.

Überprüfung von KI-generierten Arbeitsergebnissen

KI-Anwendungen können »halluzinieren«. Dies bedeutet, dass sie falsche, unrichtige Ergebnisse liefern können. Auch können verzerrte Ergebnisse erzeugt werden, sogenannte Bias. Je komplexer die Eingabe, desto genauer hat die Prüfung des Ergebnisses vor einer Weiterverwendung zu erfolgen. Je wesentlicher das Ergebnis und seine Verwendung für unser Unternehmen, desto genauer hat die Prüfung des Ergebnisses zu erfolgen. Eine ungefilterte Übernahme ist schon aufgrund Ihrer Letztverantwortung nicht zulässig, es sei denn, dies ist in der Anlage freigegeben.

Die von KI-Anwendungen generierten Ergebnisse sind stets auf ihre Richtigkeit zu überprüfen, bevor sie weiterverwendet werden.

Einhaltung von Nutzungsbedingungen

Die in der Anlage beigefügten Nutzungsbedingungen sind von allen Nutzenden einzuhalten.

Wenn Sie eine KI-Richtlinie für Ihr Unternehmen erstellen, können Sie sich an der bestehenden Systematik anderer Richtlinien orientieren. Hilfestellungen gibt es auch in der ISO 42001, einem Standard für AI-Management-Systeme.

Teil IV

Der Top-Ten-Teil

Besuchen Sie uns auf `www.fuer-dummies.de` oder unseren Social-Media-Kanälen:

Facebook
`www.facebook.com/fuerdummies`

Instagram
`www.instagram.com/furdummies`

YouTube
`www.youtube.com/@dummies-mann`

IN DIESEM TEIL …

Das Beste kommt immer zum Schluss – so auch in diesem Buch. Im letzten Teil teilen wir mit Ihnen unsere Top Ten!

In Kapitel 12 finden Sie Inspiration – und unsere zehn besten Ideen, wie Sie auch bei sich im Unternehmen KI einsetzen können.

Kapitel 13 führt Ihnen noch mal die zehn größten »No-Gos« vor Augen – welche Fehler Sie bei der KI-Nutzung in Ihrem Unternehmen auf keinen Fall machen sollten, erfahren Sie hier.

In Kapitel 14 beantworten wir die zehn wichtigsten Fragen zur KI-Verordnung, damit Sie beim nächsten KI-Meeting oder der nächsten KI-Konferenz mit Wissen auch zu den kniffligen Fragen glänzen können.

Schließlich finden Sie in Kapitel 15 die zehn wichtigsten Fakten zur KI-Kompetenz und wie Sie die Mindestanforderungen auch in Ihrem Unternehmen sicherstellen.

IN DIESEM KAPITEL

KI-Anwendungsfälle für Ihr Unternehmen

Welche KI-Anwendungen sich wofür eignen

Kapitel 12
Zehn Ideen, wie Sie KI im Unternehmen einsetzen können

Sie wollen KI in Ihrem Unternehmen einführen, suchen aber noch nach geeigneten Anwendungsbereichen? Im Folgenden haben wir unsere Top Ten der typischen KI-Anwendung zusammengetragen, wie sie uns aktuell in der Unternehmenspraxis am häufigsten begegnen.

Wenn Sie darüber hinaus noch Inspiration, Use Cases und Updates suchen, lassen Sie sich in Podcasts (zum Beispiel »Der KI-Podcast« der ARD oder »KI-Update« von heise online), über Newsletter (zum Beispiel das »Handelsblatt KI-Briefing«) oder YouTube (zum Beispiel über den Kanal des KI-Experten Christoph Magnussen (@christophmagnussen)) informieren – oder fragen Sie mit einem geeigneten Prompt mal ChatGPT nach den besten Anwendungsfällen für Ihr Unternehmen!

Weder die folgende Liste noch die darin genannten Anwendungsbeispiele oder aufgeführten Tools erheben Anspruch auf Vollständigkeit, Zulässigkeit, geprüfte Rechtssicherheit in der Anwendung oder – angesichts der rasanten Entwicklung von KI – auf Aktualität. Sie können Ihnen aber hoffentlich als Inspiration dienen:

Content-Erstellung

Texte (zum Beispiel Produktbeschreibungen, E-Mails, Social-Media-Beiträge, Newslettertexte oder Prozessbeschreibungen) sowie Bilder, Videos oder 3D-Content für Werbegrafiken, Produktvisualisierungen oder Virtual-Reality-Anwendungen – all das lässt sich mithilfe generativer KI-Anwendungen deutlich schneller und effizienter erstellen. Manchmal genügt ja auch ein erster Entwurf oder eine erste Inspiration, damit Sie nicht vor dem weißen Blatt Papier verzweifeln.

Wenn es beim Output darauf ankommt, wer welche (Urheber-)Rechte daran geltend machen kann, lesen Sie gern in Kapitel 4 noch einmal nach, was es dazu zu beachten gilt.

Hier gibt es eine Vielzahl von Tools, zum Beispiel ChatGPT, Neuroflash oder Jasper für Texte; DALL·E oder Midjourney für Bilder und Synthesia oder InVideo für Videos.

Chatbots und virtuelle Assistenten

KI-gestützte Chatbots beantworten erste Kundenanfragen auf Websites oder im Callcenter – rund um die Uhr, ohne Mittagspause und stets höflich. Auch intern lassen sich virtuelle Assistenten einsetzen, zum Beispiel für Mitarbeiter-FAQs zu Tools, Prozessen, beim IT-Support oder beim Onboarding neuer Mitarbeitenden.

Was es zum Einsatz von Chatbots zu beachten gibt, können Sie bei Bedarf in Kapitel 5 wiederholen.

Beispielhaft seien die Chatbots IBM watsonx Assistant oder Microsoft Bot Framework beziehungsweise die virtuellen Assistenten Google Assistant oder Amazon Alexa genannt.

Intelligente Dokumentenanalyse und Suche

KI kann Dokumente wie Verträge, Rechnungen oder Lebensläufe automatisch auslesen, klassifizieren und mit intelligenten Suchfunktionen verknüpfen. Das kann die Datenqualität und die Wissensnutzung im Unternehmen deutlich verbessern.

Vor allem wenn die Ergebnisse solcher Dokumentenanalysen für Ihr Geschäft besonders sensibel und relevant sind, sollten Sie besondere Sorgfalt bei Auswahl der Anbieter und Prüfung der Verträge mit diesen Anbietern walten lassen. Einen Einstieg in diese Fragen finden Sie in Kapitel 9.

Bekannte Angebote am Markt sind Nanonets, Docparser oder Rossum – aber es gibt auch immer mehr branchen- oder nischenspezifische Angebote.

Übersetzungen und Sprachverarbeitung

Viele Unternehmen arbeiten mehrsprachig. KI-Tools wie DeepL, Google Translate oder Microsoft Translater übersetzen Texte oder transkribieren gesprochene Inhalte – schnell und zuverlässig. So ist zum Beispiel auch ein mehrsprachiger Kundensupport mit Tools wie Intercom, Zendesk AI oder Lang.ai ohne Weiteres verfügbar. Oder Sie nutzen HeyGen, um Ihr Video gleich in mehreren Sprachen auszuspielen.

Sie sollten sich bei KI-Anwendungen immer darüber bewusst sein, dass KI nicht denkt, sondern Wahrscheinlichkeiten berechnet – das gilt auch bei Übersetzungen. Einen Überblick darüber, wie KI funktioniert, finden Sie in Kapitel 2.

Code-Generierung und -Review

KI-Tools unterstützen Entwicklerinnen und Entwickler bei der Programmierung – vom Vorschlag einzelner Codezeilen bis zur Überprüfung ganzer Abschnitte. Das spart Zeit und reduziert Fehler.

Auch hier kann relevant sein, welche Rechte Ihr Unternehmen an den von der KI generierten Codes geltend machen kann. Wiederholen Sie dazu gern Kapitel 4.

Zur Code-Generierung oder dem -Review werden zum Beispiel Anwendungen wie GitHub Copilot, Tabnine oder Codacy genutzt.

Predictive Maintenance beziehungsweise Forecasting

In der Industrie analysiert KI Sensordaten, um Wartungsbedarf frühzeitig zu erkennen (Predictive Maintenance). Auch Absatzprognosen, Lagerbestände oder Preisentwicklungen lassen sich mithilfe von KI besser vorhersagen – das kann Ressourcen und damit bares Geld sparen.

Vergessen Sie nicht, dass Sie auch für solche KI-Anwendungen eine Risikoklassifizierung machen müssen. Wenn Sie noch einmal nachlesen möchten, wann Sie es mit einer Hochrisiko-KI zu tun haben, blättern Sie zurück zu Kapitel 8.

Je nach Branche können Angebote wie PTC ThingWorx, Siemens MindSphere, IBM Maximo oder branchenspezifischere Angebote hierbei unterstützen.

Automatisierte Bilderkennung

KI erkennt Objekte, Muster oder Fehler auf Bildern und bringt so deutliche Effizienzgewinne – zum Beispiel bei der Qualitätskontrolle oder bei visueller Produktsuche im E-Commerce. In der medizinischen Diagnostik bei Röntgenbildern, CTs, MRTs oder Hautaufnahmen kann der Einsatz von KI sogar Leben retten!

Die denkbaren Anwendungsfälle automatisierter Bilderkennung sind unendlich. Bedenken Sie aber: Sind auf den Bildern Menschen erkennbar, findet gegebenenfalls das Datenschutzrecht Anwendung (dazu finden Sie mehr Informationen in Kapitel 3). Und setzen Sie Bilderkennungs-KI in sehr sensiblen Bereichen ein, sollten Sie stets verifizieren, dass es sich dabei nicht um verbotene KI handelt, und müssen unter Umständen die besonderen Anforderungen von Hochrisiko-KI beachten (wiederholen Sie dazu bei Bedarf Kapitel 8).

Bei der allgemeinen Qualitätskontrolle oder der Sicherheitsüberwachung kommt KI wie die von Amazon Rekognition, Google Cloud Vision oder OpenCV in Betracht. Auch im medizinischen Bereich finden bereits KI-Tools wie Aidoc, Nanox AI oder SkinVision Anwendung.

Content-Kuration und -Empfehlung

KI filtert und empfiehlt passende Inhalte. Im E-Commerce gibt KI personalisierte Produktempfehlungen für Kunden, schlägt den Leserinnen relevante Artikel oder dem Social-Media-Nutzer Videos basierend auf dem jeweiligen Nutzerverhalten vor.

Im Zusammenhang mit Empfehlungen werden regelmäßig personenbezogene Daten verarbeitet – schauen Sie daher im Zweifel gern noch mal in Kapitel 3, was es dabei zu beachten gibt.

Beispiele finden sich in Adobe Target, Dynamic Yield oder Recombee.

E-Mail-Management

KI hilft, E-Mails zu priorisieren und zu kategorisieren und thematisch zuzuordnen. Außerdem ist es inzwischen ohne Weiteres möglich, dass Sie sich direkt Antwortentwürfe basierend auf den E-Mail-Inhalten erstellen lassen – zum Beispiel im Kundenservice oder Helpdesk, aber auch im Workflow einer Anwaltskanzlei.

KI-gestützte E-Mail-Systeme können personenbezogene Daten verarbeiten oder sogar automatisierte Entscheidungen treffen – prüfen Sie je nach Kontext Ihre Governance! Hinweise dazu finden Sie in Kapitel 10.

Bekannte Tools dafür sind zum Beispiel Superhuman, SaneBox oder Missive – aber auch viele branchenspezifische Anwendungen gibt es hierfür bereits.

HR

In der Personalabteilung kann KI Lebensläufe analysieren, mit Anforderungsprofilen abgleichen und so die Vorauswahl geeigneter Kandidaten und Kandidatinnen unterstützen. Auch innerhalb des Unternehmens lassen sich mit KI geeignete Kandidaten für Querversetzungen finden und so das unternehmensinterne Know-how besser einsetzen.

Bevor Sie KI im HR-Bereich einsetzen, nehmen Sie die erforderliche Risikoprüfung nach der KI-VO vor – häufig bewegen Sie sich bei HR nämlich im Hochrisikobereich! Mehr dazu finden Sie in Kapitel 8.

Hier bieten Semantha, HireVue oder Pymetrics entsprechende Angebote.

IN DIESEM KAPITEL

Typische Fehler beim Einsatz von KI

Risiken durch KI vermeiden

Kapitel 13
Zehn No-Gos bei der KI-Nutzung im Unternehmen

KI verspricht Innovationen, Effizienzgewinne und damit enorme Arbeitserleichterungen. Ein »Selbstläufer« ist KI aber nicht: Falsch eingesetzt überwiegen die Risiken. Es drohen Ihnen dann nicht nur unnötige Ausgaben und juristische Folgen, sondern Sie riskieren auch das Vertrauen Ihrer Kunden und Mitarbeitenden. Wie Sie diese Schäden vermeiden, um die Chancen von KI auszuschöpfen, erklären wir Ihnen in den Teilen I bis III dieses Buches. Nach der Lektüre werden wir Sie mit den nachfolgenden zehn No-Gos also vermutlich nicht mehr überraschen können – oder doch?

Wir bringen Ihnen die Top Ten der #AIFails, die an der ein oder anderen Stelle vielleicht auch zum Schmunzeln einladen.

Freie Auswahl! ... und mehr Risiko, wenn KI-Anwendungen frei nutzbar sind

Die Entwicklung von KI-Anwendungen ist rasant. Immer neue Tools mit immer neuen Möglichkeiten sind verfügbar – in der Regel auch in der kostenlosen Version. Warum also nicht die Mitarbeitenden frei testen und auswählen lassen? Die Innovationskraft ist dann am größten!

... das Risiko aber auch: Wenn Sie die Auswahl und Anwendung von KI-Tools Ihren Mitarbeitenden überlassen, drohen unkontrolliert Rechtsverstöße. Denn insbesondere bei kostenlosen Tools bezahlen die Nutzer – und damit auch Ihr Unternehmen – mit den eingegebenen Daten. Geschäftsgeheimnisse werden womöglich ohne Störgefühl in Anwendungen eingegeben, die damit weiter trainieren. Das wertvolle Unternehmens-Know-how ist dann nicht mehr geschützt, denn der Geheimnisschutz entfällt ohne ausreichende Maßnahmen zur Geheimhaltung. Passiert dies mit personenbezogenen Daten, drohen Schadensersatzansprüche und Bußgelder wegen Datenschutzverstößen.

Das Innovationspotenzial können Sie deutlich besser, sicherer und nachhaltiger ausschöpfen, wenn Sie die Spielregeln für den Einsatz von KI vorgeben. Das muss nicht dazu führen, dass Sie neue KI-Anwendungen nicht testen und einsetzen. Aber die Mitarbeitenden sollten genaue Vorgaben haben, um zu wissen, was rechtskonform geht und was nicht.

Diese Risiken vermeiden Sie durch eine KI-Richtlinie. Was sich dahinter verbirgt und wie Sie diese in Ihrem Unternehmen implementieren können, lesen Sie in Kapitel 11.

Wen juckt's … wenn niemand verantwortlich ist?

Der beste Weg in den rechtswidrigen KI-Einsatz ist fehlende Verantwortung: Wenn niemand im Unternehmen für KI-Fragen zuständig ist, kümmert sich auch keiner um den positiven KI-Einsatz. Vielleicht lächeln Sie jetzt. Aber: Es ist gar nicht selten, dass niemand im Unternehmen verantwortlich ist für Auswahl, Implementierung und Kontrolle von KI-Anwendungen. Ein wesentlicher Grund dafür ist, dass KI nicht originär einem bestimmten der klassischen Bereiche zugeordnet ist – es ist nur ein bisschen Datenschutz, Informationssicherheit, IT, Produktverantwortung und HR. Die Rollenverteilung muss daher durchdacht und proaktiv geschaffen werden. Wer den Hut auf hat, kümmert sich auch (und steht als Ansprechpartnerin bereit).

Sie sollten in Ihrem Unternehmen eine KI-Zuständigkeit einrichten. Das sollte Teil der KI-Governance sein, die wir Ihnen in Kapitel 10 erläutern. Ob Sie wirklich einen AI Officer benötigen und wo dieser angesiedelt werden kann, lesen Sie in Kapitel 8.

Die guten ins Töpfchen, die schlechten ins Kröpfchen: Training mit schlechten Daten

KI ist nur so gut, wie die Daten, mit der sie trainiert wurde. Die KI-Verordnung verlangt von Ihnen für einige KI-Systeme daher auch eine Daten-Governance und Übersichten über die Trainingsdaten. Entwickeln und trainieren Sie in Ihrem Unternehmen KI mit schlechten, nicht robusten Daten, kann die KI keine belastbaren und guten Ergebnisse liefern. Trainieren Sie Ihre KI mit Daten, die Sie dafür gar nicht verwenden dürfen, können sich solche Rechtsverstöße noch weit in die Zukunft auswirken: Unter Umständen – also je nach Verstoß etwa gegen das Datenschutzrecht oder das Urheberrecht – können Sie das von Ihnen entwickelte KI-System nicht mehr risikofrei nutzen. Im schlimmsten Fall war die umfangreiche Entwicklungsarbeit dann umsonst …

Für Hochrisiko-KI-Systeme ist eine Daten-Governance vorgeschrieben. Dazu können Sie in Kapitel 8 nachlesen. Zudem müssen Sie personenbezogene Daten DSGVO-konform verarbeiten. Wie das geht, erläutern wir in Kapitel 3.

Das geht doch eben schnell, oder? … Wenn Compliance und Datenschutz zu spät einbezogen werden

Schlaue Köpfe haben eine spannende Idee entwickelt, wie ein KI-System Aufgaben im Kundenmanagement übernehmen kann. Trainiert werden soll die KI dafür mit Kundendaten, Bestellhistorien und Kommunikation aus dem Supportbereich. Die Entwickler stecken tief drin, haben herausragende Strukturen entwickelt und schon mit der Datenaufbereitung begonnen. Dann kommt es zu einem fatalen Kaffeegespräch: Datenschutz? Datenschutz! Leider vergessen … Und so kontaktieren die Kolleginnen schnell den Datenschutzkoordinator, der doch sicher fix eine Freigabe erteilen kann. Die Enttäuschung ist groß, als das nicht geht: Es ist gut möglich, dass die Kundendaten aus berechtigten Interessen des Unternehmens am KI-Training genutzt werden können. Das setzt aber eine frühzeitige Information der Betroffenen voraus, die möglichst vor Beginn der Datenverarbeitung über ihr Widerspruchsrecht informiert und dadurch Zeit erhalten, diesen Widerspruch auch wirkungsvoll auszuüben. Für das Projekt bedeutet das eine ungeplante Pause und vermeidbare Verzögerung.

Dieses Risiko vermeiden Sie durch eine angepasste KI-Governance und KI-Richtlinie in Ihrem Unternehmen. Dazu können Sie in Kapitel 10 und Kapitel 11 nachlesen.

Das geht doch auch einfach: Risiken bei fehlender Abstimmung über den Einsatz von KI

Ein Softwareunternehmen, eine Grafikerin, eine Songtexterin und Komponistin: Alle können ihre Tätigkeit deutlich effizienter und schneller gestalten, wenn sie mit KI arbeiten. Die Arbeitsergebnisse könnten, rein theoretisch, auch ausschließlich automatisiert mit KI erstellt werden, während die Firmeninhaberinnen derweil einen Cocktail auf Mallorca genießen.

Aber Vorsicht: Je nach Vertragsverhältnis wünschen Ihre Kunden womöglich Ergebnisse, die sie exklusiv nutzen können. Sie brauchen dann die Nutzungsrechte an der Software, der Grafik und dem Song. Wenn Sie als Dienstleister den Kunden diese Nutzungsrechte nicht einräumen können, weil mit KI generierte Inhalte in Ihrem Fall nicht schutzwürdig sind (… keine persönliche geistige Schöpfung – sie haben ja den Cocktail genossen –, sondern das Werk einer Maschine …), ist Ihre Leistung mangelhaft; und die Kunden können Nachbesserung und womöglich sogar Schadensersatz verlangen.

Die Sensibilisierung Ihrer Mitarbeitenden ist ein wichtiges Element bei der Schaffung von KI-Kompetenz. Das erläutern wir am Ende von Kapitel 8. Auch sollte dieses Risiko durch eine entsprechende Anweisung in Ihrer KI-Richtlinie ausgeschlossen sein, die Sie nach Lektüre von Kapitel 11 erstellen können.

Wenn die KI übernimmt: Es gilt, was der Chatbot sagt

Zeitgewinn, mehr Raum fürs Wesentliche: Wenn KI-Systeme etwa im Kundenservice einen Großteil der Antworten übernehmen, schafft das neue Freiräume. Automatisierte KI-Entscheidungen sind daher verlockend und kommerziell unmittelbar gewinnbringend. Das kann aber schnell umschlagen, wenn die KI Fehler produziert.

In Kanada musste eine Airline ihren Kunden, die für Flugtickets bezahlten Entgelte noch 90 Tage nach Buchung zurückzahlen, weil die Kunden storniert hatten. Eigentlich war eine Stornierung nur neun Tage lang nach einer Buchung möglich. Die AGB der Airline sahen das so vor. Ein Chatbot hatte den Kunden aber eine deutlich längere Stornierungsmöglichkeit bestätigt. Achten Sie daher auf eine ausreichende Kontrolle der KI-Systeme, um böse Überraschungen zu vermeiden.

Wie Sie Haftungsrisiken beim Einsatz von KI vermeiden (und welche es überhaupt gibt), können Sie in Kapitel 5 vertiefen.

Leadgenerierung auf die schnelle Art: Risiko bei KI-Werbung

KI-Systeme finden passende Kundenkontakte, perfekt recherchiert und präsentiert mit einer langen E-Mail-Liste der richtigen Ansprechpartner. Intelligente Auswertungen diverser Quellen machen das möglich. Um Zeit zu sparen (und Geld für die Vertrieblerin) entscheiden Sie sich, die KI auch direkt Werbemails verfassen und an die neu generierten Leads versenden zu lassen. Es dauert nicht lange und auf Ihrem Schreibtisch liegen diverse Abmahnungen: E-Mail-Werbung ohne Einwilligung und ohne Bestandskundenprivileg verstößt gegen das Gesetz gegen den unlauteren Wettbewerb. Dagegen hilft auch keine Verteidigung, »das war die KI«. Sie haben die KI eingesetzt und müssen für die Ergebnisse dann auch einstehen.

Auch bei Einsatz von KI kann es zu Datenschutzverstößen kommen: Die DSGVO gilt hier uneingeschränkt. Was das bedeutet, erläutern wir in Kapitel 3.

Risiko Transparenz über Mitarbeitende: Was wäre, wenn …

… ich eine Glaskugel hätte, mit der ich alles überblicken kann? Arbeitgeber wünschen sich häufig mehr Transparenz in den Arbeitsabläufen und auch für Mitarbeitende kann die bessere Übersicht über die anfallende Arbeit, ihre Aufteilung und Fristenkontrolle erhebliche

Vorteile bieten. Denken Sie etwa an ein Ticketsystem im IT-Support, bei dem auf einen Klick sichtbar ist, wer woran arbeitet, welche Tickets noch offen und von wem womöglich am effizientesten abzuarbeiten sind. Wenn Sie hierfür ein KI-System einsetzen, kann das die Mitarbeitenden entlasten. Es schafft bei falschem Einsatz aber auch eine Transparenz, die die Kolleginnen zu gläsernen Menschen werden lässt, was verboten ist. Alles Wunschdenken beiseite bitte: Effizienz und Erleichterungen in den Abläufen sind gut. Aber sie dürfen nicht in eine unerlaubte Belastung der Belegschaft umschlagen.

Gerade bei Einsatz von KI-Systemen im Beschäftigtenkontext kann schnell ein Hochrisiko-KI-System vorliegen, für das besondere Pflichten gelten. Vielleicht ist sogar schon die Grenze zur verbotenen Praktik überschritten ... Wann das der Fall ist und was Sie dann beachten müssen, lesen Sie in Kapitel 8. Mehr zum Arbeitsrecht finden Sie in Kapitel 6.

... und Tschüss! Risiko bei KI-generierten Schreiben

Ein neues KI-System erleichtert den Onboarding- und Offboarding-Prozess im Personalwesen. Die KI erstellt Informationsunterlagen und unterstützt anhand bestimmter Kriterien die Personalerinnen mit sorgsam und individuell formulierten Standardanschreiben. Durch einen Datenfehler versendet das KI-System unbemerkt Kündigungen, auch an langgediente oder geschützte Mitarbeitende. Der Vertrauensverlust und Imageschaden ist immens, ganz zu schweigen von den datenschutz- und KI-verordnungsrechtlichen Verstößen, die auch zu Bußgeldern führen können. Automatisierte KI-Ergebnisse sollten nur dann (technisch) freigegeben werden, wenn das System auf Herz und Nieren geprüft ist – und auch dann sollte eine menschliche Aufsicht bleiben, erst recht in derart hochriskanten Bereichen wie der Personalentscheidung!

Ähnlich unerfreulich ist die falsche Vorsortierung von Bewerbungen, wenn wegen schlechter Einstellung beispielsweise alle männlichen Bewerber aussortiert werden, weil die KI auf der gegebenen Informationsgrundlage der Meinung war, die konkret zu besetzende Stelle könne nur von Frauen ausgeübt werden. Passieren kann das, wenn ein KI-System zur Auswahl von Bewerbungen mit Informationen über die Personen gefüttert wird, die eine Stelle bisher besetzt haben und die eben alle weiblich waren. Hier müssen Kontrollen und Filter implementiert werden, die derart diskriminierende Entscheidungen verhindern.

Bevor Sie KI im HR-Bereich einsetzen, sollten Sie sich die Vorgaben der KI-VO in Kapitel 8 und die besonderen arbeitsrechtlichen Anforderungen in Kapitel 6 ansehen.

Aber bitte mit Sahne … nur nicht bei verspäteter Einbindung des Betriebsrats

Wenn in Ihrem Unternehmen ein Betriebsrat existiert, denken Sie an die frühzeitige Einbindung: Die besten KI-Projekte geraten ins Stocken, wenn die nach Betriebsverfassungsgesetz bestehenden Beteiligungsrechte nicht gewahrt werden. Schon bei der Planung neuer KI müssen Sie den Betriebsrat informieren. In einigen Fällen bestehen auch Mitbestimmungsrechte. Wenn ein Projekt in Schieflage gerät, etwa weil die Einbindung zu spät oder zu intransparent erfolgt, kann das böse Folgen haben. Denn KI-Systeme sind häufig so aktuell, dass sie schnell genutzt werden sollen. Das wird bei derart schlecht gestartetem Projekt mit dem Betriebsrat dann aber kaum noch möglich sein. Daher: Bitte mit Sahne, nämlich den Betriebsrat von Beginn an mit im Eisbecher!

Mehr zum Mitbestimmungsrecht finden Sie in Kapitel 6.

IN DIESEM KAPITEL

Vertiefungsfragen zur KI-VO

Kapitel 14
Zehn Q&A zu praktischen Fragen der KI-Verordnung

Lange hat es gedauert, bis die KI-Verordnung in Brüssel verabschiedet war. Monatelang wurde verhandelt. Dennoch – oder vielleicht auch gerade deshalb – sind im Detail viele Anwendungsfragen unklar, kompromissgetrieben und für uns Anwender herausfordernd. In diesem Kapitel lesen Sie unsere Top Ten der praktischen Fragen rund um den AI Act. Weitere Informationen finden Sie in Kapitel 7 und 8.

Ab wann bin ich KI-Betreiber?

In meinem Unternehmen gibt es noch keine strukturierten KI-Use-Cases. Der Microsoft Copilot ist zwar aktiviert, wir nutzen ihn aber eigentlich nicht. Also vielleicht ab und an.

So oder so ähnlich beginnen einige unserer Gespräche. Denken Sie, dass das Unternehmen schon KI-Betreiber ist und daher zum Beispiel die Pflichten aus der KI-Verordnung zur KI-Kompetenz einhalten muss?

Die Antwort ist ein eindeutiges Ja! Jeder Einsatz von KI, strukturiert oder unstrukturiert, der nicht im rein privaten, außerberuflichen Umfeld erfolgt, führt zu einer Einordnung des Unternehmens als KI-Betreiber. Das eröffnet einige Pflichten aus der KI-Verordnung, die wir Ihnen in den Kapiteln 7 und 8 näher erklären.

Ich werde doch nicht zum Anbieter, nur weil ich meinen Unternehmensnamen drauf mache, oder?

Doch, genau das passiert.

Die KI-Verordnung definiert »Anbieter« extrem weit. Sobald Sie ein KI-System unter Ihrem Namen auf den Markt bringen – selbst wenn es ursprünglich von jemand anderem entwickelt wurde und Ihr Unternehmen ansonsten keinerlei Änderungen vorgenommen hat –, gilt Ihr Unternehmen als Anbieter des KI-Systems. Damit trägt es die volle Verantwortung für die Einhaltung der Pflichten aus der KI-Verordnung, inklusive Risikobewertung, technischer Dokumentation und gegebenenfalls CE-Kennzeichnung.

Daher bedeutet White-Label in der Regel volle Verantwortung. Daher: Wenn Sie KI mit Ihrem Unternehmensnamen oder Ihrer Handelsmarke versehen sollen, wählen Sie den Lieferanten Ihrer White-Label-Lösung sorgfältig aus und prüfen Sie alle Dokumente sorgfältig!

Wie viel darf ich an einem KI-System ändern, bis ich vom Nutzer zum Anbieter werde?

Wer das KI-System eines Anbieters nur in eigener Verantwortung verwendet, zum Beispiel indem er es seinen Mitarbeitenden zur Nutzung zur Verfügung stellt, ist grundsätzlich nur Betreiber und ihn treffen weniger Pflichten als den Anbieter.

Vielleicht passt das KI-Tool aber nicht hundertprozentig zu Ihrem Unternehmen und Sie möchten ein paar Änderungen vornehmen? Dann aufgepasst: Je mehr Sie an einem KI-System »herumschrauben«, desto eher rutschen Sie in die Anbieterrolle. Die Frage ist dann immer: Haben Sie eine »wesentliche Veränderung« an dem KI-System vorgenommen? Das ist immer dann der Fall, wenn durch Ihre Anpassung das Risiko der KI-Nutzung steigt – etwa weil das System in einem neuen Kontext eingesetzt oder mit anderen Daten nachtrainiert wird. Auch die Kombination mehrerer KI-Systeme kann dazu führen. Wenn Sie hingegen nur das Frontend benutzerfreundlicher gestalten oder die Sprachausgabe ändern, ist das in der Regel unkritisch.

Muss ich jetzt alle KI-generierten Inhalte kennzeichnen oder ist das nicht eh allen klar?

Ein automatisiert mit KI erstellter Text, ein nur geringfügig mit KI bearbeitetes Foto: Muss das alles als »KI« gekennzeichnet werden? Die KI-Verordnung verpflichtet ab dem 2. August 2026 zu weitreichender Transparenz. Und zwar weitgehend ohne Wertungsspielraum: Mit KI erzeugte oder veränderte Bilder, Video oder Audios müssen gekennzeichnet werden.

Bei Text ist das anders: Wenn Sie mit KI einen Text schreiben lassen, diesen dann vollständig lesen und unverändert als Ihren Text übernehmen, müssen Sie das nicht kennzeichnen. Hier greift die Kennzeichnungspflicht wirklich nur, wenn Sie Texte für die Öffentlichkeit automatisiert durch KI erstellen und auch veröffentlichen lassen. Wesentlich ist hier also wieder der »Human in the Loop«: Wenn ein Mensch den Text nach KI-Erstellung prüft, überarbeitet oder explizit autorisiert, entfällt die Kennzeichnungspflicht.

Hochriskant? Ich habe doch einen »Human in the Loop«!

Die Einstufung von KI-Systemen als Hochrisikosystem erledigen Sie in mehreren Schritten, die wir Ihnen in Kapitel 8 erläutern. Immer dann, wenn Sie ein KI-System in einem der Risikobereiche nach Anhang III der KI-Verordnung einsetzen, also zum Beispiel im Personalbereich, können Sie im Einzelfall auch wieder aussteigen: Ihr KI-System ist trotz Einsatz etwa bei der Bewerbervorauswahl doch kein Hochrisikosystem, wenn Sie kein Profiling betreiben und nachweisen können, dass kein besonderes Risiko von dem System ausgeht. Das kann etwa gelingen, wenn Sie die KI wirklich nur unterstützend einsetzen und alle wesentlichen Schritte selbst begleiten.

Für die Ausnahme des »Human in the Loop« müssen Sie nachweisen können, dass die menschliche Aufsicht tatsächlich so stark ist, dass keine nennenswerte Gefahr mehr für die Betroffenen besteht. Das heißt: keine rein formale Kontrolle, sondern echte Einflussnahme. Wer Entscheidungen der KI blind übernimmt oder nur einen »Strohmann« einsetzt, scheidet aus.

Wenn es Ihnen so gelingt, die Ausnahme vom Hochrisikobereich zu erfüllen, müssen Sie das aber dokumentieren und Ihr KI-System ab dem 2. August 2026 trotzdem noch registrieren. Einfach ist der Ausstieg also nicht.

Ist für die Einstufung als KI-System relevant, wie groß der KI-Anteil der Software ist?

Nein. Der Umfang der KI-Komponente spielt keine Rolle. Sobald ein System unter Einsatz von KI im Sinne der KI-VO arbeitet, wird das gesamte Softwaresystem zum KI-System. Auch wenn das »nur« ein kleines Modul in einer größeren Software ist. Maßgeblich ist, ob die KI-Komponente funktional relevant ist – nicht, wie viel Prozent der Codebasis sie ausmacht. Ist KI nur in einzelnen, abtrennbaren Modulen enthalten, kann es aber sein, dass die Anforderungen der KI-VO auch nur für diese eingehalten werden müssen. Das setzt aber eine klare Trennung voraus.

KI-Modell oder KI-System

Die KI-Verordnung reguliert fast nur KI-Systeme. Wenn Sie also ein KI-System anbieten oder betreiben, treffen Sie etliche Pflichten. Es erleichtert vieles, wenn Sie für Ihr Produkt direkt ein KI-System einkaufen. Dann nämlich muss der Verkäufer des KI-Systems schon vieles für die Umsetzung der KI-Verordnung tun, von der technischen Dokumentation bis hin zur Daten-Governance. Wann aber ist das Produkt, das Sie einkaufen, schon ein KI-System und nicht nur ein KI-Modell? Genau diese Frage ist in der Praxis umstritten.

Manche Plattformanbieter, mit deren Tools Sie KI-Systeme bauen können, sehen sich nur als Modellbetreiber (und entlasten sich damit gedanklich von etlichen Pflichten der KI-Verordnung). Für uns zählt das Argument: Wenn Sie eine KI schon anwenden können, wenn es eine Benutzeroberfläche, ein User Interface gibt, dann ist das ein KI-System. Für die meisten Standardangebote und Plattformen dürfte das zutreffen.

KI in Produkten

Ein KI-System ist auch dann eine Hochrisiko-KI, wenn Sie es als sicherheitsrelevantes Bauteil in einem Produkt einbauen, das in Anhang I der KI-Verordnung gelistet ist. Sie finden da regulierte Produkte, also vereinfacht gesagt solche mit CE-Kennzeichen. Wenn Sie also KI zur Steuerung eines Aufzugs einbauen, damit dieser die richtige Geschwindigkeit abhängig vom Gewicht der mitfahrenden Personen wählt, dann ist das Hochrisiko. Wenn aber die KI die richtige Musik auswählt, angepasst an Uhrzeit, Anzahl der Personen und vielleicht auch das Wetter (also keine Emotionserkennung!), dann ist das keine Hochrisiko-KI.

Was gilt für KI von Drittanbietern?

Wenn Sie ein KI-System nur einkaufen oder in ein eigenes Produkt integrieren, haften Sie trotzdem für die Einhaltung der KI-Verordnung – zumindest teilweise. Sie müssen zum Beispiel prüfen, ob die gelieferten Informationen (zum Beispiel CE-Kennzeichnung oder die technische Dokumentation) vollständig und plausibel sind. Außerdem gilt: Sobald Sie ein System wesentlich verändern oder für einen neuen Zweck einsetzen, gelten Sie selbst als Anbieter.

Was ist mit Open-Source-KI?

Open-Source-KI ist von der KI-VO nicht generell ausgenommen. Die Pflichten hängen davon ab, *wie* und *wofür* Sie die KI einsetzen. Auch frei verfügbare Modelle können Hochrisiko-KI werden – etwa wenn Sie ein Open-Source-Modell für die automatisierte Bewertung von Bewerbungen nutzen. Entscheidend ist der Anwendungsfall, nicht die Lizenz.

IN DIESEM KAPITEL

Mindestanforderungen an KI-Kompetenz

Mit Schulungen KI-Kompetenz schaffen

Kapitel 15
Zehn Dinge, die Sie über KI-Kompetenz in Unternehmen wissen sollten

Was ist KI-Kompetenz?

KI-Kompetenz bedeutet, zu verstehen, wie ein KI-System funktioniert, wie es verantwortungsvoll anzuwenden ist, und die damit verbundenen Risiken (auch rechtliche) einschätzen zu können. KI-Kompetenz umfasst die erforderlichen Kenntnisse und Fähigkeiten in technischer, ethischer, praktischer und rechtlicher Hinsicht. Alle Personen, die mit KI arbeiten, sollen über ein möglichst hohes Maß an Kompetenz und Verantwortungsbewusstsein verfügen, um einen sicheren Einsatz von KI zu gewährleisten – rechtskonform, nicht diskriminierend und im Sinne gesellschaftlicher Verantwortung.

Ist KI-Kompetenz jetzt Pflicht?

Ja! Unternehmen, die KI-Systeme entwickeln, anbieten oder nutzen, müssen sicherstellen, dass alle Beteiligten über genügend Wissen im Umgang mit KI verfügen. Dabei ist völlig unerheblich, in welche Risikoklasse Ihr KI-System fällt – auch wenn Sie nur ein KI-System ohne oder nur mit einem geringen Risiko einsetzen, müssen Sie dafür sorgen, dass Ihre Mitarbeitenden über angemessene Fähigkeiten und Kenntnisse in Bezug auf das konkrete KI-System verfügen. Die Pflicht für KI-Kompetenz zu sorgen, gilt für alle Unternehmen!

Wer muss KI-Kompetenz haben?

Alle Personen, die mit dem Betrieb und der Nutzung der KI-Systeme des Unternehmens betraut sind – vor allem also die eigenen Mitarbeitenden, aber auch extern beauftragte Personen. Zumindest immer dann, wenn jemand in Ihrem Auftrag mit dem Betrieb oder der Nutzung von KI-Systemen betraut ist, müssen Sie sich vergewissern, dass diese Person dieses System auch bedienen kann, die damit einhergehenden Risiken kennt und vernünftig mit ihnen umzugehen weiß. Lassen Sie sich solche Kenntnisse bei externen Leistungserbringern gegebenenfalls schriftlich bestätigen!

Müssen Unternehmen einen »AI Officer« oder KI-Beauftragten benennen?

Nein, anders als bei der DSGVO ist das nicht verpflichtend. Es sprechen jedoch viele unternehmerische Gründe für die Benennung eines AI Officer – egal wie man die Person(en) dann nennt. Denn die Implementierung und die Nutzung von KI ist komplex. KI ist ein »moving target« und die Anforderungen ändern sich ständig. Schon um sicherzustellen, dass die Mitarbeitenden und sonstige beauftragte Personen über die nötige KI-Kompetenz verfügen, kann die Ernennung eines KI-Beauftragten sinnvoll sein.

Wenn Sie sich mit der Frage auseinandersetzen, ob Ihr Unternehmen eine solche Person benennen sollte, lesen Sie in Kapitel 8 den Abschnitt »KI-Kompetenz – Brauchen Sie einen KI-Brauftragten«.

Muss ein AI-Governance-Board eingerichtet werden?

Nein, nicht zwingend. Eine geeignete Struktur kann Ihnen jedoch dabei helfen, gesetzliche Vorgaben effizient einzuhalten, Synergien zu schaffen und Ressourcen zu sparen. Das ist also vor allem eine strategische Frage. Ein divers zusammengesetztes Board, das Personen aus verschiedenen Fachrichtungen (zum Beispiel IT, Recht. Datenschutz, HR, Geschäftsführung usw.) zusammenbringt, kann die KI-Kompetenz innerhalb einer Organisation enorm erhöhen und den innovativen, effektiven Einsatz verstärken.

Ist die KI-Schulung Pflicht?

Ja, die KI-VO sieht ein Art Schulungspflicht vor und zwar passend zum Vorwissen, zur Aufgabe und zum konkreten KI-Einsatz. Schulungen sind aber nicht die einzige Maßnahme, um für KI-Kompetenz zu sorgen. Schulungen sollten im Einklang mit internen Richtlinien und Standards stehen. Und beachten Sie: KI entwickelt sich weiter – deshalb sind Schulungen auch keine einmalige Maßnahmen, sondern sollten das »lebenslange Lernen« Ihrer Mitarbeitenden aktiv begleiten!

Welche Schulung brauchen Ihre Mitarbeitenden?

Es gibt keine One-fits-all-Schulung. Häufig ist es sinnvoll, mit einer Basisschulung zu beginnen und dann – je nach Anwendungsbereich und Risiken – Vertiefungsfortbildungen anzubieten. In jede Basisschulung gehören zumindest die technischen Basics, Chancen und Risiken, rechtliche Rahmenbedingungen und vor allem: was das System konkret kann (und was nicht). Darüber hinaus kann es sinnvoll sein, bestimmte Abteilungen oder Mitarbeitende vertiefter zu schulen. Mitarbeitende, die KI im HR-Bereich einsetzen, brauchen detailliertere Kenntnisse über die arbeitsrechtlichen Risiken als solche, die lediglich eine KI-Funktion in ihrem E-Mail-System richtig bedienen sollen. Entwicklerinnen, die Hochrisiko-KI-Systeme selbst entwickeln sollen, müssen über deutlich mehr Kenntnisse zur Funktionsweise, Dokumentation oder Bias verfügen, als Marketing-Mitarbeiter, die mit ChatGPT Newsletter-Texte erstellen sollen.

Müssen Sie Schulungen dokumentieren?

Ja, was geschult wurde, sollte nachvollziehbar sein. Anbieter und Betreiber von KI-Systemen sollten ihre Maßnahmen sorgfältig dokumentieren, um die Einhaltung ihrer Pflichten aus Art. 4 KI-VO nachweisen zu können. Auf Anforderung müssen sie der zuständigen Marktüberwachungsbehörde die relevante Dokumentation vorlegen. Interne Aufzeichnungen genügen – ein Zertifikat ist nice to have, aber nicht zwingend vorgeschrieben.

Ab wann müssen Unternehmen ein KI-Kompetenzprogramm eingerichtet haben?

Die Verpflichtung gilt bereits jetzt – ob Unternehmen die Pflicht auch einhalten, wird spätestens ab dem 3. August 2026 überwacht.

Was passiert, wenn Sie nicht schulen?

Ab 2026 wird kontrolliert. Und wer keine Maßnahmen zur KI-Kompetenz nachweisen kann, riskiert bei Schäden Unternehmens- oder persönliche Geschäftsführerhaftung. Noch ist unklar, ob bei fehlenden KI-Schulungen auch Bußgelder verhängt werden können.

Eine pragmatische Einführung in die KI-Verordnung, in der die Pflicht zur Schaffung von KI-Kompetenz geregelt ist, finden Sie in Kapitel 7. In Kapitel 8 können Sie die konkreten Anforderungen noch einmal wiederholen.

Welche Schulung brauchen Ihre

Literaturverzeichnis

Bayrisches Landesamt für Datenschutzaufsicht (2024, wird aktualisiert): KI & Datenschutz; https://www.lda.bayern.de/de/ki.html.

Berliner Beauftragte für Datenschutz und Informationsfreiheit (2025): Newsletter 2/2025, Welche Fehler Unternehmen beim Einsatz Künstlicher Intelligenz machen; https://secure.dialog-mail.de/v/67612/5/917OigJpjt/110314836.

Bitkom (2024): Künstliche Intelligenz & Datenschutz Praxisleitfaden; https://www.bitkom.org/sites/main/files/2024-07/202407bitkom-leitfaden-ki-datenschutz.pdf.

Borges/Keil (2024): Rechtshandbuch Big Data, 1. Auflage, 2024.

Bundesamt für Sicherheit in der Informationstechnik (2024): Wegweiser für den digitalen Alltag: Künstliche Intelligenz sicher nutzen; https://www.bsi.bund.de/SharedDocs/Downloads/DE/BSI/Publikationen/Broschueren/Wegweiser_Checklisten_Flyer/Brosch_A6_Kuenstliche_Intelligenz.html.

Bundesbeauftragte für den Datenschutz und Informationsfreiheit (2024): Rechtsgrundlagen für KI in der Bundesverwaltung; https://www.bfdi.bund.de/SharedDocs/Downloads/DE/Themen/Technik/Kurzposition_KI-Bundesverwaltung.html?nn=252104.

Confederation of European Data Protection Organisations (2023): KI und persönliche Daten – Ein Leitfaden für Datenschutzbeauftrage »Häufig gestellt Fragen; https://cedpo.eu/wp-content/uploads/de-CEDPO-AI-and-Data-FAQ.pdf.

Datenschutzkonferenz (2019): Positionspapier der DSK zu empfohlenen technischen und organisatorischen Maßnahmen bei der Entwicklung und dem Betrieb von KI-Systemen; 20191106_positionspapier_kuenstliche_intelligenz.pdf.

Datenschutzkonferenz (2023): Positionspapier zur audiovisuellen Umgebungserfassung im Rahmen von Entwicklungsfahrten; https://www.bfdi.bund.de/SharedDocs/Downloads/DE/DSK/DSKBeschluessePositionspapiere/DSK_20230927-Positionspapier-Umgebungserfassung.pdf?__blob=publicationFile&v=2.

Datenschutzkonferenz (2024): Künstliche Intelligenz und Datenschutz, Version 1.0; https://www.datenschutzkonferenz-online.de/media/oh/20240506_DSK_Orientierungshilfe_KI_und_Datenschutz.pdf.

Der Hamburgische Beauftragte für Datenschutz und Informationsfreiheit (2024): Diskussionspapier Large Language Models und personenbezogene Daten; https://datenschutz-hamburg.de/fileadmin/user_upload/HmbBfDI/Datenschutz/Informationen/240715_Diskussionspapier_HmbBfDI_KI_Modelle.pdf.

Der Hamburgische Beauftragte für Datenschutz und Informationsfreiheit (2023): Checkliste zum Einsatz LLM-basierter Chatbots; https://datenschutz-hamburg.de/fileadmin/user_upload/HmbBfDI/Datenschutz/Informationen/20231113_Checkliste_LLM_Chatbots_DE.pdf.

Deubelli (2024): KI und das Urheberrecht in den USA – ein Blick über den großen Teich, SLD-IP, 27.11.2024; https://www.sld-ip.com/blog/ki-und-das-urheberrecht-in-den-usa/.

Dieker (2024): Datenschutzrechtliche Zulässigkeit der Trainingsdatensammlung, ZD 2024, 132.

Ebers/Heinze/Krügel/Steinrötter (2020): Künstliche Intelligenz und Robotik, 1. Auflage 2020.

Ehmann/Selmayr (2024): Datenschutz-Grundverordnung Kommentar, 3. Auflage, 2024.

EU-Kommission (2021): Vorschlag für eine Verordnung zur Festlegung harmonisierter Vorschriften für Künstliche Intelligenz (KI-Verordnung), COM/2021/206 final; https://eur-lex.europa.eu/legal-content/DE/TXT/?uri=CELEX%3A52021PC0206.

EU-Kommission (2023): EU model contractual AI clauses to pilot in procurements of AI; https://public-buyers-community.ec.europa.eu/communities/procurement-ai/resources/eu-model-contractual-ai-clauses-pilot-procurements-ai.

Europäische Kommission (2025): AI Literacy – Questions & Answers, Definition of Article 4 and the AI Act; https://digital-strategy.ec.europa.eu/en/node/13629/printable/pdf.

EU-Kommission (2025): Leitlinien Definition KI-System (Guidelines on the definition of an artificial intelligence system established by AI Act); https://ec.europa.eu/newsroom/dae/redirection/document/112455.

EU-Kommission (2025): Leitlinien für verbotene KI-Praktiken (Guidelines on prohibited artificial intelligence (AI) practices, as defined by the AI Act); https://digital-strategy.ec.europa.eu/en/library/commission-publishes-guidelines-prohibited-artificial-intelligence-ai-practices-defined-ai-act.

Europäische Union: European approach to artificial intelligence (Website); https://digital-strategy.ec.europa.eu/en/policies/european-approach-artificial-intelligence (Stand 04.06.2025).

European Artificial Intelligence Office (2025): Living Repository of AI Literacy Practices; https://digital-strategy.ec.europa.eu/en/library/living-repository-foster-learning-and-exchange-ai-literacy.

European Data Protection Board (2024): Stellungnahme 28/2024 zu gewissen Datenschutzaspekten der Verarbeitung personenbezogener Daten im Zusammenhang mit KI-Modellen; https://www.edpb.europa.eu/system/files/2025-05/edpb_opinion_202428_ai-models_de.pdf.

Gola/Heckmann (2022): Datenschutzgrundverordnung (VO (EU) 2016/679) Bundesdatenschutzgesetz – Kommentar, 3. Auflage, 2022.

Hansen/Walczak (2024): Die KI zaubert nicht - Warum ein Personenbezug in LLMs erhalten bleibt, KIR 2024, 82.

Hennemann (2018): Künstliche Intelligenz und Wettbewerbsrecht, ZWeR 2018, 161.

Holland (2023): Trotz 600 Prompts und Photoshop-Korrektur: Kein Copyright für nächstes KI-Bild, Heise Online, 12.09.2023; https://www.heise.de/news/Nicht-der-Tod-der-Kunst-Kein-US-Copyright-fuer-weltbekanntes-Bild-einer-KI-9301742.html.

Kraetzig (2024): KI-Kunst als schöpferische Zerstörung, NJW 2024, 697.

Kühling/Buchner (2024): DSGVO BDSG – Kommentar, 4. Auflage, 2024.

Landesarbeitsgericht Baden-Württemberg (2019): Urteil vom 03.06.2019 – Az. 11 TaBV 9/18.

Landesbeauftragte für Datenschutz für Datenschutz und Informationsfreiheit Baden-Württemberg (2024): Orientierungshilfen-Navigator KI & Datenschutz (ONKIDA); https://www.baden-wuerttemberg.datenschutz.de/onkida/.

Landesbeauftragte für Datenschutz und Informationsfreiheit Baden-Württemberg (2024): Rechtsgrundlagen im Datenschutz beim Einsatz von Künstlicher Intelligenz, Diskussionspapier Version 2.0; https://www.baden-wuerttemberg.datenschutz.de/rechtsgrundlagen-datenschutz-ki.

Landgericht Hamburg (2024): Urteil vom 27.09.2024 – Az. 310 O 227/23.

Martini/ Wendehorst (2024): KI-VO Verordnung über künstliche Intelligenz – Kommentar, 1. Auflage, München.

Meyer (2023): Künstliche Intelligenz im Personalmanagement und Arbeitsrecht, NJW 2023, 1841.

OECD (2019): Recommendation of the Council on Artificial Intelligence; https://legalinstruments.oecd.org/en/instruments/OECD-LEGAL-0449.

OECD (2022): Artificial Intelligence in Society (Bericht zur KI-Politik und Regulierung); https://www.oecd.org/digital/artificial-intelligence-in-society/.

Paal/Pauly (2021): DSGVO BDSG Kommentar, 3. Auflage, 2021.

Piltz/Weiss (2025): Datenschutz bei KI-Modellen – alles eine Frage des Einzelfalls? Zur EDSA-Stellungnahme 28/2024, DSB 2025, 70.

Piltz/Weiss (2025): Datenschutzrechtliche Rechtsgrundlagen für das Training von KI-Modellen, EuDIR 2/2025.

Schürmann (2022): Datenschutz-Folgenabschätzung beim Einsatz Künstlicher Intelligenz, ZD 2022, 316.

Sesing/Tschech (2022): AGG und KI-VO-Entwurf beim Einsatz von Künstlicher Intelligenz, MMR 2022, 24.

Stanford Institute for Human-Centered Artificial Intelligence (2025): AI Index 2025 Annual Report; https://hai.stanford.edu/ai-index/2025-ai-index-report.

Stanford Institute for Human-Centered Artificial Intelligence (2024): AI Index Report 2024; https://aiindex.stanford.edu/report/.

UNESCO Courier (2018): Artificial Intelligence: myth and reality (Ausgabe zum Thema KI-Ethik und Narrative); https://en.unesco.org/courier/2018-4.

Voßberg/Zickhardt (2024): Der virtuelle Durchschnittsverbraucher: Kann KI die Verkehrsauffassung im Marken- und Wettbewerbsrecht ermitteln?, GRUR-Prax, 2024, 703.

Wikipedia: Dartmouth Conference; https://de.wikipedia.org/wiki/Dartmouth_Conference (Stand von 29.05.2025)

Wikipedia: Sesame Credit; https://de.wikipedia.org/wiki/Sesame_Credit (Stand 04.06.2025).

Wikipedia: Tay (Chatbot); https://en.wikipedia.org/wiki/Tay_(chatbot) (Stand 29.05.2025).

Abbildungsverzeichnis

Stichwortverzeichnis

L

M

N

O

P

R

S

T

U

V

W

Diese Bücher könnten Sie auch interessieren

R. Otte

Künstliche Intelligenz für Dummies

2. Auflage 2023 **ISBN:** 978-3-527-72099-6

512 Seiten

Format: 176 mm x 240 mm

Ladenpreis: 26,- €*

Mit diesem Buch bringen Sie sich auf den aktuellen Stand beim Thema »Künstliche Intelligenz«: Verstehen Sie die zugehörigen Algorithmen, lernen Sie Industrieanwendungen kennen und finden Sie heraus, was künstliche Intelligenz noch nicht kann.

R. Otte

Allgemeinbildung Künstliche Intelligenz. Risiko und Chance für Dummies

1. Auflage 2021 **ISBN:** 978-3-527-71723-1

256 Seiten

Format: 140 mm x 216 mm

Ladenpreis: 15,- €*

Sie wollen schnell verstehen, was es mit Künstlicher Intelligenz auf sich hat, was sie bewirken kann und wie sie funktioniert. Dann ist dieses Buch das Richtige für Sie.

P. Baker

Generative KI für Dummies

1. Auflage 2025 **ISBN:** 978-3-527-72287-7

320 Seiten

Format: 176 mm x 240 mm

Ladenpreis: 18,- €*

Ob Text, Bilder oder Videos: »Generative KI für Dummies« zeigt Ihnen, wie Sie die Möglichkeiten generativer KI am besten nutzen und sinnvoll in Ihre Arbeit integrieren. Gut verständlich und praxisnah: der ideale Einstieg in ein Thema, das die Arbeitswelt rasant verändert.

*Der €-Preis gilt nur für Deutschland. Preisänderungen und Irrtümer vorbehalten.

Diese Bücher könnten Sie auch interessieren

C. Szidzek

Datenschutzgrundverordnung für Dummies

1. Auflage 2021 **ISBN:** 978-3-527-71473-5
400 Seiten
Format: 176 mm x 240 mm
Ladenpreis: 27,- €*

Diese leicht verständliche Einführung mit vielen Praxisbeispielen erläutert die Anforderungen, die die Datenschutzgrundverordnung (DSVGO) mit sich bringt, und unterstützt Sie bei der Entwicklung und Umsetzung eines sinnvollen Datenschutzmanagements.

N. Salibian-Waltz

Social Media Recht für Dummies

1. Auflage 2025 **ISBN:** 978-3-527-72218-1
224 Seiten
Format: 176 mm x 240 mm
Ladenpreis: 22,- €*

Urheberrecht, Datenschutz Kennzeichnung - in sozialen Medien gibt es viele Regeln. Ob Posten, Liken, Gewinnspiele oder Produktempfehlungen - Fehler können teuer werden. Dieses Buch zeigt Ihnen, wie Sie sicher unterwegs sind und Abmahnungen vermeiden.

R. Bujotzek

Content Creation mit Künstlicher Intelligenz für Dummies

1. Auflage 2025 **ISBN:** 978-3-527-72241-9
512 Seiten
Format: 176 mm x 240 mm
Ladenpreis: 28,- €*

Lernen Sie, wie Sie Künstliche Intelligenz praktisch nutzen. Rafael Bujotzek erklärt Ihnen, wie Sie generative KI für Ihre Aufgaben einsetzen und welche Möglichkeiten Sie haben. Außerdem lernen Sie, was Sie beachten sollten, um nicht in rechtliche Fallen zu tappen.

*Der €-Preis gilt nur für Deutschland. Preisänderungen und Irrtümer vorbehalten.

Diese Bücher könnten Sie auch interessieren

P. Baker

ChatGPT für Dummies

2., vollst. überarb. u. erw.
Auflage 2025 **ISBN:** 978-3-527-72286-0
240 Seiten

Format: 140 mm x 216 mm

Ladenpreis: 18,- €*

Profitieren auch Sie von den wunderbaren Fähigkeiten von ChatGPT. Dieses Buch erklärt ChatGPT und die integrierten GPTs, zeigt, wie sie funktionieren und wie Sie sie optimal für Ihre Zwecke nutzen.

C. Minnick

Microsoft Copilot für Dummies

1. Auflage 2026 **ISBN:** 978-3-527-72346-1
Ca. 320 Seiten

Format: 176 mm x 240 mm

Ladenpreis: ca. 22,- €*

Microsoft hat Windows 11 und seine Microsoft 365-Anwendungen um Funktionen mit KI erweitert. Chris Minnick zeigt Ihnen, wie Sie Copilot an individuelle Bedürfnisse und Aufgaben anpassen, gute Prompts schreiben, Copilot mit Plug-Ins erweitern und im Projektmanagement einsetzen.

S. Diamond und J. Allan

KI-Prompts schreiben für Dummies

1. Auflage 2024 **ISBN:** 978-3-527-72245-7
288 Seiten

Format: 176 mm x 240 mm

Ladenpreis: 18,- €*

In diesem Buch lernen Sie, wie Sie die besten Ergebnisse aus KI-Systemen herausholen. Die Autoren erklären Ihnen, wie Sie Textanweisungen formulieren, die effektive Ergebnisse liefern, wie Sie diese auswerten und Ihre Prompts weiter verfeinern.

*Der €-Preis gilt nur für Deutschland. Preisänderungen und Irrtümer vorbehalten.

Diese Bücher könnten Sie auch interessieren

U. Schmid, K. Weitz und M. Siebers

Künstliche Intelligenz selber programmieren für Dummies Junior

2., vollst. überarb. u. erw.
Auflage 2024 **ISBN:** 978-3-527-72188-7
160 Seiten

Format: 176 mm x 240 mm

Ladenpreis: 15,- €*

Finde heraus, was Künstliche Intelligenz ist und wie sie funktioniert. Dieses Buch hilft dir dabei: Anhand von anschaulichen Beispielen schaust du unter die Haube und erhältst einen Einblick, wie KI-Systeme gebaut werden können.

C. Minnick

Coding mit KI für Dummies

1. Auflage 2024 **ISBN:** 978-3-527-72210-5
336 Seiten

Format: 176 mm x 240 mm

Ladenpreis: 28,- €*

Künstliche Intelligenz hilft Ihnen dabei, sich auf den Kern Ihrer Entwicklungsarbeit zu konzentrieren. In diesem Buch lernen Sie die wichtigsten Plattformen kennen, die Sie beim Programmieren unterstützen können, und erfahren, wie Sie die einzelnen KI-Tools sinnvoll einsetzen.

J. Steinberg und M. Haller

Cyber-Sicherheit für Dummies

1. Auflage 2020 **ISBN:** 978-3-527-71665-4
294 Seiten

Format: 176 mm x 240 mm

Ladenpreis: 20,- €*

In diesem Buch erfahren Sie, welchen Gefahren Sie und Ihr Computer ausgesetzt sind, wie Sie sich davor schützen, wie Sie Schwachstellen in Ihren Geräten erkennen und was Sie - wenn es zum Fall der Fälle kommt - tun müssen, um Ihre Daten möglichst wiederherzustellen.

*Der €-Preis gilt nur für Deutschland. Preisänderungen und Irrtümer vorbehalten.

www.ingramcontent.com/pod-product-compliance
Lightning Source LLC
LaVergne TN
LVHW082030051026
849532LV00011B/3311
* 9 7 8 3 5 2 7 7 2 3 4 1 6 *